编委会

全国普通高等院校旅游管理专业类"十三五"规划教材
教育部旅游管理专业本科综合改革试点项目配套规划教材

总主编

马　勇　教育部高等学校旅游管理类专业教学指导委员会副主任
　　　　中国旅游协会教育分会副会长
　　　　中组部国家"万人计划"教学名师
　　　　湖北大学旅游发展研究院院长，教授、博士生导师

编　委（排名不分先后）

田　里　教育部高等学校旅游管理类专业教学指导委员会主任
　　　　云南大学工商管理与旅游管理学院原院长，教授、博士生导师
高　峻　教育部高等学校旅游管理类专业教学指导委员会副主任
　　　　上海师范大学旅游学院副院长，教授、博士生导师
韩玉灵　全国旅游职业教育教学指导委员会秘书长
　　　　北京第二外国语学院旅游管理学院教授
罗兹柏　中国旅游未来研究会副会长，重庆旅游发展研究中心主任，教授
郑耀星　中国旅游协会理事，福建师范大学旅游学院教授、博士生导师
董观志　暨南大学旅游规划设计研究院副院长，教授、博士生导师
王　琳　海南大学旅游学院院长，教授
梁文慧　澳门城市大学副校长，澳门城市大学国际旅游与管理学院院长，教授、博士生导师
薛兵旺　武汉商学院旅游与酒店管理学院院长，教授
舒伯阳　中南财经政法大学工商管理学院教授、博士生导师
朱运海　湖北文理学院管理学院副教授
罗伊玲　昆明学院旅游管理专业副教授
杨振之　四川大学中国休闲与旅游研究中心主任，四川大学旅游学院教授、博士生导师
黄安民　华侨大学城市建设与经济发展研究院常务副院长，教授
张胜男　首都师范大学资源环境与旅游学院副教授
毕斗斗　华南理工大学经济与贸易学院副教授
史万震　常熟理工学院经济与管理学院酒店管理系副教授
黄光文　南昌大学经济与管理学院旅游管理系教研室主任，副教授
窦志萍　昆明学院旅游学院教授，《旅游研究》杂志主编
李　玺　澳门城市大学国际旅游与管理学院副院长，教授、博士生导师
王春雷　上海对外经贸大学中德合作会展专业副教授
朱　伟　河南师范大学旅游学院教授
邓爱民　中南财经政法大学旅游管理系主任，教授、博士生导师
程丛喜　武汉轻工大学旅游管理系主任，教授
周　霄　武汉轻工大学旅游研究中心主任，副教授
黄其新　江汉大学商学院副院长，副教授
何　彪　海南大学旅游学院会展系主任，副教授

全国普通高等院校旅游管理专业类"十三五"规划教材
教育部旅游管理专业本科综合改革试点项目配套规划教材

总主编 ◎ 马 勇

旅游目的地管理
Tourism Destination Management

主　编 ◎ 黄安民

华中科技大学出版社
http://www.hustp.com
中国·武汉

图书在版编目(CIP)数据

旅游目的地管理/黄安民主编. —武汉：华中科技大学出版社，2016.9(2019.7重印)
全国普通高等院校旅游管理专业类"十三五"规划教材
ISBN 978-7-5680-2197-5

Ⅰ.①旅… Ⅱ.①黄… Ⅲ.①旅游地-旅游资源-资源管理-高等学校-教材 Ⅳ.①F590.3

中国版本图书馆 CIP 数据核字(2016)第 220110 号

旅游目的地管理
Lǚyóu Mùdìdì Guǎnlǐ

黄安民　主编

策划编辑：李　欢　周清涛
责任编辑：封力煊
封面设计：原色设计
责任校对：何　欢
责任监印：周治超

出版发行：华中科技大学出版社(中国·武汉)　　电话：(027)81321913
　　　　　武汉市东湖新技术开发区华工科技园　　邮编：430223
录　　排：华中科技大学惠友文印中心
印　　刷：武汉市金港彩印有限公司
开　　本：787mm×1092mm　1/16
印　　张：13.5　插页：2
字　　数：329 千字
版　　次：2019 年 7 月第 1 版第 6 次印刷
定　　价：45.00 元

本书若有印装质量问题，请向出版社营销中心调换
全国免费服务热线：400-6679-118　竭诚为您服务
版权所有　侵权必究

Abstract

本书是全国普通高等院校旅游管理专业类"十三五"规划教材和教育部旅游管理专业本科综合改革试点项目配套规划教材。旅游学的研究已经从旅游要素研究发展为集合各种旅游要素的旅游目的地研究。旅游目的地的建设与管理成为我国旅游学研究和旅游业发展实践中的重要课题之一。本书共分为11章,分别围绕旅游目的地管理,阐述旅游目的地概念、旅游目的地构成要素、旅游目的地分类、旅游目的地的利益相关者的研究,并进一步分析了旅游目的地开发与规划、旅游目的地人力资源管理、旅游目的地服务管理、旅游目的地营销管理、旅游目的地安全管理,以及旅游目的地影响研究、旅游目的地信息化管理与智慧旅游、新常态下旅游目的地发展等相关研究。

本书可作为高等院校旅游管理、人文地理与城乡规划、地理学等专业教材,也可以作为旅游企业及相关从业人员的参考书。

Tourism Destination Management is the coordinated teaching material package of comprehensive reform of ministry of education tourism management and the 13th national five-year plan textbook of country university tourism management major. Tourism research has developed from the research of tourist elements to the research of tourism destination which owning various elements. The construction and management of tourism destination has become one of the important topics of tourism research and tourism development practice in China. This book has 11 chapters, it around tourism destination management, expounds related researches of the concept, components, types and stakeholders of tourism destination, and further analyzes the development and planning of tourism destination, the human resource management of tourism destination, the service management of tourism destination, the tourism destination marketing, the security management of tourism destination, the influence of tourism destination development, the informatization management and wisdom tourism of tourism destination, and the tourism destination development under the new normalization etc.

This book can be used as professional teaching materials of tourism management of higher education, humanistic geography and urban and rural planning, geography etc, and can also be used as reference for tourism enterprise and related personnel.

Introduction | 总　序

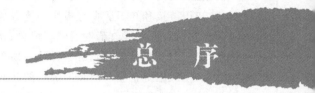

　　旅游业在现代服务业大发展的机遇背景下,对全球经济贡献巨大,成为世界经济发展的亮点。国务院已明确提出,将旅游产业确立为国民经济战略性的支柱产业和人民群众满意的现代服务业。由此可见,旅游产业已发展成为拉动经济发展的重要引擎。中国的旅游产业未来的发展受到国家高度重视,旅游产业强劲的发展势头、巨大的产业带动性必将会对中国经济的转型升级和可持续发展产生良好的推动作用。伴随着中国旅游产业发展规模的不断扩大,未来旅游产业发展对各类中高级旅游人才的需求将十分旺盛,这也将有力地推动中国高等旅游教育的发展步入快车道,以更好地适应旅游产业快速发展对人才需求的大趋势。

　　教育部2012年颁布的《普通高等学校本科专业目录(2012年)》中,将旅游管理专业上升为与工商管理学科平行的一级大类专业,同时下辖旅游管理、酒店管理和会展经济与管理三个二级专业。这意味着,新的专业目录调整为全国高校旅游管理学科与专业的发展提供了良好的发展平台与契机,更为培养21世纪旅游行业优秀旅游人才奠定了良好的发展基础。正是在这种旅游经济繁荣发展和对旅游人才需求急剧增长的背景下,积极把握改革转型发展机遇,整合旅游教育资源,为我国旅游业的发展提供强有力的人才保证和智力支持,让旅游教育发展进入更加系统、全方位发展阶段,出版高品质和高水准的"全国普通高等院校旅游管理专业类'十三五'规划教材"则成为旅游教育发展的迫切需要。

　　基于此,在教育部高等学校旅游管理类专业教学指导委员会的大力支持和指导下,华中科技大学出版社汇聚了国内一大批高水平的旅游院校国家教学名师、资深教授及中青年旅游学科带头人,面向"十三五"规划教材做出积极探索,率先组织编撰出版"全国普通高等院校旅游管理专业类'十三五'规划教材"。该套教材着重于优化专业设置和课程体系,致力于提升旅游人才的培养规格和育人质量,并纳入教育部旅游管理专业本科综合改革试点项目配套规划教材的编写和出版,以更好地适应教育部新一轮学科专业目录调整后旅游管理大类高等教育发展和学科专业建设的需要。该套教材特邀教育部高等学校旅游管理类专业教学指导委员会副主任、中国旅游协会教育分会副会长、中组部国家"万人计划"教学名师、湖北大学旅游发展研究院院长马勇教授担任总主编。同时邀请了全国近百所开设旅游管理本科专业的高等学校知名教授、学科带头人和一线骨干专业教师,以及旅游行业专家、海外专业师资等加盟编撰。

　　该套教材从选题策划到成稿出版,从编写团队到出版团队,从内容组建到内容创新,均展现出极大的创新和突破。选题方面,首批主要编写旅游管理专业类核心课程教材、旅游管理专业类特色课程教材,产品设计形式灵活,融合互联网高新技术,以多元化、更具趣味性的形式引导学生学习,同时辅以形式多样、内容丰富且极具特色的图片案例、视频案例,为配套数字出版提供技术

支持。编写团队均是旅游学界具有代表性的权威学者,出版团队为华中科技大学出版社专门建立的旅游项目精英团队。在编写内容上,结合大数据时代背景,不断更新旅游理论知识,以知识导读、知识链接和知识活页等板块为读者提供全新的阅读体验。

在旅游教育发展改革发展的新形势、新背景下,旅游本科教材需要匹配旅游本科教育需求。因此,编写一套高质量的旅游教材是一项重要的工程,更是承担着一项重要的责任。我们需要旅游专家学者、旅游企业领袖和出版社的共同支持与合作。在本套教材的组织策划及编写出版过程中,得到了旅游业内专家学者和业界精英的大力支持,在此一并致谢!希望这套教材能够为旅游学界、业界和各位对旅游知识充满渴望的学子们带来真正的养分,为中国旅游教育教材建设贡献力量。

丛书编委会
2015 年 7 月

前 言

我国经过改革开放 30 多年的发展,综合国力和人民群众的生活水平有了显著提升,2010 年,我国已成为世界第二大经济体。随着我国经济与国民收入的增长,国民人均年出游从 1984 年的 0.2 次增长到 2015 年的 3 次,增长了 14 倍。国内游客数量从 1984 年约 2 亿人次扩大到 2015 年 40 亿人次,增长了 19 倍。据国家旅游局发布的《中国旅游发展报告 2016》显示,我国已成为世界最大的国内旅游市场。此前,世界旅游组织于 2016 年 4 月发布报告,2015 年的国际游客中曾到访中国的游客数量达到 5690 万人次,中国成为全球第四大旅游目的地国家。

目前,我国公共假期已有 115 天,2015 年 8 月国务院办公厅下发了《关于进一步促进旅游投资和消费的若干意见》(以下简称《意见》),提出鼓励实行弹性作息制。有条件的地方和单位可根据实际情况,依法优化调整夏季作息安排,为职工周五下午与周末结合外出休闲度假创造有利条件。该《意见》出台后,各地做出了积极响应,先后有河北、江西、重庆、甘肃、辽宁、安徽、陕西、福建、广东、浙江、湖北等 11 个省份正式出台意见,提出鼓励有条件的地方和单位实行 2.5 天休假模式,为国民休闲进一步提供了休闲时间保障。

我国已进入休闲度假时代,面对民众的消费结构转型、经济发展方式转型、旅游方式转型等三大转型的叠加效应,以及培育旅游业成为国家战略性支柱产业和人民群众更加满意的现代服务业的政策机遇,随着我国旅游供给侧改革,加快我国旅游目的地建设和管理,提升旅游目的地的服务水平具有重大的战略意义。

旅游学的研究已经从旅游要素研究转向集合各种旅游要素空间的旅游目的地研究。旅游目的地是旅游者到访目的地,是地方旅游业的载体,是旅游要素的集聚地。旅游目的地的建设与管理关系到旅游者的旅游体验;旅游目的地产业的发展关系到地方形象塑造,关系到旅游目的地社会、生态和经济的和谐发展。

全书共分为 11 章,分别围绕旅游目的地管理,阐述旅游目的地概念、旅游目的地构成要素、旅游目的地分类、旅游目的地的利益相关者的研究,并分别阐述了旅游目的地开发与规划、旅游目的地人力资源管理、旅游目的地服务管理、旅游目的地营销管理、旅游目的地安全管理,以及旅游目的地影响研究、旅游目的地信息化管理与智慧旅游、新常态下旅游目的地发展的情况。

本书由华侨大学旅游学院相关教师编写,黄安民主编、统稿,李祝舜教授协助审阅了全部书稿,魏丽娜、朱翠兰、李昊、黄祥、宋景、肖冰、陈衡民、李实等参与了部分章节的编写。在

写作的过程中编者所带的研究生对本书进行了资料收集、整理及文稿编辑工作。由于水平所限,书中难免存在一些问题,恳请广大读者不吝赐教。

感谢华侨大学旅游学院和旅游规划与景区发展研究中心的同事们,他们为本书的写作提出了很多宝贵的意见。

感谢华中科技大学出版社李欢编辑为本书的出版付出的辛勤劳动。

编　者

2016 年 8 月

目 录
Contents

第一章　旅游目的地导论 … 1
Chapter 1　Introduction to Tourism Destination

　第一节　旅游目的地概念 /2
　　❶ Concept of Tourism Destination

　第二节　旅游目的地构成要素 /5
　　❷ Components of Tourism Destination

　第三节　旅游目的地分类 /7
　　❸ Types of Tourism Destination

　第四节　旅游目的地研究理论 /9
　　❹ Theories of Tourism Destination

第二章　旅游目的地利益相关者 … 25
Chapter 2　Stakeholder of Tourism Destination

　第一节　旅游目的地管理政府行为与决策 /27
　　❶ Government Action and Decision of Tourism Destination Management

　第二节　旅游者行为研究 /28
　　❷ Research of Tourists Behavior

　第三节　旅游目的地社区居民参与 /29
　　❸ Community Participation in Tourism Destination

　第四节　旅游目的地企业经营管理 /32
　　❹ Enterprise Operation and Management of Tourism Destination

　第五节　非政府组织与旅游目的地发展 /34
　　❺ NGO and Tourism Destination's development

第三章　旅游目的地开发与规划 … 41
Chapter 3　Development and Planning of Tourism Destination

　第一节　旅游目的地资源调查与分类 /42
　　❶ Survey and Classification of Tourism Destination Resources

第二节　旅游目的地空间结构规划　　　　　　　　　　/55
❷　Space Structure Planning of Tourism Destination

第三节　旅游目的地规划方法　　　　　　　　　　　　/60
❸　anning Method of Tourism Destination

第四章　旅游目的地人力资源管理
Chapter 4　Human Resource Management（HRM）of Tourism Destination

第一节　旅游目的地人力资源概念　　　　　　　　　　/70
❶　Concept of Tourism Destination's Human Resource

第二节　旅游目的地人力资源开发　　　　　　　　　　/73
❷　Human Resource Development of Tourism Destination

第三节　旅游目的地人力资源管理　　　　　　　　　　/76
❸　HRM of Tourism Destination

第五章　旅游目的地服务管理
Chapter 5　Service Management of Tourism Destination

第一节　旅游目的地服务　　　　　　　　　　　　　　/82
❶　Tourism Destination Service

第二节　旅游目的地接待服务体系　　　　　　　　　　/84
❷　System of Tourism Destination Reception Service

第三节　旅游目的地公共服务体系　　　　　　　　　　/87
❸　System of Tourism Destination Public Service

第四节　旅游集散地体系　　　　　　　　　　　　　　/89
❹　System of Tourism Distribution Center

第六章　旅游目的地营销
Chapter 6　Tourism Destination Marketing

第一节　旅游目的地市场　　　　　　　　　　　　　　/98
❶　Tourism Destination Market

第二节　旅游目的地形象设计　　　　　　　　　　　　/101
❷　Design of Tourism Destination Image

第三节　旅游目的地品牌建设　　　　　　　　　　　　/107
❸　Construction of Tourism Destination Brand

第四节　旅游目的地营销策略　　　　　　　　　　　　/110
❹　Marketing Strategy of Tourism Destination

第七章 旅游目的地安全管理
Chapter 7　Security Management of Tourism Destination

第一节 旅游目的地安全概念　　/120
① Concept of Tourism Destination Security

第二节 旅游目的地安全预防　　/124
② Security Precaution of Tourism Destination

第三节 旅游目的地安全应对　　/126
③ Security Response of Tourism Destination

第八章 旅游目的地发展的影响
Chapter 8　Influence of Tourism Destination Development

第一节 旅游目的地发展的正面影响　　/132
① Positive Influence of Tourism Destination Development

第二节 旅游目的地发展的负面影响　　/137
② Negative Influence of Tourism Destination Development

第三节 旅游目的地的可持续发展　　/141
③ Sustainable Development of Tourism Destination

第九章 旅游目的地信息化管理与智慧旅游
Chapter 9　Informatization Management and Wisdom Tourism of Tourism Destination

第一节 旅游目的地信息化与智慧旅游概念　　/148
① Concept of Informatization Management and Wisdom Tourism of Tourism Destination

第二节 智慧旅游在旅游目的地管理中的应用　　/156
② Wisdom Toursim in the Application of Tourism Destination Management

第十章 新常态下的旅游目的地发展
Chapter 10　Tourism Destination Development under the New Normalization

第一节 新常态下的旅游目的地　　/162
① Tourism Destination under the New Normalization

第二节 新常态下的旅游产品开发与营销　　/163
② Development and Marketing of Tourism Product under the New Normalization

第三节 新常态下的旅游目的地建设　　/166
③ Construction of Tourism Destination under the New Normalization

第四节 全域化旅游目的地发展　　/167
④ Global Tourism Destination Development

第五节　旅游目的地创意城市塑造　　　　　　　　　　　　/168
❺　　Creative City Shape of Tourism Destination

第十一章　案例分析
Chapter 11　Case Analysis

第一节　丽江市案例分析　　　　　　　　　　　　　　　　/178
❶　　Case Analysis of Lijiang

第二节　厦门市案例分析　　　　　　　　　　　　　　　　/183
❷　　Case Analysis of Xiamen

第三节　婺源县案例分析　　　　　　　　　　　　　　　　/187
❸　　Case Analysis of Wuyuan

第四节　西安市案例分析　　　　　　　　　　　　　　　　/192
❹　　Case Analysis of Xi'an

本课程阅读推荐
Reading Recommendation

参考文献
References

第一章

旅游目的地导论

学习引导

什么是旅游目的地？成为旅游目的地要具备哪些要素？旅游目的地建设有何重要的意义？旅游目的地与旅游景区有何区别？最近国家旅游局倡导的全域旅游和旅游目的地建设有何联系？目前我国很多县市都提出要打造成为国际旅游目的地是否现实？针对上述问题，很有必要深入认识什么是旅游目的地，旅游目的地及其构成究竟是如何的，从而掌握旅游目的地相关理论。

学习重点

通过本章学习，重点掌握以下知识要点：
1. 旅游目的地概念；
2. 旅游目的地构成要素；
3. 旅游目的地分类体系；
4. 旅游目的地相关研究理论。

第一节 旅游目的地概念

一、旅游目的地定义

所谓旅游目的地,是吸引旅游者在此作短暂停留、参观游览的地方。旅游通道将客源地和目的地两个区域连接起来,是整个旅游系统的桥梁。

从传统的旅游理论来看,旅游目的地更多是从地理意义上来进行分类,比如按照城市、地域等进行分类。英国学者霍洛韦指出,具体的旅游胜地、一个城镇或整个国家或者地球上一片更大的地方都可以成为旅游目的地。当前,伴随旅游产业的蓬勃发展,旅游目的地成为一个见仁见智的主观概念。布哈利斯(2000)把旅游目的地的范围设定为一个特定的已知地理区域,在这个区域当中旅游消费者被看作是一个政府框架,这个政府框架独立、完整且有统一旅游业管理和规划,即由统一的目的地管理机构来对这个区域进行管理。具体来说,旅游目的地可以分为以下几种类型:景点型旅游目的地、城市旅游目的地、国家级旅游目的地和区域型旅游目的地。

2004年世界旅游组织确切地将旅游目的地定义为物理空间,在这个空间内平均每个游客起码待一个晚上,这个空间包括旅游产品和服务,是具有地理区域和行政界线的,可以通过影响市场竞争力等方面要素来体现管理活动、形象和旅游者满意度。世界旅游组织对旅游目的地做了较为全面的定义和概括,在这个定义中明确规定了旅游目的地及旅游目的地利益相关者概念。

保继刚(1996)指出,旅游目的地是旅游者停留活动的地方,是指附着在一定地理空间上的旅游资源,并且将其基础设施及相关设施统一联系在一起。崔凤军(2002)提出,旅游目的地是一个拥有统一整体形象的旅游吸引物的开放系统。以空间尺度作为衡量标准,旅游目的地可以划分为不同类型。一个国家、一个地区、一个城市或一个具体的旅游景区(景点)都可以是旅游目的地。从一定意义上来看旅游目的地是旅游产品和旅游服务与游客体验相结合的整体。

国内外学者对旅游目的地的定义各不相同而且也各有不同的侧重点,但还是能归纳出一些共识:一方面,旅游目的地作为旅游消费者主要的停留场所,所对应的主体就是旅游消费者;旅游目的地与旅游消费者的出行目的、出行动机息息相关;另一方面,旅游目的地的范围可大可小:大至几个国家的联合区域或一个城市,小至一个旅游区或旅游景点。同时,旅游目的地的构成因素中必定包括了地理区域范围、旅游设施等。[1]

根据以上讨论,可以把旅游目的地定义为:旅游目的地是指能够对一定规模旅游者形成旅游吸引力,并能满足其特定旅游目的的各种旅游吸引物、旅游设施和服务体系的空间集合。

---

[1] 唐缓琼.旅游目的地品牌建设研究[J].复旦大学学报,2008(4).

二、概念的扩展

(一)对应的概念

仅从词义上来看,第一,旅游目的地有别于工作目的地、移民目的地,也就是说有别于常住性的目的地。但是,由于旅游是一个综合性的概念,所以旅游目的地自然而然就包含了商务目的地、会议目的地等等。也就是说,一切满足人们短期居停的目的地都可以成为旅游目的地,这是一个外延的对应概念。

第二,旅游目的地所对应的是客源地。也就是说,一个目的地的建设和发展更主要的是从供给角度出发,是为了吸引更多的人进入。由此而形成世界各国发展旅游业的三个基本目的:努力吸引更多的人前来,努力使人停留更长的时间,努力使停留者形成更多的消费。

从目的地与客源地的关系出发,又对应形成了第三个概念,即客源输入地与输出地的概念。从总体来看,有些目的地是比较单纯的客源输入地,有些客源地是比较单纯的客源输出地,但多数情况是一个目的地本身既是客源的输入地,同时也被其他的目的地视为客源的输出地,就形成了客源地与目的地、输入地与输出地相交叉的客观存在。从一地发展的角度来说,一般都希望有较多的输入,较少的输出。而从客观现实来看,输入输出的关系以及权重、力度取决于多种因素,各种因素的合力构成了一地的旅游发展状态。

(二)系列概念

如果从旅游过程来看,也就是说从旅游者的眼光出发,从旅游者的市场导向出发,会形成一个系列概念。

一是常住地,即分散的旅游者长期居住的地域。从营销的观念来看,旅游者的常住地只能视为潜在的客源地。

二是出发地。出发地既包括常住地,也是旅游者的主要出发地点。这里所讲的出发地一般而言指的是交通枢纽地点,形成旅游者集中汇聚的地点,也是现实的客源地。尤其是对于团队旅游者而言,从旅游过程来看,分散的旅游者也是通过交通枢纽的聚集和一部分团队性的聚集,由此而形成出发地的概念。

三是过境地。有一些被视为旅游目的地的地方,实际上严格地说并不是旅游目的地,而是由于其交通位置形成了一个旅游的过境地。在这个问题上,现实中常常会形成一种错觉,即由于旅游者大规模的流动过程,而认为自己是一个比较有吸引力的目的地。

四是集散地。集散地与过境地有相同的一面,也有不同的一面,过境地更多地集中在主要的口岸和交通枢纽,而很多集散地除了这方面之外,还体现在中心城市。很多中心城市本身缺乏目的地的相应吸引力,但由于是中心城市,所以客观上构成了一个旅游者的集散地。

从常住地到出发地到过境地到集散地到目的地,既可以视为一个旅游活动的全过程,也可以视为需求与供给的衔接,在现实中具有针对性的意义。常住地和出发地的区别是我们对于市场营销的一个深化的理解,也是我们能得以针锋相对开展工作的一个概念性抓手。过境地、集散地、目的地的区别使我们能够进一步明确定位,很多主要局限于过境地和集散

地的地方,应当进一步提升,形成过境地、集散地加目的地的状况。终极目的地自身,除了完善各类要素以增加吸引力之外,也需要研究目的地的终极性所带来的局限性。

三、概念的深化

从供给者和生产者的角度出发,目的地不仅是一个过程的结果,而且是另一个过程的开端。目的地的基础首先是资源地,通过对资源地的开发建设形成各类旅游产品,构成各类吸引要素和发展要素,从而形成比较完善的目的地,这是一个过程的结果。

作为另一个过程的开端,就是目的地对应客源地进行市场化的营销。没有与客源地的对应,目的地就构不成概念意义上的目的地;没有各类旅游者前来消费,目的地也难以构成真正现实意义上的目的地,也就是难以完成从产品到商品的惊人一跃。这样一个过程,使目的地处于生产环节和销售环节之间,同时也使目的地形成生产过程和消费过程的同一。资源地只是潜在的概念,旅游产品的形成是现实的概念,但只有上升到目的地这个层次才是真正实现的概念,这也是对旅游目的地的概念从内涵到外延的扩展,从对应概念到系列概念形成的真正意义所在。旅游目的地概念分类,如表1-1所示。

表1-1 旅游目的地概念分类

概念分类	学 者	观 点
地理概念（区域）	霍洛韦(英)	一个目的地可以是一个具体的风景胜地,或者是一个城镇,一个国家内的某个地区,整个国家,甚至是地球上一片更大的地方。[1] 根据英国的旅游资源将目的地划分为海滨胜地、城镇或城市、乡村三种主要类型
	Philip Kotler(美)、Francois Vellas(英)	旅游目的地是那些有实际或可识别边界,例如海岛的自然边界、政治边界,甚至是由于市场划分而形成的边界(一个批发商旅行时就会把澳大利亚和新西兰当作一个南太平洋旅游目的地)等地方[2]
知觉性概念（主观）	Wbster辞典	旅途的终点(The place set for the end of a journey, or to which something is sent; place or point aimed at),即旅游目的地是一个为消费者提供一个完整体验的旅游产品综合体
	布哈里斯(Buhalis,2000)	从营销的角度出发,把目的地定义为"一个被游客作为独特实体所感知的确定地理区域,并且可以为旅游营销和规划提供政治和法律上的保障"
	雷帕(Leiper,1995)	把目的地解释为一个可以让旅行者待上一段时间,并体验有当地特色吸引物的地方
	库珀(Cooper,1998)	目的地是那些能够满足游客需要的设施和服务的集中地
	鲁宾斯(Robbins)	认为旅游目的地包含旅游者需要消费的一系列产品和服务

---

[1] 李天元,等.旅游学概论[M].天津:南开大学出版社,1991.
[2] Philip Kotler,等.旅游市场营销[M].谢彦君,译.北京:旅游教育出版社,2002.

第二节　旅游目的地构成要素

一、坎恩五要素观点

坎恩(Gunn,1972)和默菲(Murphy,1985)将旅游市场分为需求方与供给方,需求方是产生旅游者的国家或地区,供给方是接待旅游者的国家或地区,也就是旅游目的地国家或地区。他们认为,旅游目的地构成的四大要素为交通、吸引力、服务及信息的推广。坎恩(Gunn,1988)曾提出旅游运作系统,以简明扼要的方式,指出旅游动态系统的构成及各组成要素间的互动关系,如图1-1所示。由此可知,旅游目的地是一种综合体,各个组成要素密切配合,才能成为一个旅游者愿意选择、具有吸引力的目的地。

他们认为能够真正成为旅游目的地的地区应具备以下条件:拥有一定距离范围的客源市场;具有发展的潜力和条件;对潜在的市场具有合理的可进入性;其社会经济基础具备能够支持旅游业发展的最低限度水平;有一定规模并包含多个社区等。

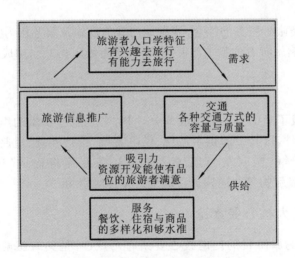

图1-1　旅游运作系统

二、库珀的"4A"观点

库珀(Cooper)认为旅游目的地应该由以下四大要素构成:吸引物(attractions);康乐设施(amenities),如住宿设施、餐饮业、娱乐设施业和其他服务设施;进入设施(access),如交通网络或基础设施;附属设施(ancillary services),如地方旅游组织。

布哈里斯(Buhalis,2000)在库珀"4A"基础上增加了包价服务(available package)和活动(activities),具体描述如表1-2所示。

表 1-2 布哈里斯的旅游目的地"6A"构成要素

旅游吸引物(attractions)	自然风景、人造景观、人工物品、主题公园、遗产、特殊事件等
交通(accessibility)	整个旅游交通系统,包括道路、终端设施和交通工具等
设施和服务(amenities)	住宿业和餐饮业设施、零售业、其他游客服务设施
包价服务(available package)	预先由旅游中间商和相关负责人安排好的旅游服务
活动(activities)	包括所有的目的地活动,以及游客在游览期间所进行的各种消费活动
辅助性服务(ancillary service)	各种游客服务,例如银行、通信设施、邮政、报纸、医院等

三、魏小安和厉新建的三要素说

魏小安和厉新建认为旅游目的地要素一般包括以下 3 个层次的内容:

(一)吸引要素

吸引要素,即各类旅游吸引物,是吸引旅游者从客源地到目的地的直接的基本吸引力,以此为基础形成的旅游景区(点)是"第一产品(primary products)"。

(二)服务要素

服务要素,即各类旅游服务的综合,旅游地的其他设施及服务作为"第二产品(secondary products)"将会影响旅游者的整个旅游经历,与旅游吸引物共同构成旅游地的整体吸引力的来源。

(三)环境要素

环境要素,既构成了吸引要素的组成部分,同时又是服务要素的组成部分,形成了一个旅游目的地的发展条件,这其中的供水系统、供电系统、排污系统、道路系统等公用设施,医院、银行、治安管理等机构以及当地居民的友好态度等将构成"附加产品(additional product)",并与旅游吸引物等共同构成目的地的整体吸引力。

四、邹统钎的两大核心要素论

邹统钎(2008)认为旅游目的地的核心要素有两点:一是具有旅游吸引物;二是人类聚落,要有永久性的或者临时性的住宿设施,游客一般要在这里逗留一夜以上。因此,一般的景点不留宿,不应该是旅游目的地。

五、旅游目的地要素的核心内容

王晨光(2005)认为旅游目的地构成要素的核心内容主要包括以下 5 个方面:

(一)有独特的旅游吸引物

这种吸引物必须是对应特定的旅游目标市场和客源群,在旅游市场上具有与众不同的独立特性,并具有一定的市场优势。

(二)有足够的市场空间和市场规模支持

旅游目的地一方面必须要有足够的市场开发价值和相应的市场发展空间,以支持旅游业的规模开发和经营,也就是说,旅游目的地不仅要有足量的地理空间,同时还要有适当的市场空间(规模);另一方面,旅游目的地所能选择的目标旅游市场必须可进入性高、市场体系完备,能方便旅游供需主体的自主和平等进入,即该市场应运行规范,适合旅游市场机制发挥主导作用。

(三)能提供系统、完备的旅游设施和旅游服务

旅游目的地要具有一定的旅游产业基础和服务能力,有系统完备的旅游服务和接待设施;同时,这种产业体系要具有开放性特征,能够构建成有效联结客源地与目的地的产业链,并支持旅游企业的规模化运行。

(四)要有目的地当地居民的认同、参与并提供各种支持保障

当前国内一些地方在旅游开发中,过分夸大旅游业的经济功能(价值),存在着忽视甚至歧视当地居民利益的倾向。一些地方不仅忽视居民作为独特旅游吸引物的市场价值,甚至把他们的正当利益视做开发的障碍,旅游开发的结果常常是压缩他们的生存空间,这是一种典型的"杀鸡取卵"的短视行为。

所以重视居民的参与对改进国内旅游业现行发展模式显得尤其重要。一旦没有当地居民的生活作为依托,许多旅游目的地将缺乏内在活力,变成一座没有生命力的死城,其旅游资源的市场价值也会大打折扣。不仅如此,对于旅游目的地而言,当地居民还构成了旅游业开发的人力资源基础,旅游业是一种劳动密集型产业,需要大量的社会用工支持。可见,一旦离开当地居民的支持和参与,该地区旅游业将失去可持续发展的社会和文化基础。

第三节 旅游目的地分类

国内外学者对于旅游目的地类型的研究一直是顺带研究的内容,或者都是按自己的需要、依据不同标准、从不同视角出发将其划分为不同的类型。所以尽管这一主题的研究吸引了国内外众多学者的关注,却没有在"旅游目的地类型"和"旅游目的地类型选择"的概念界定上达成共识。更多的学者对旅游目的地类型选择的研究也都是在其各类实证中作为基本信息而已。

一、以吸引物的资源特性划分

坎恩(1998)将旅游目的地(带)分为 3 种类型,即都市型(Urban)、放射型(Radical)和扩展型(Extended),日本旅游地理学家山村顺次将旅游地分为温泉旅游区、山岳高原旅游区、海岸旅游区和都市旅游区 4 种基本类型;保继刚对旅游地的划分有两分法(自然和人文)和三分法(自然、人文和综合或者人造型)两种,均以吸引物的资源特性作为分类依据。他提出,按照旅游资源的性质及其适宜旅游活动类型可将旅游目的地分为 7 个大类,即自然风景旅游地、运动性旅游地、历史古迹旅游地、文化旅游地、娱乐旅游地(如以游乐园为主体)、产业旅游地(如以园艺业为主体)、综合性旅游地。各大类之下可以有很多细类的划分。

二、按照旅游活动性质划分

随着旅游业的进一步发展,旅游更加注重人们的参与性,所以旅游除了传统的观光活动之外,还增加了一些游戏娱乐和运动休闲活动。为了准确地反映出不同类型的旅游地特征,吴必虎(2001)在 Gunn 的基础上将各种旅游目的地概括为城市型目的地(urban destination)与胜地型目的地(resort destination)两种基本类型。

三、按照空间、时间、功能分类

张朋从空间、时间、功能三个角度对旅游目的地进行分类:按照旅游目的地空间和地域的大小,旅游目的地总体可以分为国家、城市、旅游功能区域 3 大类;按照旅游者从客源地到目的地所花费的时间,可分为远程目的地、中程目的地和近程目的地;按照功能可分为复合功能的旅游目的地和主题功能的旅游目的地两类。

四、按照目的地的构成特征分类

布哈里斯(Buhalis)把旅游目的地分为城市、海滨、山地、乡村、真实的国家和世外桃源(unique-exotic-exclusive)。[①] 张立明等(2005)提出,按照目的地的构成特征,旅游目的地可以分为四种类型:城市型、胜地型、乡村型和综合型。各类目的地类型又可以往下细分,如胜地型目的地又可以分为山地型、湖泊型、滨海型等。

刘顺伶、何雨(2008)根据上海城郊地区旅游地的实际情况,将旅游地划分为自然旅游地、人文旅游地和人造旅游地三类;根据旅游活动的性质,将旅游地划分为观光旅游地、运动娱乐旅游地、休闲度假旅游地。把上面两个分类体系交叉组合,把上海城郊旅游地归纳为九种类型。袁欣、史春云等将各类型目的地分成单目的地类型(旅游者从客源地到该地游览后直接返回客源地)、枢纽型目的地亦可称作辐射式目的地、门户型目的地和出口型目的地。

五、邹统钎分类法

邹统钎列举了业界几种分类标准按行政区域分为国家级旅游目的地、省级旅游目的地、市县级旅游目的地、景区型旅游目的地;按旅游者需求划分为观光型旅游目的地、休闲度假型旅游目的地、商务型旅游目的地、特种旅游型目的地;按旅游资源类型分为自然山水型、都市商务型、乡野田园型、宗教历史型、民族民俗型、古城古镇型;按旅游目的地空间构成形态分为板块型旅游目的地和点线型旅游目的地;按旅游目的地主要功能与用途分为经济开发型旅游目的地与资源保护型旅游目的地;按开发时间和发展程度可分为传统旅游目的地和新兴旅游目的地;按旅游目的地构成特征可分为旅游城市和旅游景区(点)。

总之,国内外学者对于旅游目的地类型的研究都是按自己的需要、依据不同标准、从不同视角出发将其划分为不同的类型。

---

① Buhalis, Dimitrios. Marking the competitive destination of the future[J]. Tourism Management, 2000, 21(1):97-116.

第四节 旅游目的地研究理论

一、旅游目的地生命周期理论

（一）旅游目的地生命周期理论的产生

旅游目的地生命周期理论是描述旅游目的地演进过程的重要理论，是地理学对旅游研究的主要贡献之一。生命周期最早是生物学领域中的术语，用来描述某种生物从出现到灭亡的演化过程。后来，该词被许多学科用来描述相类似的变化过程，如在市场营销学中以技术差距存在为基础的产品生命周期，即一种产品从投入市场到被淘汰退出市场的过程。关于旅游目的地生命周期理论的起源，一般认为是1963年由克里斯托勒（Christaller）在研究欧洲的旅游发展时提出的。1973年，帕洛格（Plog）也提出了另一种获得普遍认可的生命周期模式。1978年，斯坦斯菲尔德（Stansfield）通过对美国大西洋城盛衰变迁的研究，也提出了类似的模式，他认为大西洋城的客源市场部分由精英向大众旅游者的转换伴随着它的衰落。

一般认为，周期理论始于1963年克里斯托勒发表的论文《对欧洲旅游目的地的一些思考：外围地区—低开发的乡村—娱乐地》。在论文中，克里斯托勒阐述了他的观察发现，旅游目的地都在经历一个相对一致的演进过程：发现（discovery）、成长（growth）、衰落（decline）。1980年，巴特勒（Butler）对周期理论重新做了系统阐述。他将旅游目的地生命周期分为6个阶段：探索（exploration）、参与（involvement）、发展（development）、巩固（consolidation）、停滞（stagnation）、衰落（decline）或复苏（rejuvenation），并且引入了使用广泛的"S"形曲线来加以表述。[1]

（二）旅游目的地生命周期理论理论框架

1. 巴特勒旅游目的地生命周期理论

巴特勒在《旅游地生命周期概述》一文中，借用产品生命周期模式来描述旅游目的地的演进过程，提出旅游目的地生命周期理论，具体描述了旅游目的地从开始、发展、成熟到衰退阶段的生物界普遍规律。他提出的旅游目的地演化的探察、参与、发展、巩固、停滞、衰落或复苏6个阶段模型图，是分析旅游目的地演进过程的最重要的模型，如图1-2所示。通过运用该理论，可以了解旅游目的地的发展阶段，明确其发展的限制因素，了解旅游目的地发展6个阶段以及每一阶段所具有的指示性特征和事件，并通过人为调整延长旅游目的地的生命周期。

2. 旅游目的地生命周期理论各个阶段状况描述

旅游目的地生命周期阶段特征的研究加强了周期理论对旅游目的地演进现象的描述力，并且也是将周期理论运用于实践的基础。在实践中运用周期理论，首先需要能够判断旅

---

[1] 邹统钎，王欣，等. 旅游目的地管理［M］. 北京：北京师范大学出版社，2012.

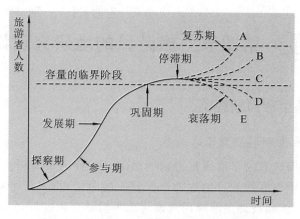

图 1-2　巴特勒的旅游目的地生命周期模型

游目的地所处的周期阶段,而要做到这一点,就必须先明确各周期阶段的特征,如表 1-3 所示。

表 1-3　旅游目的地生命周期各阶段的特征

阶　段	特　征
探索	少量的"多中心型"游客或"探险者";少有或没有旅游基础设施,只有自然的或文化的吸引物
起步	当地投资于旅游业,明显的旅游季节性;旅游目的地进行广告宣传活动;客源市场地形成;公共部门投资于旅游基础设施
发展	旅游接待量迅速增长;游客数超过当地居民数;明确的客源市场;大量的广告宣传,外来投资,并逐渐占据控制地位。人造景观出现,并取代自然的或文化的吸引物;"中间型游客"取代"探险者"或"多中心型"游客
稳固	增长速度减缓;广泛的广告宣传以克服季节性和开发新市场;吸引了"自我中心型"游客;居民充分了解旅游业的重要性
停滞	游客人数达到顶点;达到容量限制;旅游目的地形象与环境相脱离;旅游目的地不再时兴;严重依赖于"回头客",低客房出租率;所有权经常更换;向外围地区发展
衰落	客源市场在空间和数量上减少;对旅游业的投资开始撤出,当地投资可能取代撤走的外来投资;旅游基础设施破旧,并可能被代以其他用途
复兴	全新的吸引物取代了原有的吸引物,或开发了新的自然资源

3. 影响旅游目的地生命周期的主要因素

徐致云和陆林归纳了国外学者在对旅游目的地生命周期研究中生命周期的主导影响因素,这些影响因素主要包括以下 12 种:①环境质量与容量;②过度商业化;③良好的区位;④交通条件;⑤基础设施;⑥旅游资源的丰度;⑦居民的支持度;⑧旅游形象;⑨旅游目的地的竞争力;⑩旅游发展速度;⑪外部投资;⑫政府与旅游经营者的作用;⑬外部竞争环境的变化;⑭客源市场的改变;⑮外部政治环境。

4．旅游目的地生命周期各个阶段的判定、评估

判断旅游目的地处于生命周期的哪个阶段，综合相关研究，应对下列因素进行调查和综合评估：①旅游目的地开发时长；②旅游目的地旅游结构、功能；③旅游目的地旅游产品类型；④旅游目的地旅游业态；⑤旅游目的地接待的游客人数状况，每年接待的游客人数在总量上的变化；⑥旅游目的地游客人数年增长率；⑦旅游目的地外来投资者投资规模的变化；⑧旅游目的地社区居民就业状况的变化；⑨旅游目的地社区居民对投资者和游客态度的变化。⑩旅游目的地社区环境受损状况；⑪旅游目的地旅游接待设施供求关系的变化。

通过对以上因素的系统调查和分析，再对照旅游目的地生命周期曲线图和每个阶段所呈现出来特征的描述进行判断，发现问题，解决问题。

（三）旅游目的地生命周期理论发展

1．国外对旅游目的地生命周期理论的研究

1980年巴特勒提出了旅游目的地生命周期理论。自此之后，国外学者对该理论应用的有效性进行了一系列讨论，认同旅游目的地有一个由起步经盛到衰的过程，同时也证实了这一理论是旅游目的地随时间演化的一个很好的解释模型，是一个实用性很强的描述性工具。为了验证生命周期理论模型的有效性，国外学者还进行了一些实证研究。例如，库珀和Tackson对英国男人岛的研究，Gezt对美国尼亚加拉瀑布的研究，Debbage对巴哈马天堂岛的研究，Bendeetto和Bojanic对美国赛普里斯花园的研究，斯坦斯菲尔德对美国大西洋城的研究，MeyerArendt对美国格兰德岛的研究等，都基本上证明了周期理论的基础命题假设，即旅游地有一个由起步经盛而衰的过程。但在理论的有效性、理论阶段划分、影响生命周期的因素这些问题上尚存在争议。

1）对旅游目的地生命周期演化理论有效性的质疑

为了验证巴特勒旅游目的地生命周期模型的有效性，西方学者研究颇多。多数学者认为旅游目的地要经历由盛到衰的过程，但具体的阶段的划分与巴特勒生命周期模型不完全一致。Gray R. Hovinen通过案例研究指出Lancaster县的旅游发展经历了5个阶段，认为它优越的区位和多样性的旅游资源使其具有较强的生命力，从长远来看游客量不会减少很多。Debbage对巴哈马天堂岛的研究，支持了巴特勒的模型。Svend Lundtorp和Stephen Wanhill运用长期时间序列数据，采用定量方法证实并支持了巴特勒的"S"形曲线。研究表明，一般产品有不同的生命周期模型，常见有三种，即"成长—衰落—成熟"型"主循环—再循环"型和"扇贝"型（见图1-3），Choy通过对太平洋夏威夷、关岛等13个岛屿生命周期的研究发现，不同的岛屿有不同的生命周期曲线，13个岛屿符合产品周期中一种，或兼有两种类型的特点，但没有一种类型占主导地位。

2）对于旅游目的地生命周期阶段划分的质疑

国外学者认为多数旅游目的地要经历由盛到衰的过程，但具体到各阶段划分却与巴特勒生命周期理论的划分不完全一致，很少有旅游目的地的生命周期完全符合巴特勒模型所描述的那种标准的"S"形曲线，而是表现为不同阶段的异常，尤其是在停止、衰落阶段表现出不同。

Strapp分析了加拿大的Sauble Beach，发现该旅游目的地在停滞阶段后不是走向复苏

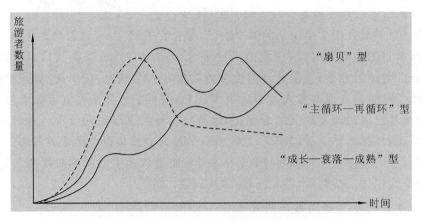

图 1-3 旅游产品生命周期的三种模型

资料来源：Svend Lundtorp，Stephen Wanhill. The Resort Lifecycle Theory-Generating Processes and Estimation [J]. Annals of Tourism Research，2001，28（4）.

或衰落，而是进入了稳定期。Gezt 回顾了尼亚加拉瀑布的旅游发展，指出其发展过程与巴特勒生命周期模型有不同之处。Priestlev 和 Mundet 在对生命周期的研究中，提出了一个新的概念叫"后滞长期"。Sheela Agarwal 建议在停滞阶段和后滞阶段之间增加重定位阶段。

3）对于影响旅游目的地生命周期演化因素的质疑

国外学者结合案例具体分析影响旅游目的地生命周期演化的因素，大体包括需求因素、效应因素、环境因素等。巴特勒和 Debbage 都认为旅游目的地衰落往往与旅游接待量超过一定的容量限制或者过度商业化相关；斯坦斯菲尔德通过对大西洋城盛衰变迁的研究，指出它的客源市场部分由精英向大众旅游者的转换伴随着它的衰落，同时也与美国城市的整体衰退有关；Meyer-Arendt 在对格兰德岛的研究中，则把旅游目的地的周期演进与自然环境作用（侵蚀与风暴的破坏）、休憩开发的密度联系了起来；库珀和 Tackson 在对男人岛的研究中指出，它的明显衰落归因于英国海滨胜地总体受欢迎程度的下降，以及它自身不能保持竞争力；Debbage 在对天堂岛的实例研究中，研究了旅游业自身的竞争性结构对旅游目的地周期的影响；Gezt 通过对尼亚加拉瀑布的研究，指出了有意识的规划和管理决策对旅游目的地演进的重要性——它们将促进旅游目的地不断走向复兴；Benedetto 和 Bojani 设计了一个阶梯对数函数对赛普里斯花园的演进过程进行了模拟。

总之，现有的国外文献表明，周期理论可以作为一个解释工具，但对某一旅游目的地的实证分析还存在缺陷。

2. 国内对旅游目的地生命周期理论的研究

在我国，张文（1990）最早讨论了旅游目的地生命周期问题，但没有提及巴特勒的生命周期理论。保继刚等则在《旅游地理学》一书中首次向国内介绍了巴特勒旅游目的地生命周期的思想，并将理论用于广东丹霞山的开发。谢彦君就如何从需求、效应和环境三个因素入手对旅游目的地生命周期加以控制和调整进行了论述（见图 1-4）。覃江华认为有必要将生产者行为单独提出来，并作为影响旅游目的地生命周期的一大因素，这样影响旅游目的地生命周期的因素就变成了四大因素:需求因素、供给因素、效应因素和环境因素。生命周期理论在得到广泛认同和普遍应用的过程中,在一些问题上存在较大的争议,具体表现在以下几个方面:

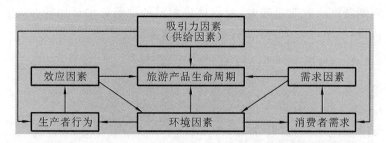

图 1-4 旅游目的地生命周期与各种相关因素的作用关系
资料来源:谢彦君.旅游地生命周期的控制与调解[J].旅游学刊,1995,10(2).

1) 周期理论称谓

很多学者针对到底是旅游目的地生命周期还是旅游产品生命周期进行了讨论。许春晓通过对旅游目的地、旅游资源、旅游产品三者概念的界定,认为具有生命周期的是旅游产品而不是旅游目的地。阎友兵通过对国外提及的相关学术名词进行分析,驳斥了许春晓的观点,认为"旅游目的地生命周期理论"这种称谓才是正宗。张惠等认为不同学科研究的出发点以及旅游目的地、旅游产品之间相互关系的认识不清是造成旅游目的地生命周期还是旅游产品生命周期争论的主要原因。

2) 周期理论有效性和预测功能的质疑

有学者认为旅游目的地生命周期理论存在致命的逻辑漏洞,理论上不能自圆其说,在实践面前也显得苍白无力,用它来指导实践无疑会产生不良的后果。保继刚认为希望一种理论既能解释复杂的旅游目的地演化规律,又能对旅游目的地的游客量做出准确的预测是不现实的。邹统钎认为不同的旅游目的地的生命周期存在明显的区别,不能作为一个完美的预测工具。原因包括:难以确认转换点;生命周期各阶段时间跨度差别很大;地理范围不同生命周期差别很大。

3) 国内研究对周期理论的补充和完善

值得关注的是,近来国内学者将旅游目的地生命周期理论和其他理论结合应用,以增强周期理论对实践的指导作用。如李蕾蕾构建了旅游目的地形象的生命周期模式;张惠等从旅游系统的角度出发,构建旅游地演化模型。徐红罡建立了旅游产品生命周期的一般性的系统动力学模型;戴光全在应用旅游目的地生命周期理论时,结合了市场营销学的 TPC(产品整体概念)理论;李建军等采用"P-E"(保护与开发)状况分析方法,阐述了旅游目的地生命周期体系;吴江、黄震方运用 Logistic 曲线对旅游目的地生命周期的发展阶段进行模拟;付洪利、汪明林用反馈闭环系统理论对资源型旅游目的地旅游发展进程中的反馈过程及相互关系进行探讨。

就在有些学者提出对旅游产品生命周期理论的质疑时,李舟、余书炜等则针对杨森林的质疑提出了反驳,他们对旅游目的地生命周期理论进行了综论,并指出理论中的旅游目的地由起步走向兴盛再走向衰落的基础命题是正确的。余书炜还认为各个旅游目的地经历的阶段并不一定与巴特勒的六阶段"S"形曲线相一致,并提出了一个双周期曲线,如图1-5所示。

旅游产品生命周期理论是有其科学性与其存在的现实意义的,对旅游经营行为具有的指导价值,是值得我们努力探索和研究的。

国内生命周期理论研究起步较晚,对具体旅游目的地研究中运用较少,由于专家有着不同阶段划分与认识,且争论较大,实际应用起来复杂多变。

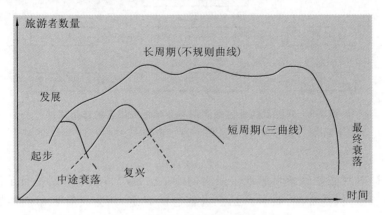

图1-5　旅游产品生命双周期曲线

资料来源:余书炜.旅游地生命周期的理论综论——兼与杨森林商榷[J].旅游学刊,1995,10(2).

二、地方理论

(一)地方理论的理论内涵

20世纪70年代,由于受到现象学、存在主义等哲学思潮的影响,人文地理学蓬勃发展。自20世纪70年代华裔地理学家段义孚重新将"地方(place)"引入人文地理学研究以后,地方成了当时人文主义地理学家和实证主义地理学家不同哲学取向的重要概念。20世纪80年代,对地方概念的兴趣在人文主义地理学以外增长。与地方相关的概念,包括地方感、地方依恋、地方认同、地方依赖等一起组成了地方理论。

迄今为止,从概念的建立、理论的构建、指标体系的建立以及运用于人地关系的大量实证表明,以人文主义地理学和环境心理学为代表的西方学术界基于地方理论已经形成了相对完善的研究体系。总体而言,地方理论是从人的感觉、心理、社会文化、伦理和道德的角度来认识人与地方的关系的理论。在这一理论引入我国的时候,出现了不同的表达方式:有的将"place"译为"地方",有的翻译成"场所"。前者主要存在于地理学研究中,后者存在于景观学、建筑学、城市规划等相关研究。

1. 地方与地方性、地方意义

段义孚认为,人在"地方"居住或经常性地接触"地方",就会对地方产生各种强烈和持久的情感反应,地方是"在世界活动的人的反映,通过人的活动,空间被赋予意义。地方是人类生活的基础,在提供所有人类生活背景的同时,给予个人或集体以安全感或身份感"。一个地方之所以能够成为历史上著名的旅游景点,不仅是因为它长期存在于一个相同的地方,还在于这个地方包含了各种事件的累积,这些累积被记载在历史书、纪念碑、节庆、遗址遗迹、旅游项目或旅游产品当中,从而成为人们延续历史传统的一部分。地方性是一个地方不同于其他地方的特性。瑞夫(Relph)认为任何一个地方都有客观物质、功能以及意义三重属性,地方性就体现在这三重属性中。其中,地方意义是人们赋予地方的象征意义、思想感受、态度和价值等,是地方的主观属性。不同的人赋予地方不同的意义,地方意义是复杂多样的甚至是相互冲突的。

2. 地方感与地方依恋

地方感是人文主义地理学研究较为深入的领域。地方感以人类地方体验的主观性为基础,其内涵包括了地方本身固有的特征与个性(地方性),以及人对于地方依附的情感与认同,简言之,地方感可以概括为一种满足人们基本需要的普遍的情感联系。对于能够使人产生强烈的感情体验的地方,人们往往有强烈的依恋感,而这种情感上的依恋又逐渐成为"家"这一概念形成过程中最为关键的元素。这样的地方有着不同的空间尺度,可以是某个房间、家、社区、城市,乃至区域与国家都可以成为地方感所依附的空间单元。构建模型和设计量表是地方感研究的重要手段与方法,多年来,不同学科背景的研究者都探讨过地方感的维度;波特(Bott,2000)在莱弗(Relph,1976)、斯蒂尔(Steele,1981)、朱伯(Zube,1982)、格林(Greene,1996)、林奇(Lynch,1997)等人研究成果的基础上研制出一个用于测量人工环境地方感的测量表,该测量表由自然环境因子、文化环境因子、情感因子和功能因子等四个方面构成;Pretty(2003)则把地方感分为地方依恋、社区感和地方依赖三个维度。朱竑、刘博(2011)在多年来西方学者关于地方理论研究的基础上,对地方感、地方依恋等概念进行辨析和研究,认为地方感是一个包容性概念,是指人们对于特定地方的情感依附和认同,主要包括地方依恋和地方认同两个维度,其核心内涵体现出社会文化建构的过程,并始终处于不断变化与发展的过程中。

地方依恋最早来自环境心理学研究,用来描述人与地方之间的情感连接,随着各学科对相关理论的不断完善和实践,一般认为,地方依恋与人文地理学中的地方感在核心内涵上基本等同,区别在于:地方感强调地方,相关研究多应用于人与地方关系的探讨;地方依恋则强调人对于地方积极的感情依附,侧重人的心理过程,相关研究多以实践进行定量分析。威廉斯等(Williams et al.,1989)提出的"地方依恋"的概念、由地方认同与地方依赖两个维度构成的地方依恋理论框架得到其他学者在相关理论方面的应用、拓展和实践。然而,尽管学术界围绕着地方依恋的概念、维度、影响因素、实践应用等方面进行了大量的研究,目前对地方依恋并没有形成统一的定义,常用的定义认为,地方依恋指人与特定地方之间建立起的情感联系,以表达人们倾向于留在这个地方并感到舒适和安全的心理状态。地方依恋感是人本主义的微观认知方法论中探讨人地关系的重要理论,着重研究人与空间(地点)的关系与联系程度。

(二)旅游目的地的地方依恋研究

地方依附理论的应用研究包括以下两个方面:

其一,是研究地方依附和旅游需求(尤其是重游率)之间的关系。旅游者对旅游目的地的依附具有金字塔层次结构,从弱到强依次为地方熟悉度、地方归属感、地方认同、地方依赖和根深蒂固感。旅游者对旅游目的地的依附程度越大,其重游的次数越多,对旅游目的地的忠诚度越大。Kyle和Mowen以一个市民公园为例研究了旅游者旅游动机和地方依附之间

的关系,发现不同的旅游动机导致不同水平的地方依附,例如,地方依赖和健康动机之间存在明显正相关关系,地方认同则和自由自在及学习两个动机存在明显正相关关系。这项研究结果给予旅游目的地产品规划许多启示,如设置康体类旅游项目往往能够吸引旅游者重游该地。

其二,根据地方依附水平不同区分不同行为特征的旅游者,这种区分对旅游规划与管理具有重要意义。Bricker 和 Kerstetter 通过对激流泛舟者的调查研究发现,此项运动技艺越高的旅游者对旅游目的地的依附越强,尤其是拥有很强的地方认同。这个研究结果可以帮助旅游规划和管理者将运动技艺高的旅游者确定为旅游目的地的相关利益者,因为这些人不愿意更换旅游目的地,更愿意参与到旅游目的地的规划和管理中。Kyle 和 Graefe 发现拥有更强地方认同的旅游者对旅游目的地拥挤更敏感,心理容量小,更愿意为旅游目的地的环保付费;拥有更强地方依赖的旅游者的心理容量较大,更愿意为改善旅游设施付费。

(三) 旅游目的地地方意义研究

独特的地方意义使一个地方成为一个旅游目的地,旅游业也不断使地方意义发生变迁。研究一个地方如何成为一个旅游目的地,即如何构建能够吸引旅游者前往旅游目的地的地方意义,成为地方理论在旅游学中的应用之一。Squire 有关华兹华斯的诗歌和英格兰湖区旅游业发展的研究表明,文学作品可以将一个地方浪漫化,使原本无意义的荒野地成为充满文化意义的旅游目的地。Kruse 关于利物浦的旅游景观调查研究发现,甲壳虫乐队成为地方意义的中心,而这个地方意义是一个混杂体,既包含历史形成的真实成分,也包含后来复制的成分,还有大量伪造的成分。Gibson 和 Davidson 关于澳大利亚乡村音乐之都 Tamworth 的研究进一步表明,旅游目的地的地方意义可以是全盘挪用的,与历史真实无关。这种创造出来的地方意义是一种社会构建,是城市更新、城市营销和旅游业发展中各种政治经济力量协商的结果。

对旅游目的地来说,地方意义的研究还有以下几项实践意义:

其一,是利用现象学和主题分析法获得旅游者赋予旅游目的地的意义,将这个意义结构作为一种基于旅游者主观体验的旅游目的地评价。相关研究包括 Hayllar 和 Griffin 对悉尼 The Rocks 历史城区的地方意义调查,研究表明"亲切"和"真实"是绝大多数旅游者赋予 The Rocks 的意义。而 Bricker 和 Kerstetter 对 American River 上的激流泛舟者的调查研究则发现不同旅游者赋予旅游目的地的意义大相径庭,和旅游者的个人特征及其对旅游目的地的依附水平有关,地方意义可能是复杂和多样的。

其二,研究旅游者赋予旅游目的地的意义,可以了解旅游者的偏好,从而更好地进行旅游产品规划和旅游地促销。McAvoy 对白人和印第安人的地方感对比研究表明,白人赋予某旅游地的意义从强到弱依次为自由、教育、文化和宗教,印第安人则恰好相反。因此,体验性个人化的旅游产品最受白人欢迎,宗教旅游产品最受印第安人欢迎。Young 对澳大利亚某旅游目的地的研究表明,旅游者赋予旅游目的地的意义和促销材料试图传达的地方意义之间存在明显差异,了解旅游者的地方意义可以提高促销效果。

其三,研究旅游者、居民赋予旅游目的地的意义的差异与冲突,可以更合理地开发旅游资源,管理旅游目的地。例如,Dustin 等研究了美国 Devils Tower 旅游目的地的地方意义中的文化冲突问题:Devils Tower 对印第安人是一处不可侵犯的宗教圣地,对白人则是一处绝佳的攀岩场所。

三、旅游目的地竞争力理论

(一)旅游目的地竞争力概念

竞争力应用于旅游领域的研究始于 20 世纪 90 年代,学者们根据不同的尺度从不同的角度对竞争力在旅游领域进行研究,主要涉及国际旅游竞争力、区域旅游竞争力、城市旅游竞争力、旅游企业竞争力以及旅游景区(景点)竞争力等诸多层面以及旅游竞争力的影响因素、评价体系及方法、竞争力提升策略等。

旅游目的地竞争力(Tourism Destination Competitiveness,TDC)的主体是旅游目的地,即满足旅游者需求的服务和设施中心,其最直接的目标是满足旅游者的需求,为其提供满意的旅游经历,从而实现旅游目的地的经济目标。然而,旅游目的地不同于一般的制造性企业,经济目标并非其首要的、唯一的目标。正如《马尼拉世界旅游宣言》(The Manila Declaration On World Tourism)所指出的,旅游的根本目的是"提高生活质量并为所有的人创造更好的生活条件",实现旅游目的地居民生活质量的提升才是旅游目的地发展旅游业的根本目标。所以,旅游目的地竞争力不仅仅是"经济意义"上的概念,它需要考虑环境的保护、资源的永续使用等内容,从而保障旅游目的地居民及其他利益相关者的长远利益,也就是说,旅游目的地竞争力包括为旅游者提供满意旅游经历、提高旅游目的地居民生活质量与旅游目的地其他利益相关者福利的能力。

旅游目的地竞争力也是一个比较的概念,它也需要相应的表现指标。关于其表现指标,以往的部分研究已有所提及,包括市场占有率、旅游收入等经济指标,这里可以借鉴使用。而且相关研究已经证明,满意的旅游经历对旅游者的推荐意愿有积极的影响并呈现较强的正相关关系,同时,感知质量与重游之间也存在正相关关系,即旅游者的感知质量越高越有可能重游。也就是说,一方面,具有满意旅游经历的旅游者可以通过口碑宣传带来新的顾客;另一方面,这些旅游者倾向于在未来重游该目的地。无论是口碑效应带来的新顾客,还是重游的老顾客都有助于市场占有率的提高,即市场占有率可以从总体上有效地反映旅游者旅游经历的满意情况。此外,旅游收入可以作为市场占有率的补充指标,二者更为全面地反映旅游目的地的竞争力情况。旅游目的地居民的生活质量以及其他利益相关者的福利等相对较难衡量,没有一个直观的反映指标。由于旅游目的地居民生活质量以及其他利益相关者福利的提升有赖于旅游者满意的旅游经历,所以本书姑且以市场占有率和旅游收入作为反映旅游目的地居民的生活质量的间接指标。需要强调指出的是,在使用这些指标对旅游目的地竞争力进行评价时,需要结合旅游目的地的目标市场,旅游目的地竞争力的强弱仅限于目标市场相同的旅游目的地之间的比较,这也正是旅游目的地竞争力与旅游竞争力的不同之处。

综上所述,"旅游目的地竞争力"可以界定为,旅游目的地能够持续地为旅游者提供满意的旅游经历,并且能够不断提高旅游目的地居民生活质量以及旅游目的地其他利益相关者福利的能力,其表现形式为具有共同目标市场的旅游目的地之间市场占有率的大小和旅游收入的高低。

(二)旅游目的地竞争力模型概述

1. TDC综合模型——概念性模型

克劳奇和里奇提出概念性模型又称"D-K模型"(见图1-6),它是随着各种研究活动与思维方法的不断融合而发展起来的,是建立在广泛假设和概念基础之上的。它是一种方法,这种方法为人们将复杂问题简单化提供了一种有效的思维方式。

国内外许多学者(De Holan & Phillips,1997;Crouch & Ritchie,1999;Enright & Newton,2004;史春云、张捷,2006;郭舒、曹宁,2004等)认为,TDC综合模型以比较优势理论和竞争优势理论为主要理论基础。比较优势理论主要指旅游目的地自然资源(生产要素)禀赋方面存在的差异,而竞争优势理论则强调目的地长期以来有效利用这些资源的能力。一个拥有丰富旅游资源的目的地,其旅游竞争力可能还不如旅游资源缺乏的旅游目的地。克劳奇和里奇以新加坡和俄罗斯两国作为旅游目的地的竞争力对比为例,说明了上述问题。众多学者(Crouch & Ritchie,1999;Enright & Newton,2004;Dwyer & Kim,2003;黎洁,1999;郭鲁芳,2000;戚能杰,2004;朱应皋,2005等)也都是以波特的国家竞争力钻石体系模型为本的要素从而构建TDC综合模型。

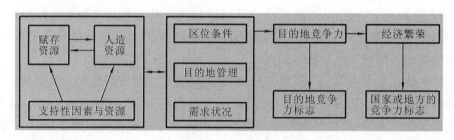

图1-6 D-K模型

2. TDC核心因素模型——简约性模型

郭舒、曹宁(2004)认为国内学者在TDC研究领域存在6种观点,并指出这些研究并未清晰地描述TDC所涉及的诸多方面问题,由此,他们通过对64位相关专业的博士生进行问卷调查,在此基础上得出提升TDC的6个关键性问题,并构建了"核心六因素联动模型";易丽蓉(2007)针对D-K模型的不足,对其进行了部分修改,使模型更加简洁顺畅,在此基础上,通过调查问卷,利用路径分析,提出了TDC五因素模型(见图1-7)。以上两种核心因素的TDC模型均都力求简洁,以最关键的核心因素来表达提升TDC的理论解释。

3. TDCM构建——多视角模型

郭鲁芳(2000)从国家旅游竞争力角度提出了郭鲁芳模型。戚能杰(2004)认为应当从一个国家的不同区域具体分析其TDC,在借鉴IMD模型和波特模型基础上提出了TDC核心-边缘模型(见图1-8)。罗伯迪格·可鲁斯和王有成(Robertico Cores & Youcheng Wang,

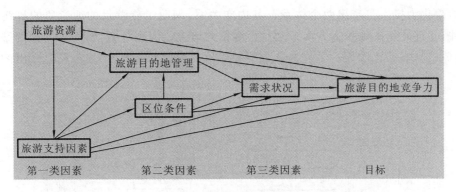

图 1-7 TDC 五因素模型

2007)认为,目前的 TDCM 还没有一个模型被旅游学界所真正认可,且尚未达到作为 TDC 绩效评估的方向全面和更好的模型。

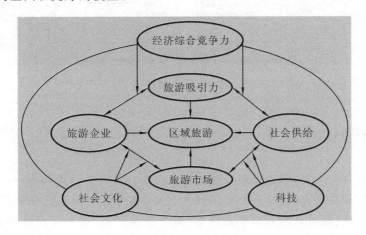

图 1-8 TDC 核心-边缘模型

（三）旅游目的地竞争力评价

旅游目的地竞争力的基础是旅游目的地所具有的所有资源,包括各类旅游资源、接待设施、人力资源以及资本资源,这是旅游目的地为旅游者提供旅游经历,提高旅游目的地居民生活质量的基础投入。竞争的最终表现是旅游者需求的满足,以及通过这种满足而获得的相应利益。而最终表现的差异就取决于不同旅游目的地对其资源的利用效率,效率的高低则体现了竞争力的大小。显而易见,旅游目的地竞争力就是在一定的投入下获取最大最优产出的能力。这种能力只能通过现实的投入与产出的比较来确定高低,这也说明旅游目的地竞争力是一种已经表现出来的实际能力。

基于以上分析,旅游目的地竞争力评价模型是一个类似企业投入产出的模型,旅游目的地的资源禀赋以及各类支持性设施为旅游目的地系统的投入部分(input);而旅游目的地所吸引的客流、收益以及为当地居民所带来的福利则是旅游目的地的产出表现(output);旅游目的地的管理运行过程就是生产过程。旅游目的地投入产出之间的效率则是最直观的竞争力表现。据此,可构建基于投入产出效率的旅游目的地竞争力模型,即 IO 模型,将旅游目的地竞争力简化为投入与产出两个体系及其内在关系,阐明了旅游目的地竞争的最终目标与基础条件,并且能从基础投入方面自动对旅游目的地进行类别分析,明确目的地的基础实力范围,避免以影响因素作为旅游目的地竞争力评价要素的片面性。基于投入-产出的旅游目的地竞争力概念模型,如图 1-9 所示。

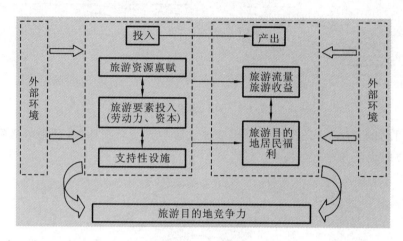

图 1-9　IO 模型

本章小结

通过本章的学习,注意理解旅游目的地内涵。旅游目的地作为一个复合系统,有着复杂的构成要素;同时结合时下热点问题,思考怎样开展区域合作,打造全域型旅游目的地;旅游目的地的深刻内涵,又以地方理论、生命周期理论和旅游目的地竞争力等三大理论基础为支撑,运用理论达到解释和理解相关旅游目的地问题的目的。

核心关键词

旅游目的地　　　　　　　　tourism destination
旅游地生命周期理论　　　　life-cycle theory of tourism destination
旅游目的地竞争力　　　　　tourism destination competitiveness
旅游吸引物　　　　　　　　tourism attraction
全域旅游　　　　　　　　　global tourism

思考与练习

1. 如何理解旅游目的地的概念和内涵?
2. 简述旅游目的地构成要素相关观点,并发表个人看法。
3. 旅游目的地的是怎样进行分类的?各种分类的依据有哪些?
4. 概述旅游目的地生命周期理论。
5. 概述旅游目的地地方理论。
6. 概述旅游目的地竞争力理论。

案例分析

苏州打造国际化全域旅游目的地

面对旅游市场的新变化、新趋势,过去有着漂亮成绩单的苏州如何抢抓机遇,迎难而上,向着国际一流旅游目的地的目标迈进?在苏州市委、市政府专题研究制定出台的《关于促进苏州市旅游业改革发展的实施意见》(以下简称《意见》)中,明确提出创新旅游业态、联动机制和营销模式"三个创新",以及旅游业整体品质、服务水平和综合效益"三个提升"的深化改革发展总体思路,并提出6个方面22个大项的具体举措,为推动苏州市旅游业可持续发展提供政策保障。

以古城旅游为龙头,加强多业融合

本着"城市即旅游、旅游即生活"的发展理念,《意见》明确要把整个城市作为最大的景区来打造,并强调发展旅游业要非常注重保护古城、古镇、自然山水和居民生活的原真性;要走"多业融合"之路,大力发展文化旅游、乡村旅游、会奖旅游、研学旅游和特色旅游,通过积极探索互动体验型的方式,让游客从"参观者"变为"参与者"。在扶持旅游新品方面,《意见》提出积极鼓励大众创业、万众创新,建立旅游创新创业孵化平台,市一级每年集中扶持10个创新产品。在扩大旅游消费方面,打造旅游商品孵化平台,开发具有鲜明特色的"城市礼物",打响"苏州礼物"品牌,并积极争取入境购物退税政策在苏实施。

以区域联动为统筹,提高整体效益

如何把遍布苏州城乡的旅游资源串联起来,提高整体效益?《意见》提出,要树立全市大旅游发展理念,确立"四大旅游集聚区"空间布局。其中,古城古镇旅游集聚区,着重依托国家古城旅游示范区、世界文化遗产和水乡古镇申遗的优势,发展文化体验和休闲度假旅游。环太湖、环阳澄湖旅游集聚区,重点围绕生态、养生、运动、美食等优势,发展乡村旅游和休闲度假旅游。环金鸡湖旅游集聚区,依托国家商务旅游示范区优势,重点发展会奖旅游产品,打造具有国际知名度的商务旅游目的地。沿江旅游集聚区,主动融入长江经济带发展战略,围绕江海主题、郑和主题、新农村主题等,

发展乡村旅游、游轮旅游、生态旅游等特色旅游。

《意见》强调,要通过理顺机制、产业打造、项目推进和人财地的保障来加快旅游度假区建设。多部门联动,提高旅游规划的落地率;通过全社会参与,整合营销全市统一的旅游形象品牌。

以做强产业为导向,增强发展动力

企业是旅游产业发展的活力所在和创新源头。《意见》提出要扩大市场开放,按照"非禁即入"原则,支持各类社会资本进入旅游市场,并推动公共类旅游资源的所有权与经营权分离。鼓励国有涉旅企业与民营企业相互持股,发展混合所有制旅游企业,激发企业的发展活力和潜力。支持企业通过政府和社会资本合作(PPP)模式投资、建设、运营旅游项目。同时,通过资助人才培养、补贴旅游保险和税费减免、鼓励品牌打造及标准化建设等方面举措,助推旅游企业做大做强。

为了更好发挥旅游业社会组织在推进专业服务、提升导游队伍素质等方面的作用,《意见》鼓励其探索一业多会、专业细分、民主管理和行业协会秘书处职业化、专业化,并提出以项目化资助的方式,支持旅游业社会组织开展相关项目。

以提升服务为举措,优化城市形象

进入"散客化时代",苏州已经成为市民与游客的共享空间。《意见》提出,在城市规划和建设项目中,要充分考虑旅游配套设施及其公共服务的需求,促进城市公共服务设施与旅游公共服务设施相衔接。要推进大市范围内旅游服务体系的互联互通,完善快速支付、智慧旅游等旅游公共服务体系建设,加快在4A级以上景区和智慧乡村旅游试点单位实现免费无线网络、智能导游、电子讲解、在线预订、信息推送等功能的全覆盖。针对当前散客比例大幅提高的业态变化,大力推进漫游卡、手机应用、"苏州好行""落地自驾""旅游管家"和"住+旅"等6大面向散客的服务体系建设。同时,通过加强业务培训、落实薪酬保险和建设网上预约与游客评价平台,切实提高导游服务水平。

以创新模式为突破,强化宣传营销

互联网技术的迅猛发展推动旅游营销方式不断创新。《意见》提出,要特别重视新媒体营销,利用社交媒体和大数据分析提高营销精准度。鼓励探索政府和企业联合营销的新模式,使全域旅游的理念在苏州得到实践。要积极主动对接上海自贸区,充分利用上海迪士尼项目的虹吸溢出效应,做大入境游和国内远程市场,争取72小时过境免签政策在苏实施。

《意见》明确,要加大利用全球社交媒体宣传营销的力度,运用事件营销扩大苏州旅游的国际知名度。加快培育一批具有入境客源输送能力的旅游企业,支持旅游企业参加国际旅游展,开展国际旅游外联业务。支持建立市场化运作的旅游签证服务中心,形成出境与入境旅游的良性互动。利用国际组织和国际化平台,做好"文化苏州""生活苏州"的全球表达,重视将文化交流、生活体验和旅游推广相结合。

以加强监管为契机,规范市场秩序

　　安全、有序、文明的旅游市场才能提供令人满意的服务。《意见》提出,要完善品质评价机制,建立直接来自游客的消费评价大数据系统,建立动态更新的涉旅企业和导游基础数据库;完善游客投诉网上处理与分析系统,建立健全游客评价统计和投诉统计的信息发布机制。加快建设融政府监管、游客评价、社会监督、企业自律为一体的旅游诚信体系,探索以信用管理为基础的旅游行业监管新模式。建立健全严重违法企业"黑名单"制度、旅游信用信息公示制度和多部门联动的奖惩机制。

　　《意见》提出,要建立属地化的旅游市场综合执法机制,重点加强在古城区的整顿。探索建立景区门票预约制度,控制景区游客最大承载量。按照属地管理原则,建立健全旅游景区突发事件、高峰期大客流应对处理机制和安全预警信息发布制度,并将其纳入当地统一的应急体系。

问题:
　　结合苏州市建设国际化全域旅游目的地的举措,谈谈你对全域旅游目的地的理解。

第二章

旅游目的地利益相关者

学习引导

随着旅游业的发展日趋成熟，各种利益相关者的作用也逐渐凸现，要获得旅游地的可持续发展，必须重视利益相关者的力量，关注其利益要求，并提高他们的参与程度。1987年，世界环境与发展委员会（WCED）在其报告《我们共同的未来》（*Our Common Future*）中指出，在可持续旅游的过程中有必要理解利益相关者，可持续旅游发展是个艰难的过程，在让部分人受益的同时，势必影响到部分群体的利益。因此，引入利益相关者理论是可持续发展过程中必不可少的要求之一。旅游地可持续发展是可持续发展大系统中的一个子系统。

学习重点

通过本章学习，重点掌握以下知识要点：
1. 旅游目的地利益相关者理论；
2. 旅游目的地管理政府行为与决策；
3. 旅游者行为研究；
4. 旅游目的地社区居民参与；
5. 旅游目的地企业经营管理；
6. 非政府组织与旅游目的地发展。

利益相关者的概念来源于企业。1927年美国通用电气公司的一位经理在其就职演说中首次提出公司应该为利益相关者服务的思想。1963年,斯坦福研究院首次提出利益相关者概念。弗里曼把利益相关者定义为"任何可以影响组织目标的或被该目标影响的群体或个人"。索特(Sautter)和莱森(Leisen)曾根据弗里曼的研究,将利益相关者理论运用到旅游业中,绘制了旅游业的利益相关者图。利益相关者理论既不同于只考虑供应商和消费者的生产观念,也不同于只关注所有者、员工、供应商和消费者的传统管理观念,而是将政府、社区以及相关的政治、经济和社会环境乃至非人类的因素如自然生态环境等纳入其中,将企业的社会责任和管理紧密联系起来,提供了一种全新的管理理念和模式。把这个观点引入到旅游中来,我们可以把旅游目的地利益相关者理解成"那些能够影响旅游目的地旅游业生存和发展以及受当地旅游业影响的个人、群体或组织"。

国外许多学者认识到对旅游规划与管理中的利益相关者并不需要"等量齐观",在严谨界定和科学调查的基础上对不同的利益相关者进行"分类治理"是旅游部门或企业保持持续发展的必然选择,故而提出了"旅游利益相关者分而治之"的各种方法和模式。Sautter和Leisen(1999)在借鉴市场营销学中的"关系/交易过程战略统一体"理论的基础上提出"利益相关者取向矩阵",来促进旅游规划中主要利益相关者之间的合作。遗产地相关利益者研究对遗产的开发、管理等起着重要的作用,政府负有对遗产地进行规划、保护和宣传促销的责任,对遗产地的旅游决策不明的主要障碍是缺乏可靠数据。

在我国旅游研究中,对目的地利益相关者进行研究则相对较晚。据考证,2000年,保继刚、钟新民在其旅游规划中最早引入了"利益相关者"概念[1],这意味着,在中国旅游领域,人们直到21世纪才真正开始涉及利益相关者这一研究课题。黄昆(2003,2004)讨论了景区利益相关者的含义以及各利益相关者对景区环境管理的影响,提出构建利益相关者共同参与的景区环境管理模式,并对实施该模式应注意的问题作了探讨。彭德成(2003)分析了利益相关者在景区的利益要求、满足途径及形成模式的影响因素,将利益相关者列为公共资源类景区治理模式动力系统的主体。冯淑华(2003)以江西三百山旅游风景区为研究对象,将旅游开发实践中的利益相关者问题置于流域体系的框架中,从流域利益相关者关系的角度探讨了流域内资源共享的各方的权力、利益、义务关系,并在此基础上提出协调各利益相关者关系的措施。陈勇、吴人韦(2005)在《风景名胜区的利益主体分析与机制调整》一文中,第一次将利益主体理论引入了风景区管理机制的调整。周年兴(2005)等以湖北武陵源风景区总体规划为例,基于风景区不同利益相关者之间的两两合作与冲突关系,制定了旅游规划和行动决策。刘静艳(2008)运用系统动力学方法,探析了目的地旅游涉及的不同利益相关者之间的多个二元合作或冲突关系。贺小荣、王娓娓(2009)强调目的地旅游企业与其利益相关者之间是一种"竞合关系",旅游企业利益相关者管理战略的制定应基于每类利益相关者与旅游企业的竞争和合作关系状况。

旅游作为一个综合性的产业,与其有关联的行业和集团组织很多,因此比起其他很多行业来说,旅游业所涉及的利益相关者相当复杂。包括当地政府、旅游企业、旅游者、媒体部门、当地居民、社会公众、非政府部门、学术界和其他一些组织机构。但是这些利益相关者与

---

[1] 周玲.旅游规划与管理中利益相关者研究进展[J].旅游学刊,2006(6):53-59.

旅游目的地的关系密切程度是不一样的,他们所具有的影响力也不同。有的群体或组织对旅游目的地的生存和发展具有决定性的影响,有的则相对较弱。[1] 那些具有绝对影响的群体或组织通常都是与旅游目的地有着直接的利益关系。本章主要是对那些关系密切者进行分析,有政府部门、旅游企业、当地居民和旅游者。

根据旅游目的地的特殊性,可以将旅游目的地利益相关者管理定义如下:为平衡旅游目的地旅游开发过程中各个利益相关者的利益要求,追求所有利益相关者的整体利益和旅游业的综合效益而进行的管理活动。

第一节　旅游目的地管理政府行为与决策

随着旅游活动规模的不断扩大,特别是旅游业在推动经济与文化的发展中所扮演的角色日渐重要,世界各国的政府部门和旅游目的地的地方政府都对旅游业的发展给予了越来越多的关注。[2] 而且,旅游业所涉及的范围之广及旅游产品的综合性和复杂性使得各有关方面很难存在自动的调节,这一问题只能由政府出面才有可能得到解决。所以,旅游目的地要想得到迅速稳定的发展,要想在日益激烈的市场竞争中立于不败之地,政府部门的进入和干涉就会成为一种必选,尤其是政府在整个目的地的协调、控制方面的作用更是无可替代。政府部门以各种方法,比如通过立法、基础和公共设施的建设、提供鼓励等,凭借自己的权利对当地旅游业的发展产生影响,当然,旅游业的发展也会从不同的方面影响到政府部门的利益和权利。总之,旅游业的健康发展需要一个总体利益和目标的代言人来控制、引导、协调、规范其他利益相关者的行为和目标。而政府部门是公共利益的代表,能够担此重任的也只有它了。事实上,政府部门在旅游目的地的发展中起着总体协调控制的作用,是旅游的调控者。

政府的角色行为包括制定旅游的政策、实践和工作框架,制定总体规划以及对旅游者、旅游企业和社区居民的管理。因此,在旅游中,政府既是一个"游戏规则"的制定者,同时也扮演着管理者、生态保护倡导者、社区发展支持者和旅游企业监督者等多种复杂的角色。不同职能和层级的部门所制定的法律规范,建立的管理体制,配备的人员素质都对旅游发展具有深远的影响,而旅游的发展也必将涉及这些政府部门的权责分配和利益格局。我国与旅游有关的政府部门,从职能上看,包括环保、建设、林业、农业、海洋、国土、宗教、旅游等部门;从层级上看,涉及中央、省、市、县乃至乡等层次。不同职能不同层级的政府部门之间以条条或者块块为界,凭借不同的权力,按照不同方式对保护地的旅游发展施加影响,反过来,旅游的发展也从不同方面影响到他们的利益和权力格局。从旅游实践来看,某些政府的行为与其理论上的角色规范之间还存在较大偏离。利益驱动性使政府在制定旅游规划决策时,特别是对一些生态敏感区和脆弱区进行不违法但是不合理的旅游开发,造成旅游资源开发的短期经济行为,导致旅游的标签化。

---

[1] 夏赞才.利益相关者理论及旅行社利益相关者基本图谱[J].湖南师范大学社会科学学报,2003(3):72-77.
[2] 李天元.旅游学概论[M].天津:南开大学出版社,2000.

一、政府的角色定位与职能发挥

政府部门在管理实践上要统筹考虑,一方面,立足长远,设立阶段性的整体推进目标,强调政府在旅游开发过程中的基础性作用;另一方面,审时度势,关注各类经济行为的绩效,进行引导性开发和促销,但要有一定的投入产出分析,对于各类涉及旅游管理的财政支出加强反馈控制,力求充分发挥对旅游经济活动的引导、监督作用。

二、针对不同利益相关者采取不同的管理策略

与其他行业相比,旅游业所涉及的利益相关者多而杂。不同旅游地,即使是同一旅游地,在不同发展阶段或按不同标准进行界定,其利益相关者也不尽相同。一般而言,旅游地利益相关者主要包括当地政府、旅游企业、旅游者、媒体部门、当地居民、景区员工、非政府组织、学术界及其他一些组织机构。由于这些利益相关者来自不同行业和部门,他们具有不同的价值目标和利益要求,他们与旅游目的地的关系密切程度是不一样的,他们所具有的影响力也不同。如有的利益主体或组织对旅游地的生存和发展具有决定性的影响,有的则较弱。同时他们与旅游地的关系程度及影响力也是动态变化的(如旅游地的周边社区随着旅游的不断发展,会演变成具有较大影响力的核心利益相关者)。所以,旅游目的地在发展旅游业的时候,不能只考虑某一组织或群体的利益而忽视或轻视其他相关者的利益,也不能用静态的眼光来对待利益相关者,必须用动态的眼光来协调和关注每一个利益相关者,让他们能够公平地分享旅游业所带来的利益以及公平地分担旅游负面影响。

总之,在对旅游地各利益相关者进行管理时,应注意对特殊的利益相关者群体采取特殊的管理策略。例如,在处理同其他旅游目的地之间的关系时,要辩证地考虑问题。其他旅游目的地可能是自己的竞争对手,同自己争夺旅游市场份额,也可能是自己的合作伙伴。因此,要根据具体情况来判断哪些旅游目的地是竞争对手,哪些是合作伙伴,从而采取不同的策略。

第二节 旅游者行为研究

旅游是人的活动,是人们离开常住地的外出旅行以及在目的地停留期间所从事的全部活动。正是这种不断扩大的旅游人群的产生,才形成了一个具有一定规模的市场,从而造就出可借以盈利的机会。因此,不仅旅游本身是人的活动,而且旅游业的一切开发和服务工作都是针对和围绕旅游者的需求而提供的。可以说,没有旅游者就没有旅游活动,旅游业就等于是无本之木,无源之水,也就不会生存了。所以,旅游者乃是旅游活动的主体和基础。旅游者是整个旅游业盈利的主要来源,把旅游者列入利益相关者行列,并不是因为其所追求的经济利益。事实上,旅游者与当地居民、旅游企业的主要利益是不一样的,虽然很多方面表现为经济利益,但这绝不是旅游者利益的核心。旅游者利益最重要的是旅游经历的质量,是

好奇心的"满足感"。① 很多时候,这种利益比经济利益更为重要,因此,关注旅游者的体验是旅游目的地生存和发展的条件。从这方面来说,旅游者实际上是旅游利益相关者最大的受益人。

第三节 旅游目的地社区居民参与

当地社区也可以说成是当地居民,因为当地居民是社区的主体,也是社区参与的主体。旅游会带来财富的转移和再分配,一般情况下,都是财富从发达地区向不发达地区的转移。作为旅游目的地社区的主体,当地居民可以从旅游的直接、间接收入中获益。然而,在我国的一些旅游区,由于各种原因,比如政府缺乏应有的资金和措施鼓励居民参与;旅游管理部门未能意识到居民参与当地旅游的重要性;当地居民自身的观念、技术水平等也限制了其参与旅游发展的能力和机会。当地居民参与旅游发展的程度普遍偏低,参与方式也相对单一。当地社区实际上已经被边缘化了。但是,当地居民又是与当地的自然与文化资源关系最为密切的人,他们的参与和支持是旅游发展成败至关重要的一面。所以旅游业要想获得长远的发展,必须将当地居民列入利益分配中的一员,为他们提供经济、心理上的补偿,让大部分人的利益和需求都得到最大程度的满足。这样有利于维护当地发展的平衡,消除旅游发展的潜在阻碍,根除潜在的冲突,而且扩大了就业。所以,当地居民在旅游发展中既是参与者,更应该是受益者。

在我国尤其是经济落后的中西部地区,当地社区的参与程度比较低,参与方式也相对单一。社区参与不足的原因是多方面的:主要有政治文化传统中民主意识淡薄,崇尚权威,习惯被动服从而不是积极参与;行政管理体制中权力相对集中,垂直决策,主要采用自上而下型而非自下而上型的决策方式;经济发展落后,政府缺乏应有的资金用于吸引居民参与,而当地居民也由于社会经济地位较低,限制了其参与旅游发展的能力和机会;旅游管理部门人员观念和知识水平不高,未能充分意识到居民参与的重要性或者无法找到恰当的方式;居民对参与缺乏足够的理解等。

一、社区、社区发展和社区参与

(一)旅游目的地社区

旅游是在社区之间开展的活动,社区是旅游发展的依托。旅游目的地的社区并非一定指某个地理疆域,主要的重点是居住在旅游目的地的人,基于他们临近的地缘关系,加强彼此间的关联性、共同感。这个社区可透过群居、合作、公共的服务体系,来获得共同的利益,或共同解决某些问题。

一个健全发展的旅游社区,其间的居民对旅游目的地有强烈的认同感,并能有彼此合作互助的精神,此则为"社区意识"的表现,即为所谓的"心理社区"。"社区意识"为消灭现代人

---

① 周玲.旅游规划与管理中利益相关者研究进展[J].旅游学刊,2004(6):53-59.

疏离感的重要因素。在社区意识较高的旅游目的地,其社区发展会较为健全,且其社区不论在物理或心理还是社会环境上都将较为开朗、和谐、好客。

(二) 社区发展

旅游目的地社区意识凝聚之后,则社区发展才能真正落实。社区发展之含义有三:①旅游思维模式的转变;②进行一场宁静革命,从营造旅游环境开始,进而营造一个人、地和谐,生态平衡的社会;③一种人性化的追求,即追回人的感性,创造寂静、干净、舒适与愉悦的旅游环境。社区发展同样是一种创造性理念,要让每一个社区居民能发挥创意。提倡由生活者立场出发的思考模式,营造可持续旅游经营和生活的家园。对社区发展所提出之议题可分为几个层面,包含社区空间营造、社区产业发展、社区福利、社区终身学习、社区文史传承与社区环境生态等部分。

(三) 社区参与

旅游目的地的社区参与既是当地政府及非政府组织介入社区发展的过程、方式和手段,更是指社区居民参加旅游发展计划、项目等各类公共事务与公益活动的行为及其过程,体现了居民对旅游目的地发展之责任的分担和对社区发展之成果的分享。旅游目的地社区参与最重要的主体是社区居民,社区参与的客体是包括旅游的社区各种事务,社区参与的心理动机是公共参与精神,社区参与的目标取向是旅游目的地的发展和人的发展。只有居民的直接参与和治理,才能培育居民的社区归属感、认同感和旅游目的地社区意识,才能有效地整合与发挥社区自身的各种旅游资源。

(四) 社区参与旅游发展

关于社区参与旅游内容的研究,国外学者起步较早。1983年,社区参与的主要倡导者Murphy在《旅游:一个社区方法》一书中较为详细地阐述了旅游业对社区的影响及对旅游业的响应,以及如何从社区角度去开发和规划旅游,他强调社区居民要参与旅游的规划与决策制定过程。Akama认为社区只有参与包括经济、心理、社会和政治等多领域活动,才能保证当地居民充分分享旅游开发带来的各种利益,促进旅游的可持续发展。Liza和Fallon等认为只有社区参与到旅游的基础建设中来,才能保证各种旅游接待设施满足旅游发展和景观生态学的要求。

国内学者也非常关注旅游发展中的社区参与问题,刘纬华认为居民应参与到旅游发展决策、旅游利益分配和旅游知识教育培训各个方面。王春雷从人类学视角探视了旅游开发中的社区参与。

因此,得到社区的支持,旅游是十分必要的,且当地社区参与是获得并维持这种支持的非常重要的方法。

二、健全社区有效参与的保障机制

在我国,居民参与旅游发展尚处于初级阶段,有效的参与机制和利益保障机制尚未健全,社区参与面不广、参与层次低、参与效益有限,大量的旅游利益从居民身边流走,有的社区居民甚至成为外来强势集团的摇钱树。由此引发了各利益主体的矛盾冲突、产权纠纷和无序开发,导致资源破坏和旅游地形受损,极大地影响了旅游的健康发展。由此必须建立激励和保障社区居民参与旅游发展的机制。

（一）建立社区参与旅游开发与规划的决策体系

1. 建立社区与旅游经营单位之间良好的沟通渠道

成立由当地各阶层参加的旅游区行业组织，形成旅游发展与规划重大事宜的通报制度、协商制度，做到任何旅游决策性方案都要经各方论证研究，并对一些旅游区重大决策实行否决制度。

2. 建立旅游发展具体方式的合作机制

合作机制包括旅游业中具体的食、住、行、游、购、娱之间的比例及各自内部之间的相互配合和协调。合理确定国有、集体与私营的比例关系，如某些旅游项目的开发，要为当地社区保留一定的份额，当地居民应占一定的股份；在条件相同的情况下，在饮食业和旅馆业方面，应实行当地人优先的原则；通过倾听居民的意见和与居民协商，尽可能地形成居民自主经营管理的机制。

3. 建立对旅游引发问题的协商制度

尽管旅游业被视为无烟产业，旅游被看作可持续发展的新型旅游方式，但只要有旅游活动存在，就会同时伴生着或多或少对环境与资源的破坏。如旅游业的发展使外来人口不断涌入，会导致旅游目的地的失业增加，道路交通拥挤不堪，环境质量下降，物价飞涨，传统文化逐渐被侵蚀，当地居民对旅游者由最初的热情到最后的敌视，等等。所有这些旅游引发的环境问题，如果不妥善加以解决的话，就会造成旅游秩序的混乱。为此，应建立有效的协商制度，成立专门机构，定期组织一些座谈或会议，倾听当地居民对旅游业发展中的一些看法和要求，及时反馈给保护区管理部门，并根据这些意见或建议及时调整旅游中的某些措施或做法，让旅游的各方主体都能满意。

（二）建立规范的利益分配机制

1. 形成多元化的补偿机制

鉴于旅游对资源与环境的影响，而居民又是外部性的直接承担者，所以作为旅游的开发者、经营者，应该对此给予一定的补偿如生态补偿。生态补偿的受众可以是居民个人，也可以是当地的学校、交通设施、医院等公共事业部门，补偿的方式可多样化。如肯尼亚的安波沙堤国家公园开展旅游过程中，公园当局就每年划出门票收入的一部分反馈给当地的学校和乡镇，并取得了很好的回报，当地的滥捕滥猎行为明显减少。又如黄山景区，投入近百万元资助周边村镇调整产业结构，兴办乡镇企业，种植猕猴桃树，与农民合作驯养野生短尾猴等，同时还投入资金为周边农民兴建水库、修路、改善医疗和办学条件等，取得了较好的效果。

2. 鼓励引导社区居民直接从事生产经营，通过自己的经济行为直接获益

为尽可能实现当地居民对直接生产经营活动的参与，旅游目的地的地方政府可以与金融企业联手，为开办旅游服务项目的居民提供一定数额的贷款和担保，为居民提供更多的开办旅游服务设施和环保设施的机会，旅游商品尽可能采用本地的原料，在本地加工，保证本地居民优先被雇佣的权利等，以此引导他们走向富裕之路。

(三) 形成有效的旅游技能培训和环境知识培训机制

由于社区居民大多是当地的农民，旅游知识与技能非常贫乏，有必要在倡导参与之前，对他们进行培训。培训内容包括旅馆服务、旅游交通、导游、旅游市场开拓等，力争使每一位具有劳动能力的居民掌握一门专门的旅游技术，能在参与旅游过程中体现出自己的价值。

第四节 旅游目的地企业经营管理

旅游企业是指那些以盈利为主要目的，为旅游者提供各种服务满足其需要的单位和集体。目前在我国，直接参与旅游经营的企业有很多，如酒店、旅游开发商、旅游经营商等。这些企业在参与经营的过程中，所占有的资源不同，提供的服务类型也不同，当然所获得的利益也是不一样的，他们处于一种非平等的竞争格局中。而不管是哪一种旅游企业，在对保护自然资源和文化方面的成本不承担直接责任，普遍缺乏强制的约束和有效的激励。因此，很多人都将旅游企业看成是旅游中的"坏蛋"，常被描述成仅仅关心其利润的家伙——鼠目寸光且利欲熏心。[①] 然而，旅游企业是旅游活动中不可或缺的纽带和桥梁，他们既具备专业技能，又可服务于旅游者。

旅游企业的角色行为具有"双刃剑"的功能。一方面为生态旅游社会文化环境系统注入新的人流、物流、资金流、信息流以及能量；另一方面，追求经济效益最大化的原则，对环境资源造成的破坏很多是不可逆的。因此，旅游企业尤其应遵循企业伦理道德，坚持环境影响最小化行为守则，并处理好旅游收益和环保补偿的关系。在我国，目前直接参与旅游经营的企业基本分为三类：第一类是与资源管理部门合二为一或者由其所衍生出的旅游企业，此类企业占大多数；第二类是外来的投资者所投资和经营的企业；第三类是当地社区居民开办的个体户或者集体所有制的旅游企业，这类企业比例较少。这些企业在参与经营过程中，所占有的资源不同，提供的服务类型不同，所获得利益也不同，总体而言，处在一种非平等的竞争格局中。其中前两类企业各自凭借机制、资本的优势，垄断了大部分营利性的业务，而第三类企业则只能提供一些简单的服务。不管是哪一类旅游企业，由于对于自然资源和文化方面的成本不承担直接责任，因此，在保护当地利益方面普遍缺乏强制的约束和有效的激励。

一、旅游企业重视旅游的意义

我国大多数旅游企业仍把不断推出新颖独特的优质旅游产品、调整旅游产品结构和产品的升级换代作为保持核心竞争力的主要手段，它们往往侧重于通过产品创新或者延缓其衰退期以保持发展的可持续性。然而当今人们越来越关心环境和社会问题，因此企业在环境和社会责任方面的形象正变得越来越重要。在我国，十六届三中全会提出了"坚持以人为本，树立全面、协调、可持续的发展观，促进经济社会和人的全面发展"的战略方针，更要求企业把经济效益和社会效益统一起来，因此，旅游企业的社会责任将变得更加重要。旅游业是

---

① Swarbrook. Sustainable Tourism Management [M]. Washionton. D. C：CABI，1999.

一个高度竞争性的行业，旅游经营商面临不断增加的产品差异化的压力。研究表明，当主要的度假要求（如位置、设施、成本和实用性）被满足后，游客便会根据企业的伦理状况选择旅游企业。在这种情况下，旅游企业的产品差异就必须通过伦理标准的提升来显现，而旅游也对企业伦理提出了更高的要求。

旅游企业不主张企业不顾一切地追逐经济利益的短视做法，企业在与雇员、客户等利益相关者保持良好关系的同时，更加重视与环境和社区的和谐。旅游企业关注社会责任，有助于企业通过环境保护和公益性事业缓解社会矛盾，为建立和谐社会做出自己的贡献。由于种种原因，旅游业发展会使成果分配很难同时满足各利益相关者的需要，一些良好旅游资源的占用者获得的收益要大于生活在资源不利地区的人们，从而在旅游收益分配中处于不利地位。虽然企业对社会不承担直接责任，但通过对社会尽责可以对利益分配进行调节，从而营造和谐的社会氛围。

二、旅游企业管理对策

在社会文化方面，企业要尊重当地文化，支持当地的社区旅游开发，考虑自身的实践活动对当地社会产生的影响。

尽管旅游可以改善当地人们的生活水平，但是没有控制的开发可能会造成整个社会的不稳定和其他负面现象的出现。如收益分配不平等、乞讨、酗酒和毒品泛滥。负责任的旅游经营者应该对旅游所引发的潜在的负面社会影响非常敏感，防止旅游实践活动破坏当地文化传统、宗教场所或毁坏文化纪念物等。此外，旅游企业在旅游目的地的社会责任，依当地文化背景的不同而有差异，有的地区侧重于保证游客的安全，有的则倾向于从当地旅游资源中获得收益以及对旅游收益进行公平分配。作为负责任的旅游企业，首先应该确定自己在当地社区的社会责任主要是什么，然后选择承担社会责任的方式。

具体来说，向旅游目的地的旅游供给者或社区代表询问有关需要，与其共同确定社区改善项目，与当地居民成为真诚的合作伙伴，建立信任和相互合作的关系。例如，通过改善当地学校或医疗诊所、投资办学、向当地学校的儿童提供奖学金等方式履行社会责任，也可以对当地教育和健康事业提供支持，帮助当地改善生活质量，最终实现双赢。

在环境方面，企业要采取切实有效的举措改善当地的环境状况。旅游造成的环境负面影响表现在视觉影响、噪音、大气污染、交通堵塞、水污染、自然栖息地的消失等方面，如旅游设施会产生许多废水、细菌和化学物质，这些物质如果不经处理就排放会污染土地和水体表面，破坏河湖和海洋资源。环境责任的实现可通过建立环境管理体系，帮助企业审计环境绩效，这项工作主要是测量物质消耗和产生的废物，并确定减少对环境负面影响的方法。保护能源资源可通过有效利用清洁能源，如太阳能和风能，减少污染和负面影响。旅游设施运行中还会产生大量的固体废物，环境责任要求企业对废物处理进行规划，包括减少垃圾和垃圾的循环利用，对废物造成影响的整个过程承担责任。以自然为基础的旅游景区特别要对自然环境负责，对生态敏感的土地和生物栖息地加强管理，保护生物的多样性。加强废物和水资源管理不仅能为旅游接待地员工和当地居民创造安全的生活环境，减少疾病发生，提高生活质量，还可以通过减少能量消耗达到降低成本的目的。

旅游企业要注重生态效益，树立企业良好形象。旅游企业的经营者和决策者要增强生态保护的历史责任感,提高生态保护的政策法规水平和决策能力,在经营上正确处理经济效益和生态效益、社会效益的关系,坚持可持续发展观,只有这样,才能激起导游对生态的热情,也才能从制度上保证导游的生态素养。导游的形象在很大程度上就是旅游企业的形象,经营者可以从企业的高度要求导游的生态素养,这样容易取得良好的效果。

第五节　非政府组织与旅游目的地发展

在我国的旅游发展过程中,一些国际性非政府组织,如世界自然基金会(WWF)、自然保护(Nature Conservancy)等都做出了积极的贡献。前者于1996年在中国正式成立分支机构以来,极大地推动了我国的保护和发展事业,尤其是其所推广的"合作伙伴关系"和"参与式保护模式",取得了显著的成效。后者也向"云南省丽江纳西族自治县生态旅游示范地区发展"等项目提供资金,为推动当地社区的发展和生态系统的保护做出了有益的尝试。但是,总体而言,我国本土的非政府组织很不发达,在一定程度上影响了非政府组织在旅游发展中作用的充分发挥。

旅游业中所涉及的利益相关者很多,主要包括当地政府、旅游经营者、当地居民和旅游者,他们之间存在着错综复杂的关系。在旅游发展过程中,旅游经营者为了实现利润的最大化,旅游者为了得到最大程度的经历满足感,他们成了受益者,而对于当地居民来说,他们虽然也从中受益,但他们也是旅游带来的负面效应的最终对象。政府、经营者、旅游者、社区居民之间存在着严重的利益分配不公平的问题,如果得不到有效解决,必将限制旅游业的健康发展。下面将对他们之间主要存在的或者潜在的问题进行简单的分析,如表2-1所示。

表2-1　旅游目的地与主要利益相关者之间的关系表

利益相关者	主要利益点	与目的地关系类型	主要利益冲突表现示例
投资者	投资的最高回报	可选择型	投资者没有获取预期的投资回报,转而向其他地方投资
旅游者	旅游需求的有效满足	可选择型	旅游者在目的地没有取得足够的需求满足感,进而选择其他旅游目的地
政府	经济效益和社会效益	依存型	在取得一定经济和社会效益的基础上,以牺牲环境为代价,破坏了区域可持续发展的基础
社区	生活水平的提高,居住环境的改善	依存型	目的地旅游活动的开展影响了社区居民的正常生活,社区特色文化被异质同化
竞争者	直接竞争,协同效应和优势互补	竞争与协作型	存在一定的客源市场争夺竞争,但也存在区域协作的可能性

一、当地政府与旅游经营者

在我国,许多旅游资源保存完好的地方都属于经济不发达的地区。可是旅游目的地开发旅游业需要大量资金。这些资金政府部门又无力全部承担,于是旅游的开发与开展经常通过吸引投资商来完成。但是,政府部门和旅游经营者在开发中所扮演的角色不同,在发展目标上更是存在分歧。政府在旅游业中起到一种宏观调控的作用,因此,在发展旅游的同时必须考虑到当地社会、经济、文化和环境的全面协调的发展。他们希望旅游经营者具有社会责任感,既懂得旅游经营,更要注意保护当地的自然社会环境。然而,旅游经营者只是追逐经济利益的商人,他们的目标就是实现利润的最大化,尽量维护其经济利益,对当地居民的利益并不会做过多的考虑,即使会的话,也是出于自身的利益。所以,政府部门既要加强与旅游经营者的合作,依赖于他们的资金来发展当地旅游业;又应该约束他们的行为,不能完全信任或仰仗经营者的自律。① 因此,无论是当地政府,还是旅游经营者都要认识到沟通与合作的重要性,并积极行动起来,以免"两败俱伤"。

二、当地政府与当地居民

当地居民参与旅游的类型很多,比如参与旅游开发与规划,参与旅游决策,参与旅游企业的经营与管理,还有与旅游相关的非正式部门中的经营活动。很多研究表明,居民只有参与到比较高级的活动中才能真正从旅游业中获利。然而,由于当地居民自身文化素质、技术水平等因素的影响限制了他们参与的程度,政府也不会完全放心地让他们参与进来。因此,处于弱势的当地居民,当他们世代生存的地方被开发成旅游区后,自己却未能从中得到所期望的利益,他们感到得不到足够重视和平等对待。这个时候他们对政府是不信任的,甚至有些抵触。因此,当地政府部门应该积极地引导、支持、教育当地居民参与到旅游发展中来,比如允许他们在主要旅游点设置销售点,为他们提供市场销售机会等。只有让当地居民充分参与到旅游中来,并使其认识到发展旅游所能带来的好处,让他们公平的参与到利益分配中来,才可能得到他们积极的帮助和支持,当地旅游业的发展才会拥有一个良好的开端。

三、当地政府与旅游者

我国的一些旅游热点地区,游客流量相当集中,尤其是到了旅游旺季时期,旅游者蜂拥而至,从而造成了某些地区人满为患,既影响了旅游者观看的心情,也容易破坏当地的资源。因此,政府部门应制定出相应策略,为旅游者提供便利,如事先做好其他旅游点的宣传与促销,通过控制景点的门票收费等来分散游客,防止过分拥挤而对旅游者造成伤害,损害其应有的利益。另外,正是旅游业的飞速发展给旅游经营者带来了赢利机会,因此导致一些旅游目的地盲目地进行开发以及旅游产品低水平的重复出现,而不顾旅游者真正想要的是什么。② 这种过度开发,不仅给财政带来沉重的负担,破坏了当地的环境,更是损害了旅游者的利益。政府部门为了确保旅游业的发展,维护旅游者的应有利益,应该制止这种情况,并给予积极引导。由此可见,政府部门从旅游者身上可以获得利益,但同时更应该是其利益的维护者。

---

① 刘雪梅,保继刚.从利益相关者角度剖析国内外生态旅游实践的变形[J].生态学杂志,2005(3):348-353.
② 王恩涌.人文地理学[M].北京:高等教育出版社,2000.

四、旅游经营者与当地居民

旅游经营者是追逐利益的生意人,其经营开发活动大部分都是建立在实现利润最大化的过程中,而不会充分考虑到处于劣势地位的当地居民。旅游经营者进入旅游目的地后,虽然为当地居民提供了就业机会,但是他们在资源占有状况和经济地位方面极不相称。当地居民土生土长的风景区在旅游经营者和旅游者进入之后,都成为环境的最大受益者,而当地居民虽然也从中获利,但同时也是旅游负面影响最直接的承受者。原本属于当地居民的资源,甚至是当地人的生活和活动都成为旅游经营者向旅游者提供的商业产品的一部分。如果经营者只从自身利益的角度去考虑问题,而不顾及当地居民的感受,将会使这种利益分配失衡的矛盾越变越大,发展到一定程度,利益冲突必然要发生,这将会给当地旅游业的发展带来致命的打击。

五、旅游经营者与旅游者

随着旅游业的进一步发展,旅游者的需求、动机也日趋复杂。然而旅游经营者往往只追求自身利益,在缺乏调查的情况下一窝蜂地向旅游者提供一种热门旅游产品。的确,有时旅游经营者为了实现个人利益最大化,只顾埋头开发,同时受到行业背景的限制,很难准确把握旅游者真正的需求。从而会出现尽管出发点是为了迎合旅游者的需要,但实际上却恰恰可能提供了旅游者不需要的辅助功能,忽略了旅游者最需要的主要功能。我国主题公园的开发就是一个很典型的例子。另外,对游客数量的控制似乎与旅游经营者获取最大化的经济利益相矛盾,很难协调,因为增加利益的传统办法就是吸引更多的客源。但是,如果不适当控制流量,在一些旅游热点地区会产生过分拥挤的现象,从而破坏旅游业赖以生存的环境,影响当地旅游业的可持续发展,当然旅游经营者也很难长期获利。

六、旅游者与当地居民

在旅游活动中,尤其是民俗旅游中,与当地居民接触也是很重要的旅游体验。旅游者希望能接触到更多的当地居民,品尝"原汁原味"的民俗文化。而当地居民由于经济落后,还有求富心切的心理,也希望通过发展旅游获得经济利益,提高他们的收入水平。为了满足外来旅游者的需求,同时也为了满足自身的发展,当地传统文化可能就会逐渐变成一种劣质的表演,失去其原有的性质,因此,破坏在所难免,矛盾也就产生了。另外,当地居民对游客的态度也随着旅游发展阶段的不同而发生变化。旅游业发展之初,当地居民由于从旅游者那里获得了利益从而对其表现出很大的热情。然而随着当地旅游业的进一步发展,旅游者不断涌入所带来的一系列负面影响,如破坏当地环境,物价上涨等,当地居民开始表现出不满和抱怨。特别是旅游旺季时,大量旅游者的出现使旅游目的地变得拥挤不堪,给当地居民的生活带了很多不便,而且旅游者所享受的一些特殊服务和设施也让他们感到不满。尤其是面临着利益分配严重失衡的情况下,他们会认为拿自己世代人赖以生存的自然和文化环境换取那么点利益是不值得的,因此,他们对发展旅游便失去了好感,甚至做出一些破坏性的活动。但是,当地居民在旅游目的地形象的确立中扮演着重要的角色,既是形象的传媒,也是形象的主体,他们的态度和行为直接影响了旅游者的旅游体验质量以及对旅游目的地的感觉和印象。

以上主要分析了旅游目的地各利益相关者之间的关系。事实上,他们之间的关系远非这么简单,甚至是错综复杂,很难理出头绪。随着一些旅游目的地发展阶段的不断深入,影响旅游发展和受旅游发展影响的旅游目的地利益相关者也逐步浮现,利益相关者之间关系更加复杂多变了。他们之间矛盾的焦点主要是由于利益分配的不均衡引起的。利益分配不均会导致他们中的弱势群体的心态失衡,因而会降低他们参与旅游活动的积极性。但是旅游业是一个综合性产业,它的发展需要各方面的支持和参与。因此在旅游竞争日益加剧的情况下,旅游目的地如何才能生存下去呢?这就体现了整合旅游目的地各利益相关者力量的作用了,正所谓"团结就是力量"。他们应该意识到合作的重要性,而合作能否成功的关键在于各利益相关者他们所追求的价值取向是否一致。如果一致的话,那么就会增加合作的可能性;相反,如果他们的价值取向不一致则可能带来冲突。因此规划管理者(尤其是地方政府部门和旅游企业)的任务就是要找出各利益相关者共同的目标,秉着共同受益的原则来促进协调与合作,组成一个和谐的发展联合体,而不能只顾自身利益而漠视甚至是牺牲他人的利益,这样做无异于"引火自焚"。

本章小结

本章从政府、社区、旅游者、企业、非政府组织等五个方面系统分析了旅游目的地利益相关者理论中涉及的不同利益主体,在处理旅游目的地不同利益相关者关系的过程中,坚持事前规划、事中协调、事后维护的原则。

核心关键词

旅游目的地利益相关者	stakeholders of tourism destination
旅游者行为	tourists' behavior
社区参与	community participation
企业经营管理	enterprise operation and management

思考与练习

1. 阐述旅游目的地利益相关者理论。
2. 分析旅游目的地不同利益主体的关系。
3. 在处理旅游目的地不同利益主体的过程中,分别从政府、旅游者、社区居民、旅游企业的角度,分析采取的方法和原则。

案例分析

利益相关者视角下中国低碳旅游发展

低碳旅游发展是一个系统、长期的过程,涉及政府部门、旅游企业、当地社区、旅游者、学术研究机构、媒体、旅游行业组织及相关社会团体等众多利益相关主体。低碳旅游各利益相关主体的对其角色认识还不清,以致其功能作用得不到充分发挥。因此必须明确利益相关主体的角色定位,各就其位,各司其职,相互协调,共同推动我国低碳旅游的持续发展。

一、政府部门:低碳旅游发展的协调引导者

低碳旅游是一个系统综合工程,涉及众多利益相关主体,发展低碳旅游发展需要政府部门来协调、引导和规范其他利益相关主体的目标和行为。在实施低碳旅游过程中,政府部门的协调和引导作用主要体现在政策、体制、资金、规范标准等方面对低碳旅游发展提供支持:明确旅游业节能减排的指导思想和行动目标,制定低碳旅游发展行动方案,作为旅游企业等相关部门发展低碳旅游的指导性纲领;制定出台激励政策,设立低碳旅游发展专项资金,运用财税优惠政策激励和引导旅游目的地和旅游企业开展低碳旅游工作;制定低碳旅游系列规范标准,培育和引导旅游企业低碳化发展,开展低碳旅游试点示范工作;建立协调机制,明确低碳旅游各利益相关主体的责任,协调处理各利益相关主体的关系和利益分配;构建国际合作平台,加大低碳技术研究支持力度,为低碳旅游发展提供技术支撑。

二、旅游企业:低碳旅游发展的实践执行者

旅游业的碳排放主要是由旅游企业在运营过程中产生的。其中,旅游交通部门的碳排放量占旅游部门碳排放总量的75%,酒店和旅游景区也是旅游业温室气体的重要来源。因此,旅游企业对我国旅游业的低碳化发展承担不可推卸的责任。旅游企业要按照国家出台的有关低碳旅游政策、规范标准积极转变旅游经营模式,加快低碳技术运用和创新,开发低碳旅游产品:

第一,配置低碳旅游交通设施。提倡使用公共汽车、电动车、自行车、新能源车等低碳或无碳交通工具,建设低碳、生态交通设施(如道路、停车场等),注重新能源的开发和利用,加快太阳能、氢能源、生物能源等低碳或零碳的新型能源交通工具的研制。

第二,建设绿色环保旅游酒店。引入低碳建筑设计理念,采用节能新技术;积极贯彻绿色、环保、低碳的服务理念,树立绿色低碳企业形象,倡导和鼓励低碳酒店消费;制定低碳管理规定,实现酒店能源管理低碳化。

第三,创建低碳旅游示范景区。合理规划旅游景区,建设生态旅游接待设施和服务设施;推广公共化、节能化的新能源交通工具,鼓励徒步、自行车其他交通方式替代机动车辆;加强低碳旅游产品开发,配置专职低碳导游员,提供低碳游乐活动项目。

三、当地社区:低碳旅游发展的参与受益者

当地社区与当地自然历史和文化资源关系最为密切,是旅游目的地发展低碳旅游受影响最大的利益相关者,同时也是低碳旅游发展的重要影响者。旅游目的地任何一项旅游项目决策都关系到当地居民的切身利益。在规划发展低碳旅游时,如建设低碳旅游景区、开发低碳旅游项目,要充分尊重当地居民的意见,尽量满足他们的利益诉求。当低碳旅游项目规划发展能给当地居民带来经济收益(如获得就业机会、提高经济收入)和社会文化价值(如改善生活环境,提升当地居民自豪感等)时,他们就会大力支持和积极参与目的地低碳旅游的发展:参与低碳旅游发展的决策、规划,支持低碳旅游业开发;主动践行低碳生活方式,减少生活污水排放;积极参与各种环保活动,保护当地旅游资源和生态环境;接受旅游者外来文化,促进不同文化间的交流和欣赏等。

四、旅游者:低碳旅游发展的实践体验者

旅游者既是低碳旅游发展的具体实践者,又是低碳旅游产品的体验者。因此在旅游活动过程中旅游者应尽量减少碳足迹,转变旅游消费观念,学会节约,提高低碳旅游生活消费意识,保护旅游地的生态环境;倡导低碳旅游交通方式,减少交通碳排量,选用低排放量的交通工具,如公共交通、电动车、混合动力汽车、自行车等;选择绿色环保酒店、乡村旅馆等低排放住宿设施,减少酒店一次性用品使用,鼓励自带旅游生活用品,食用当地绿色有机食品,合理安排食物分量,避免浪费;优先选择低碳旅游景区,选择个人旅游碳足迹相对少的旅游线路和旅游项目,主动体验低碳型旅游活动项目,保护旅游景区生态环境,减少旅游活动的碳排放;积极参与旅游碳中和,计算旅游活动的碳排放量,通过各种环保措施(如植树等)进行碳补偿或碳抵消。

五、学术研究机构:低碳旅游发展的研究指导者

学术界及相关研究机构的理论倡导和研究成果会影响政府的政策选择和社会公众的行为方式。同时由于低碳旅游发展时间还不长,一些理论性的重要问题尚未得到解决,如旅游活动中碳机制的形成机理、旅游业碳排放的量化和测定、低碳技术的创新和低碳技术产品开发等,学术界若能在这些方面取得更大的研究成果,无疑将极大促进我国低碳旅游的发展。当务之急是要建立专门的低碳研究机构,培养优秀的专业研究人员,加快低碳领域人才的培养,加强对低碳旅游理论和实践的研究,尤其是对国内外旅游目的地、旅游景区成功经验的总结和推广。

六、非政府组织:低碳旅游发展的协助支持者

与国外相比,国内非政府组织发展比较薄弱,作用还未充分体现。我国需要培育和发展本土的非政府组织,健全低碳旅游非政府组织,发挥对低碳旅游发展的支持和协助作用。主要包括:与政府部门、低碳旅游企业的相互协作,共同参与相关政策制定;参与和帮助建立低碳旅游发展规划;为业内人士、旅游企业员工和旅游者举办低碳旅游知识和低碳教育项目培训;为低碳旅游试验区、低碳旅游社区提供技术、资金、教育等方面的支持。除此之外,某些特殊非政府组织还扮演特殊的角色,比如环保组织、环境慈善机构不仅为当地环境保护提供技术、专业人员、资金方面的支持,还会对旅游目的地生态环境保护情况实施严格监督,并对那些生态环境保护不到位的地区施加压力。国外把这类非政府组织称为"环境压力集团(environmental pressrue group)"。

七、媒体组织：低碳旅游发展的宣传监督者

媒体在低碳旅游发展中的宣传和监督作用主要体现在以下两个方面：一是通过各种方式，向普通民众和旅游消费者提供更多的低碳旅游信息，使其了解更多的低碳生活、低碳旅游知识，正确认识和理解低碳、低碳旅游的内涵和意义；二是对低碳旅游发展各个环节和低碳旅游企业运营过程予以有效监督，监督低碳旅游经营者行为和低碳旅游者行为，监督低碳旅游发展对目的地社会、环境的影响，及时反映低碳旅游中出现的各种新情况、新问题。

八、社会公众：低碳旅游发展的追随响应者

随着低碳经济、低碳旅游在全国范围内的蓬勃开展，低碳理念已逐渐被广大公众所理解和接受。一方面，低碳理念的提出和低碳旅游的发展影响了人们的生活方式，使人们在日常生活中更加注意节约能源，关爱环境，减少污染物排放，为低碳旅游发展营造良好的社会氛围；另一方面，在提出低碳旅游之后，普通百姓外出旅游也多倾向于选择购买生态、低碳旅游产品，以实际行动践行低碳旅游，成为低碳旅游的积极响应者。

问题：

结合发展低碳旅游过程中涉及的利益相关者分析方法，试分析乡村旅游开发过程中利益相关者相互关系。

第三章

旅游目的地开发与规划

学习引导

云台山的发展是中国旅游业发展的一个缩影，创造了旅游业内人士瞩目的"云台山速度"和"云台山效应"，也让焦作从"煤炭之城"转变为一个生态旅游城市。云台山位于河南省焦作市修武县境内，是全球首批28家世界地质公园之一，同时又是河南省唯一一家集国家级重点风景名胜区、国家5A级景区、国家地质公园、国家森林公园、国家猕猴自然保护区、国家级水利风景名胜区、国家文明风景旅游区7个国家级称号于一体的风景名胜区。云台山有着怎样的旅游目的地开发经验？云台山的空间结构是如何规划的？焦作市是如何做到成功转型的？通过本章的学习，让我们去寻找答案。

学习重点

通过本章学习，重点掌握以下知识要点：

1. 旅游目的地资源调查与分类；
2. 旅游目的地空间结构规划；
3. 旅游目的地规划方法。

第一节 旅游目的地资源调查与分类

旅游目的地资源的调查与分类是旅游目的地进行开发与规划的第一步,是旅游目的地进行开发与规划的必要前提,只有将一个地方的资源状况调查清楚,才能在此基础上对当地的旅游资源进行分类、评价、整合、开发,一个地方的旅游资源禀赋往往决定该地旅游发展的方向和水平。

一、旅游目的地资源概念体系

旅游资源是旅游业发展的前提,是旅游业的基础。凡能对旅游者产生吸引力,并具备一定旅游功能和价值的自然和人文因素的原材料,统称为旅游资源。它是发展旅游事业的基本物质条件,在范畴上属于社会资源之列。

(一)旅游资源

旅游资源是旅游业发展的物质基础,是旅游开发的依据。在一定条件下旅游资源的类型、规模、品质及其所处的区位条件是一个地区旅游业发展的关键,往往决定着地方旅游发展的方向、速度和规模。通常认为旅游资源主要包括自然旅游资源和人文旅游资源。自然旅游资源包括高山、峡谷、森林、火山、江河、湖泊、海滩、温泉、野生动植物、气候等,可归纳为地貌、水文、气候、生物四大类。人文旅游资源包括历史文化古迹、古建筑、民族风情、现代建设新成就、饮食、购物、文化艺术和体育娱乐等,可归纳为人文景物、文化传统、民情风俗、体育娱乐四大类。旅游资源犹如一面镜子,它以独特的方式反映一个国家的历史、文化、艺术、物质和文明水平。

中外学者们对于旅游资源的定义一直无法统一,较有代表性的如郭来喜(1982)认为凡是为旅游者提供观赏、知识乐趣、度假疗养、娱乐休息、探险猎奇、考察研究以及友好往来和消磨闲暇时间的客体和劳务,均可称为旅游资源。陈传庚、刘振礼(1990)认为旅游资源是在现实条件下,能够吸引人们产生旅游动机并进行旅游活动的各种因素的总和,它是旅游业产生和发展的基础。李天元和王连义(1991)认为凡是能够造就对旅游者具有吸引力环境的自然因素、社会因素和其他任何因素,都可构成旅游资源。保继刚(1999)认为旅游资源是指对旅游者具有吸引力的自然存在和历史文化遗产以及直接用于旅游目的地的人工创造物。王兴斌(2000)认为广义的旅游资源是指凡是能为旅游活动提供支撑和保障的一切物质和非物质的资源,包括旅游景观资源、资金资源、设施资源、商品资源、人力资源、智力资源、信息资源和环境资源等;狭义的旅游资源仅指旅游景观和环境资源。目前国内大多采用国家旅游局 2003 年颁布《旅游规划通则》中对旅游资源的定义,即自然界和人类社会凡能对旅游者产生吸引力,可以为旅游业开发利用,并可产生经济效益、社会效益和环境效益的各种事物现象和因素,均称为旅游资源。与中国不同的是,西方国家将旅游资源称作旅游吸引物,它不仅包括旅游地的旅游资源,而且还包括接待设施和优良的服务因素,甚至还包括舒适快捷的交通条件。

（二）旅游目的地资源开发

旅游目的地资源开发是指以旅游资源开发为核心，促进旅游业全面发展社会经济活动。它是一项全面、综合性的系统工程，包括旅游资源的调查与评价、旅游项目开发的可行性研究、旅游景区（点）的规划与设计、旅游目标市场的选择与营销、旅游景区（点）建设经营和管理、旅游景区（点）企业文化的建设、旅游地形象的建设与推广、旅游基础设施与服务设施的建设以及旅游社会氛围的营造等方面的内容。

1. 旅游目的地资源开发的目标

1）保护旅游资源

我国虽有丰富的旅游资源，但是不合理地开发旅游资源不但起不到无烟工业的作用，而且还会对生态环境造成巨大破坏。旅游资源一旦遭到破坏就会形成不可估量的损失，可持续理论要求我们提高资源的使用效益，以可持续的发展观为指导，以资源利用的永续性为目标，尽可能地推迟其枯竭时间。旅游资源破坏的原因有自然灾害，如地质灾害（地震、火山、水火灾害等）、气象灾害（风蚀、水蚀、日照等）和生物灾害（鸟类、白蚁等），也有人为因素破坏，有时人为因素甚至超过自然力的破坏程度，甚至是毁灭性的。如新中国成立后，我国

在旅游目的地资源开发过程中，如何平衡资源保护与资源开发之间的关系？

许多地方为兴建大都市，大搞城市建设，拆除了大量的历史风貌建筑，不当的开发严重破坏了原有的城市风貌，其景观价值和历史价值大打折扣。近些年来，历史文化名城、历史文化名街区的开发使这些历史建筑和文化遗址得到一定程度的修缮和保护，这些历史文化遗产随着旅游活动的开展又获得了新生。因此，通过对旅游资源的合理开发利用与保护，可以提高旅游资源对旅游市场的吸引力，提高旅游资源的使用效益，保护旅游资源不被破坏。

2）满足游客需求

游客需求是旅游目的地资源开发的前提条件，旅游目的地资源只有满足游客需求，才能产生旅游后续效应。现代社会工作节奏快、强度高，人们需要利用闲暇时间出去旅游，以达到休养生息、弥补消耗、恢复体力和脑力的目的，这一点需求主要是针对参与社会工作的旅游者而言的，而旅游活动为人们在闲暇时间获得全面、综合发展开辟了广阔的天地。旅游目的地资源开发必须满足人们的发展性需求、补偿性消费需求，以及娱乐、锻炼等方面的需求。

3）获得经济效益

旅游目的地资源的开发有助于当地发展旅游产业，促进当地产业结构的优化调整。旅游业作为第三产业的先导产业，将大大带动第三产业的发展，进而调整第一、二、三产业的比例构成。而旅游活动的开展能带来外来经济注入，有利于增加政府税收，进而增强经济实力。此外，由于旅游产业的关联度比较大、链条比较长，所以旅游业的发展可带动和促进许多相关行业的发展。旅游活动的开展可增加就业机会，大量吸纳社会闲散劳动力，为当地居民带来福利。

2. 旅游目的地资源开发的原则

1) 立足长远规划，明确阶段目标

在旅游目的地资源开发过程中，要立足长远发展，综合考虑长远效益。旅游规划的制定要着眼于高标准、高起点、长远性，在保证规划合理性的基础上，充分考虑规划的可行性，明确各开发阶段任务，详细安排近期任务，寻求切合实际的开发策略、发展指标与阶段目标，保证规划兼顾现实，适度超前。防止超负荷发展，防止旅游消极影响的扩大，量力而行地进行旅游开发，将开发规模和旅游接待量控制在环境容量允许的范围之内。

2) 凸显资源优势，打造旅游品牌

鲜明的特色是旅游资源的生命力所在，开发利用旅游资源的实质就是要寻找、发掘和利用旅游资源的特色，因此，在旅游目的地的开发与规划中必须凸显当地的资源优势，必须有特色，才会有注意力。旅游经济本身就是注意力经济，要注意旅游景点之间的差别性，体现人无我有的特色，经过开发的旅游资源，不仅应使其原有的特色得以保持，同时还应使其原有特色更加鲜明和有所创新和发展，最重要的是避免在开发过程中使原有的旅游资源特色遭到破坏。

3) 生态保护，可持续发展原则

旅游资源具有脆弱性、不可再生性、不可恢复性等特点，在旅游目的地资源开发的过程中要坚持维护生态环境，保护原生资源，多用自然材料建设，减少人为设施，力求开发与生态平衡。科学规划，稳步推进，对于适宜发展的地区要有重点、有步骤地推进，做到有序发展，避免各地一哄而上，低水平盲目发展，开发与保护相结合，生产、生活、生态相统一，实现可持续发展。

4) 政府引导，市场运作原则

在旅游目的地资源开发的过程中，要正确发挥政府与市场的作用，政府要加强统筹协调和引导扶持，积极引入市场机制，统一规划旅游景点、项目布局，体现层次化、多样化要求。在实施规划时，应根据情况的变化行使有效的控制，善于发掘利用当地旅游资源的优势和特点进行有效开发，突出观光功能、科普功能、教育功能、环保功能、经济功能、休闲功能，注重整合资源，加大对当地旅游基础设施建设，坚持以旅游市场需求为导向，以旅游产品开发为核心，根据市场设计产品，利用产品开拓市场，打造当地旅游品牌。

二、旅游目的地资源的分类

旅游资源是旅游业可持续发展的基础，对旅游资源进行合理的分类，有助于人们对旅游资源特性的识别，也是旅游目的地进行旅游资源普查、评价以及科学合理利用旅游资源的前提，更是加强行业管理的需要。分类依据和目的不同，会产生不同的分类方法及分类体系，采取合理贴切的分类方法是出色地完成资源评价和资源定位的关键所在。

（一）基于资源成因的分类

根据资源形成的原因进行分类，常用的分类方法有"二分法"和"三分法"两种。"二分法"是指把旅游资源分为自然旅游资源和人文旅游资源两大系列的一种分类方法，是一种最基本的分类方案。该分类方法共包括2个大类、14个基本类型、63个类型，如表3-1所示。

表 3-1　旅游资源分类表(1)

大类	基本类型	类型		大类	基本类型	类型	
自然旅游资源	地质	岩石 地层 地震灾害遗迹	化石 构造遗迹	人文旅游资源	历史古迹	古人类遗址 古战场遗址 名人遗址 重要史迹 其他古迹	
	地貌	山地 喀斯特遗迹 黄土景观 海岸与岛礁	峡谷 风蚀风积景观 火山熔岩 丹霞地貌 其他地貌		古建筑	防御工程 水利工程 起居建筑 瞭望观赏建筑	宫殿 交通工程 其他建筑
	水体	河川 瀑布 海洋	湖泊 泉 其他水体		陵墓	帝王陵墓 其他陵墓	名人陵墓
	气象气候与天象	气象天象	气候		园林	皇家园林 寺观园林 公共游憩园林	私家园林
	动植物	植物 动植物园	动物		宗教文化	佛教文化 伊斯兰文化 基督教文化	道教文化
	综合景观	自然保护区 其他综合景观	田园风光		城镇	历史文化名城 现代都市	特色城镇
					社会风情	民俗	购物
					文学艺术	游记诗词 神话传说 书法绘画	楹联题刻 影视戏曲

"三分法"是中国科学院遥感应用研究所阎守邕等人于 1986 年利用 IBM PC/AT 微机建立的中国旅游资源信息系统,此系统可以编成旅游资源分类编码体系表,将我国旅游资源分成 3 个大类和 3 个级别。3 个大类为自然风光、人文景观和人文产品;3 个级别确定为一级 3 类、二级 27 类、三级 145 类,这种分类方法较为笼统、粗略,主要适用于一级分类,要划分具体的类型,还需要借助其他分类方法。

(二) 基于资源性状的分类

资源性状是指资源的现存状况、形态、特性和特征。以 2003 年,国家标准化管理委员会颁布的《中华人民共和国国家标准(旅游资源分类、调查与评价)》(GB/T 18972—2003)为代表,该国标将自然旅游资源分为地文、水域、生物、气象等几大类型,又从建筑学、景观学角度对人文旅游资源进行划分,将旅游资源划分为 8 个主类、31 个亚类和 155 个基本类型,该分类较为系统、客观,是目前资源分类的主要方法,如表 3-2 所示。但是,这种分类主要是针对观光旅游类型的资源,即客观存在的资源进行评价,并没有对主观因素进行分析,在旅游由观光旅游向休闲度假旅游转变的今天,这种分类方法已经显得很不适用了,其中的标准对于现在盛行的度假旅游发展是无法衡量的,因此,这一标准有待改进。

表 3-2　旅游资源分类表(2)

主类	亚类	基本类型
A 地文景观	AA 综合自然旅游地	AAA 山丘型旅游地;AAB 谷地型旅游地;AAC 沙砾石地型旅游地;AAD 滩地型旅游地;AAE 奇异自然现象;AAF 自然标志地;AAG 垂直自然地带
	AB 沉积与构造	ABA 断层景观;ABB 褶曲景观;ABC 节理景观;ABD 地层剖面;ABE 钙华与泉华;ABF 矿点矿脉与矿石积聚地;ABG 生物化石点
	AC 地质地貌过程形迹	ACA 凸峰;ACB 独峰;ACC 峰丛;ACD 石(土)林;ACE 奇特与象形山石;ACF 岩壁与岩缝;ACG 峡谷段落;ACH 沟壑地;ACI 丹霞;ACJ 雅丹;ACK 堆石洞;ACL 岩石洞与岩穴;ACM 沙丘地;ACN 岸滩
	AD 自然变动遗迹	ADA 重力堆积体;ADB 泥石流堆积;ADC 地震遗迹;ADD 陷落地;ADE 火山与熔岩;ADF 冰川堆积体;ADG 冰川侵蚀遗迹
	AE 岛礁	AEA 岛区;AEB 岩礁
B 水域风光	BA 河段	BAA 观光游憩河段;BAB 暗河河段;BAC 古河道段落
	BB 天然湖泊与池沼	BBA 观光游憩湖区;BBB 沼泽与湿地;BBC 潭池
	BC 瀑布	BCA 悬瀑;BCB 跌水
	BD 泉	BDA 冷泉;BDB 地热与温泉
	BE 河口与海面	BEA 观光游憩海域;BEB 涌潮现象;BEC 击浪现象
	BF 冰雪地	BFA 冰川观光地;BFB 常年积雪地
C 生物景观	CA 树木	CAA 林地;CAB 丛树;CAC 独树
	CB 草原与草地	CBA 草地;CBB 疏林草地
	CC 花卉地	CCA 草场花卉地;CCB 林间花卉地
	CD 野生动物栖息地	CDA 水生动物栖息地;CDB 陆地动物栖息地;CDC 鸟类栖息地;CDE 蝶类栖息地
D 天象与气候景观	DA 光现象	DAA 日月星辰观察地;DAB 光环现象观察地;DAC 海市蜃楼现象多发地
	DB 天气与气候现象	DBA 云雾多发区;DBB 避暑气候地;DBC 避寒气候地;DBD 极端与特殊气候显示地;DBE 物候景观
E 遗址遗迹	EA 史前人类活动场所	EAA 人类活动遗址;EAB 文化层;EAC 文物散落地;EAD 原始聚落
	EB 社会经济文化活动遗址遗迹	EBA 历史事件发生地;EBB 军事遗址与古战场;EBC 废弃寺庙;EBD 废弃生产地;EBE 交通遗迹;EBF 废城与聚落遗迹;EBG 长城遗迹;EBH 烽燧

续表

主类	亚类	基本类型
F 建筑与设施	FA 综合人文旅游地	FAA 教学科研实验场所；FAB 康体游乐休闲度假地；FAC 宗教与祭祀活动场所；FAD 园林游憩区域；FAE 文化活动场所；FAF 建设工程与生产地；FAG 社会与商贸活动场所；FAH 动物与植物展示地；FAI 军事观光地；FAJ 边境口岸；FAK 景物观赏点
	FB 单体活动场馆	FBA 聚会接待厅堂(室)；FBB 祭拜场馆；FBC 展示演示场馆；FBD 体育健身馆场；FBE 歌舞游乐场馆
	FC 景观建筑与附属型建筑	FCA 佛塔；FCB 塔形建筑物；FCC 楼阁；FCD 石窟；FCE 长城段落；FCF 城(堡)；FCG 摩崖字画；FCH 碑碣(林)；FCI 广场；FCJ 人工洞穴；FCK 建筑小品
	FD 居住地与社区	FDA 传统与乡土建筑；FDB 特色街巷；FDC 特色社区；FDD 名人故居与历史纪念建筑；FDE 书院；FDF 会馆；FDG 特色店铺；FDH 特色市场
	FE 归葬地	FEA 陵区陵园；FEB 墓(群)；FEC 悬棺
	FF 交通建筑	FFA 桥 FFB 车站；FFC 港口渡口与码头；FFD 航空港；FFE 栈道
	FG 水工建筑	FGA 水库观光游憩区段；FGB 水井；FGC 运河与渠道段落；FGD 堤坝段落 FGE 灌区；FGF 提水设施
G 旅游商品	GA 地方旅游商品	GAA 菜品饮食；GAB 农林畜产品与制品；GAC 水产品与制品；GAD 中草药材及制品；GAE 传统手工产品与工艺品；GAF 日用工业品；GAG 其他物品
H 人文活动	HA 人事记录	HAA 人物；HAB 事件
	HB 艺术	HBA 文艺团体；HBB 文学艺术作品
	HC 民间习俗	HCA 地方风俗与民间礼仪；HCB 民间节庆；HCC 民间演艺；HCD 民间健身活动与赛事；HCE 宗教活动；HCF 庙会与民间集会；HCG 饮食习俗；HGH 特色服饰
	HD 现代节庆	HDA 旅游节；HDB 文化节；HDC 商贸农事节；HDD 体育节
数量统计		
8 个主类	31 个亚类	155 个基本类型

[注] 如果发现本分类没有包括的基本类型时，使用者可自行增加。增加的基本类型可归入相应亚类，置于最后，最多可增加 2 个。编号方式为：增加第 1 个基本类型时，该亚类 2 位汉语拼音字母＋Z；增加第 2 个基本类型时，该亚类 2 位汉语拼音字母＋Y。

(三) 其他分类法

除了上述分类方法外，还有按资源的等级及管理范围分类法、按功能对旅游资源进行分类、按旅游资源的利用现状分类等，具体分类如表 3-3 所示。

表 3-3　旅游资源分类表(3)

分类方法	大　类	基本类型
按资源的等级及管理范围分类	世界级旅游资源	如纳入《世界遗产名录》的旅游资源、纳入世界人与生物圈保护网的旅游资源、纳入世界地质公园名录的旅游资源
	国家级旅游资源	如国家级重点风景名胜区、国家级森林公园、国家级自然保护区、国家级重点文物保护单位、国家级地质公园、国家级水里风景名胜区
	省、市级中型旅游资源	省级风景名胜区、森林公园、自然保护区、文物保护单位
	县级以下小型旅游资源	旅游资源等级较低,在县级以下的区域内具有较高的知名度和美誉度,客源几乎均为本地居民,通常被作为本地居民和周边地区居民平时以及周末的休闲旅游场所
按功能对旅游资源进行分类	观光游览型	如自然风光、园林建筑等
	文化知识型	如建筑艺术、文化知识、社会风情等
	参与体验型	如漂流、攀岩、节庆活动等
	购物型	如购买纪念品、土特产等
	情感型	如名人故居、各类纪念地等
	休闲度假型	如温泉度假地、海滩等
按旅游资源的利用现状分类	已开发利用的旅游资源	—
	正在开发利用的旅游资源	—
	未开发利用(潜在)的旅游资源	—

三、旅游目的地资源的调查

在旅游规划中,确定旅游资源的类型后,要选定一种分类标准,对旅游目的地的旅游资源进行系统地调查。旅游目的地资源调查是指运用科学的方法和手段,有目的、有系统地收集、记录、整理、分析和总结当地旅游资源及其相关因素的信息与资料,以确定当地旅游资源的存量状况,并为旅游目的地的经营管理者提供客观决策依据的活动。国家标准《旅游资源分类、调查与评价》中制定了旅游资源调查的方法。

(一)旅游目的地资源调查的内容

1. 旅游资源背景状况

旅游目的地的旅游资源背景状况主要是指当地旅游资源所依托的自然环境和人文环境。自然环境调查主要包括:

(1)地质地貌要素。调查记载当地岩石、地层、地质构造、地形地貌的分布特征、发育规律和活动强度,对调查范围的总体地质地貌特征有一全面概括了解。

(2)水体要素。调查地表水与地下水的类型和分布,季节性水量变化规律和特征,可供开采的水资源,已发生和可能发生的水灾害及其对旅游资源的不利影响等。

(3) 气象气候要素。当地的年降雨量及其分布,气温、光照、湿度及其变化,大气成分及其污染情况,气候类型、特色及其变化规律等。

(4) 动植物要素。旅游目的地动物和植物的特征与分布,具有观赏价值的动物和植物的类型和数量,特定生存环境下存在的珍稀动物和植物的分布、数量、生长特性和活动规律。

(5) 可供游人观赏的客观条件和防护措施等。

旅游目的地资源的人文环境调查主要包括:

(1) 历史沿革。历史脉络、社会变迁等。

(2) 经济环境。地区经济政策的连续性与稳定性,社会经济发展规划等。

(3) 社会文化环境。人口、民族构成、宗教信仰、风俗习惯等。

(4) 政策法规环境。当地影响和制约旅游资源开发、管理的有关方针,如对外政策的调整变化,旅游机构的设置变动,以及资源法、旅游法、环境保护法、旅游管理条例和旅游管理措施等的执行情况等。

2. 旅游资源赋存状况

旅游资源赋存状况主要包括当地旅游资源的规模、分布、特征等。如了解当地存在的各种不同类型的旅游资源,尤其是富有当地特色的旅游资源,要了解其形成原因、发展历史、存在时限、利用的可能价值,自然与人文相互依存的因果关系。规模调查包括资源类型的数量、分布范围、面积,区域内已存在的各级风景名胜区、文物保护单位、自然保护区、森林公园等。组合结构调查主要是对当地旅游资源的组合结构进行了解,包括自然景观与人文景观的组合,自然景观内部的组合,人文景观内部的组合。

3. 旅游资源开发状况

旅游资源的开发状况主要有已开发态、待开发态和潜在态三种形态。调查旅游资源开发现状包括:

(1) 旅游资源现在的开发状况。包括已开发的项目、类型、时间、季节、旅游人次、旅游收入、消费水平以及周边地区同类旅游资源的开发比较、开发计划等。

(2) 当地的旅游交通。包括公路、铁路、水路、航空交通状况,旅游汽车、出租车、景点缆车、高架索道、观光游船等设施,车站、码头、港口的数量和质量,交通工具与景区的距离、行程时间、路面质量、运输承受能力等。

(3) 当地住宿设施。包括酒店、旅馆、汽车旅馆、供膳寄宿旅馆、别墅、农舍式小屋、度假村、野营帐篷、游船旅馆等住宿设施的规模、数量、档次、功能、分布情况、接待能力、床位数、房间数、客房出租率、营业收入、固定资产、利润总额等。

(4) 当地的餐饮设施。包括餐馆的规模、数量、档次、分布情况、名特小吃、特色菜品、卫生状况和服务质量等。

(5) 其他服务设施调查。

4. 旅游资源周边状况调查

调查旅游目的地周边的情况,是为了了解本地旅游资源与邻近旅游资源的相互关系,分析周边旅游资源对本地旅游资源开发所产生的消极和积极影响。随着我国旅游业的迅猛发展,区域之间、景区景点(企业)之间的竞争日益加剧,不仅影响与制约着区域旅游业的发展与综合效益,而且影响着区域旅游市场的有序拓展。不良竞争甚至恶性竞争的出现,则会阻

碍旅游业良好、快速发展的步伐。有鉴于此,一个地方在旅游开发之前,充分了解周边地区的旅游发展状况,有利于当地构建科学发展的竞合战略与模式,不仅有利于促进本地区与周边地区之间的竞争与合作,实现区域旅游一体化与"多赢"的区域旅游发展格局,奠定了区域旅游开展竞争与合作的基础,还有利于旅游目的地确定旅游发展思路与发展战略,并就不同规模提出了具体的竞争与合作模式。

(二)旅游目的地资源调查的方法

1. 资料收集分析法

资料收集分析法是充分利用现有的与当地旅游资源有关的各种资料和研究成果,完成统计、填表和编写调查文件等项工作,主要包括旅游资源详查和旅游资源概查两个档次。调查方式以收集、分析、转化、利用这些资料和研究成果为主,如与旅游资源单体及其赋存环境有关的各类文字描述资料,包括地方志书、乡土教材、旅游区与旅游点介绍、规划与专题报告等;与旅游资源调查区有关的各类图形资料,反映旅游环境与旅游资源的专题地图;与旅游资源调查区和旅游资源单体有关的各种照片、影像资料。这种调查方式效率最高,使用也最多。

2. 实地调查法

实地调查法是根据旅游开发的性质和任务要求,组织专家队伍,对当地的旅游资源状况进行实地勘察调查。其程序与方法首先是确定调查区内的调查小区和调查线路;其次是选定调查对象,选定下述单体进行重点调查:具有旅游开发前景,有明显经济、社会、文化价值的旅游资源单体;集合型旅游资源单体中具有代表性的部分;代表调查区形象的旅游资源单体。最后是填写《旅游资源单体调查表》,包括单体序号、单体名称、"代号"项、行政位置、地理位置、性质与特征、旅游区域及进出条件、保护与开发现状、共有因子评价问答等。实地考察法十分耗费人力、物力,但是,其不仅可以获得更准确的信息,还能够发现旅游目的地的问题,在调查过程中可以启发开发的灵感。因此,实地调查法在旅游目的地资源调查中所起的作用不容忽视。

3. 座谈访问法

座谈访问法包括座谈会和访问两种方法。座谈会法是调查人员与当地政府、专家、企业代表等共同参加的会议,一般在旅游目的地举行,通过座谈会,不仅节省时间,调查人员可以对一些问题有深入了解,而且双方容易相互启发影响,有利于促进对问题的深入了解。访问法是通过调查者与旅游目的地相关工作人员进行面对面直接交谈方式实现的,具有较强的灵活性和适应性。虽然座谈访问法比较容易和方便可行,较容易获得可靠有效的资料,但是也存在样本小,需要较多的人力、物力和时间等条件限制。

4. 现代科学技术法

现代科学技术法主要是指调查人员通过采用全球定位系统(GPS)、遥感技术(RS)、地理信息系统(GIS)等方法对不易进行调查到的旅游资源进行考察,这类方法受地面条件限制少,应用方法多,获取的信息量大,不仅能完成对待调查旅游资源的定性和定量的考察,而且可以发现新的旅游资源,可以对当地的各种资源(如土地、森林、草场)分布有一个清晰的了解,同时可以解决对当地旅游资源进行分级、统计、制图等问题,对旅游资源的考察工作有一定的补充作用。

四、旅游目的地资源的评价

旅游资源评价的目的是确定该旅游资源在一定区域范围内的价值和地位,为旅游目的地的开发与规划提供科学依据。西方学者对旅游资源评价的研究始于20世纪50年代,从20世纪60年代开始,西方国家的地理学家、生态学家、心理和行为学家参与到研究工作中,运用心理和行为偏好等实证方法,从视觉质量角度对旅游资源进行综合经验评价和单因子评价。随着视听技术、计算机技术以及网络技术的发展,因特网技术和虚拟现实等广泛应用于评价研究中,并不断吸收经济学、社会学、行为学等学科的最新研究成果,现代先进技术和多学科融合研究已成为国外旅游资源评价理论和方法创新的主要动力。我国旅游资源的评价理论和研究时间较短,20世纪70年代后期,结合我国旅游资源的实际,国内诸多学派的专家、学者从不同角度进行了旅游资源评价研究,各学派在研究旅游资源评价方面都各有长处和不足。

（一）旅游目的地资源评价的内容

1. 旅游资源价值评价

旅游资源价值评价是对旅游资源自身品质和丰富程度进行评价,主要包括:

（1）美学观赏性,即旅游资源能提供给旅游者审美感受的种类及强度。

（2）历史文化性,即旅游资源所包含的历史文化内涵,一方面指旅游资源是否与重大历史事件、历史文物有关及其遗存文物古迹的数量与质量,另一方面指旅游资源是否具有或者体现了某种文化特征。

（3）科学性,即旅游资源具有的某种研究功能。在自然科学、社会科学和教学科研方面具有的特点,能为科学工作者、探索者和追求者提供的研究场所。

（4）奇特性,即旅游资源的特色、个性,具体而言是其相对于非旅游资源的特异性以及相对于其他旅游景点的新奇性。

（5）规模与组合状况,即景观对象数量的多少、体积及占地面积的大小等等。

（6）旅游功能,即旅游资源能够满足某种旅游活动需求的作用。

（7）旅游环境容量,即在一定时间条件下,一定旅游资源的空间范围内的旅游活动能力,也就是在不致严重影响旅游资源特性、质量及旅游者体验的前提下,旅游资源的特质和空间规模所能连续维持的最高旅游利用水平,又称"旅游承载力"或"旅游饱和度"。

2. 旅游资源开发条件评价

旅游开发是旅游资源评价的最终目的,旅游资源自身条件固然十分重要,但是旅游资源开发仍然受许多外部客观条件的影响和制约,主要包括:

（1）区位条件,即旅游目的地的地理位置、交通条件以及旅游目的地与周边地区的关系等。

（2）自然环境,即旅游目的地的地质地貌、气候气象、水文、土壤、植被等要素构成的自然环境,对旅游资源的质量、时间节律和开发有着直接影响作用。

（3）客源条件,一方面是空间方面,即旅游目的地所能吸引的客源范围、最大辐射半径、吸引客源地的层次和特点;另一方面是时间方面,即旅游的淡季和旺季。

(4) 地区经济发展水平,即旅游目的地的经济状况,主要是指投资、劳动力、物产和物资供应及基础设施等条件。

(5) 社会文化条件,是指旅游目的地的政治局势、政策法令、社会治安、政府及当地居民对旅游业的态度、卫生保健状况、地方开放程度和风俗习惯等。

(6) 经济、社会、环境效益,即旅游资源开发给旅游目的地社经济发展、社会风气、生态环境等所带来的影响。

知识关联

旅游开发可能会给旅游目的地的社会风气带来哪些影响?

(二) 旅游目的地资源评价的方法

1. 定性评价方法

1) 卢云亭的"三三六"评价法

卢云亭的"三三六"评价法,即三大价值、三大效益和六大开发条件。"三大价值"是指历史文化价值、艺术观赏价值科学考察价值;"三大效益"是指经济效益、社会效益和环境效益;"六大条件"是指景区的地理位置和交通条件、景物或景类的地域组合条件、景区旅游容量条件、施工难易条件、投资能力条件、旅游客源市场条件。

2) 黄辉实的"六字七标准"评价法

黄辉实的"六字七标准"评价法,是指从资源本身来评价采用六字标准,即美、特、奇、名、古、用;从资源所处的环境来评价则有七项标准,即季节性、污染状况、资源联系、可进入性、基础结构、社会经济环境、客源市场。

3) 体验性的定性评价法

根据评价的深入及评价结果的形式,可分为一般体验性评价和美感质量评价。一般体验性评价是指通过统计旅游者或旅游专家有关旅游资源优劣排序的问卷回答,或统计旅游资源在旅游报刊、书籍上出现的概率,从而确定旅游目的地最佳旅游资源,其结果能够表明旅游资源的整体质量和大众知名度。美感质量评价是对旅游资源美学价值的专业性评估,在旅游者或旅游专辑一般体验性评价基础上进行深入分析,建立规范化的评价模型。目前比较公认的有四个学派:专家学派、心理物理学派、认知学派(心理学派)、经验学派(现象学派)。

2. 定量评价方法

1) 技术性单因子定量评价方法

该方法是指进行旅游资源评价时,针对旅游资源的旅游功能,集中考虑某些起决定作用的典型因素,并对这些关键因子进行适宜性评价或优劣评判。其特点是运用了大量的技术性指标,一般只限于自然资源评价,对开展专项旅游活动较为适用,目前较为成熟的有旅游湖泊评价、海滩及海水浴场评价、康乐气候评价、溶洞评价、化学旅游资源评价、地形适宜性评价等。

2) 综合性多因子定量评价方法

该方法是在考虑多因子的基础上,运用数理方法,通过建模分析,对旅游资源进行综合评价,结果多为数量指标,具有更为客观、准确和全面的优点。此类评价方法很多,有层次分析法、指数表示法、美学评分法、综合评分法、模糊数学评价法、价值工程法、综合价值评价模型法、观赏型旅游地综合评估模型法等。

3) 国家标准综合评价法

国家旅游局 2003 年颁布的《旅游资源分类、调查与评价》国家标准依据"旅游资源共有因子综合评价系统"赋分和"附加值"赋分。旅游资源共有因子综合评价系统设"评价项目"和"评价因子"两个档次，评价项目为"资源要素价值""资源影响力""附加值"。其中"资源要素价值"项目中含"观赏游憩使用价值""历史文化科学艺术价值""珍稀奇特程度""规模、丰度与几率""完整性"等 5 项评价因子。"资源影响力"项目中含"知名度和影响力""适游期或使用范围"等 2 项评价因子。"附加值"含"环境保护与环境安全"1 项评价因子。

评价项目和评价因子用量值表示。资源要素价值和资源影响力总分值为 100 分，其中"资源要素价值"为 85 分，分配如下："观赏游憩使用价值"30 分，"历史文化科学艺术价值"25 分，"珍稀奇特程度"15 分，"规模、丰度与几率"10 分，"完整性"5 分。"资源影响力"为 15 分，其中"知名度和影响力"10 分、"适游期或使用范围"5 分。"附加值"中"环境保护与环境安全"，分为正分和负分。每一评价因子分为 4 个档次，其因子分值相应分为 4 档。旅游资源评价赋分标准如表 3-4 所示。

表 3-4 旅游资源评价赋分标准

评价项目	评价因子	评价依据	赋值/分
资源要素价值（85 分）	观赏游憩使用价值（30 分）	全部或其中一项具有极高的观赏价值、游憩价值、使用价值	30～22
		全部或其中一项具有很高的观赏价值、游憩价值、使用价值	21～13
		全部或其中一项具有较高的观赏价值、游憩价值、使用价值	12～6
		全部或其中一项具有一般观赏价值、游憩价值、使用价值	5～1
	历史文化科学艺术价值（25 分）	同时或其中一项具有世界意义的历史价值、文化价值、科学价值、艺术价值	25～20
		同时或其中一项具有全国意义的历史价值、文化价值、科学价值、艺术价值	19～13
		同时或其中一项具有省级意义的历史价值、文化价值、科学价值、艺术价值	12～6
		历史价值，或文化价值，或科学价值，或艺术价值具有地区意义	5～1
	珍稀奇特程度（15 分）	有大量珍稀物种，或景观异常奇特，或此类现象在其他地区罕见	15～13
		有较多珍稀物种，或景观奇特，或此类现象在其他地区很少见	12～9
		有少量珍稀物种，或景观突出，或此类现象在其他地区少见	8～4
		有个别珍稀物种，或景观比较突出，或此类现象在其他地区较多见	3～1

续表

评价项目	评价因子	评 价 依 据	赋值/分
	规模、丰度与几率（10分）	独立型旅游资源单体规模、体量巨大；集合型旅游资源单体结构完美、疏密度优良级；自然景象和人文活动周期性发生或频率极高	10～8
		独立型旅游资源单体规模、体量较大；集合型旅游资源单体结构很和谐、疏密度良好；自然景象和人文活动周期性发生或频率很高	7～5
		独立型旅游资源单体规模、体量中等；集合型旅游资源单体结构和谐、疏密度较好；自然景象和人文活动周期性发生或频率较高	4～3
		独立型旅游资源单体规模、体量较小；集合型旅游资源单体结构较和谐、疏密度一般；自然景象和人文活动周期性发生或频率较小	2～1
	完整性（5分）	形态与结构保持完整	5～4
		形态与结构有少量变化，但不明显	3
		形态与结构有明显变化	2
		形态与结构有重大变化	1
资源影响力（15分）	知名度和影响力（10分）	在世界范围内知名，或构成世界承认的名牌	10～8
		在全国范围内知名，或构成全国性的名牌	7～5
		在本省范围内知名，或构成省内的名牌	4～3
		在本地区范围内知名，或构成本地区名牌	2～1
	适游期或使用范围（5分）	适宜游览的日期每年超过300天，或适宜于所有游客使用和参与	5～4
		适宜游览的日期每年超过250天，或适宜于80%左右游客使用和参与	3
		适宜游览的日期超过150天，或适宜于60%左右游客使用和参与	2
		适宜游览的日期每年超过100天，或适宜于40%左右游客使用和参与	1
附加值	环境保护与环境安全	已受到严重污染，或存在严重安全隐患	-5
		已受到中度污染，或存在明显安全隐患	-4
		已受到轻度污染，或存在一定安全隐患	-3
		已有工程保护措施，环境安全得到保证	3

第二节 旅游目的地空间结构规划

旅游目的地的空间结构涉及内容复杂,不同学科体系对空间结构存在不同的研究视角。旅游目的地的空间结构是旅游系统的空间表达,是指人类旅游活动中目的地、客源地和交通线路系统之间的地区差异和由此产生的空间相互作用,是旅游系统功能组织方式在空间上的投影或具体表现。为了充分利用旅游目的地的旅游资源,缩小当地不同区域旅游差异,促进旅游目的地旅游产业的协调发展,加强区域间的旅游合作,形成整体形象,有必要对旅游目的地旅游空间结构进行系统的研究,从而进一步优化旅游目的地空间结构,促进旅游经济持续稳定的发展。

一、空间结构的基本理论

旅游空间结构的研究,长期以来受到地理学、城市规划、区域经济学等学科的重视。国外学者的研究为区域旅游空间结构的研究贡献很大,提出了"旅游空间结构模式"理论、区域旅游开发与经营模式、区域旅游空间竞争模式等。而国内对于旅游空间结构的研究晚于国外,且大多偏向国外理论在中国的某旅游区域的应用。但国内学者对于我国区域旅游空间结构的研究,适合中国旅游业发展的现状,为我国旅游空间结构的研究奠定了基础。本章主要阐述几种较为著名的空间结构理论。

(一)旅游区位论

区位论又称立地论或标准化理论,是关于人类活动的空间分布及其空间中的相互关系的学说,是关于人类活动所占有场所的理论。经济学中最早提出区位论的概念。19世纪初,德国经济学家杜能创立了农业区位论;20世纪初,德国经济学家韦伯创立了工业区位论;德国地理学家克里斯泰勒提出了中心地理论;德国经济学家廖什提出了产业的市场区位论。由于旅游业本身具有旅游资源的分散性,旅游产品多样性以及游客个人偏好性等方面的特征,使得运用传统的区位论解释旅游区位遇到一系列的问题。旅游区位论始于20世

知识关联

查阅相关资料,了解常用的旅游区位论有哪些?

纪30年代的西方,其主要是研究客源地、目的地和旅游交通的空间格局、地域组织形式及旅游场所位置与经济效益之间关系的理论,内容侧重影响旅游场所因素的分析。克里斯泰勒运用行为和经验的研究方法研究旅游区位;德国地理学家鲁彼特和麦伊尔从旅游地与旅游市场间的距离关系来探讨旅游地的区位条件、规模和形态。由于旅游活动的空间组织是在多个因素相互作用下进行的,例如资源、地理、经济、政治和宗教等,不可能将其中某一因素看成是决定因素,因此旅游区位理论不能机械套用其他区位理论。

(二)旅游系统理论

不同学科背景的研究者从不同的角度建立了各自的旅游系统模型。现有模型主要有三

种：Leiper 的旅游地理系统模型、坎恩的旅游功能系统模型、Mckercher 的旅游混沌模型。从空间结构角度考察的旅游系统模型中，Leiper 于 1979 年提出、1990 年予以修正的旅游地理系统模型的影响力较大。Leiper 的旅游地理系统模型包括旅游者、旅游业、客源地、旅游通道和目的地等五个要素。Leiper 重点突出了客源地、目的地和旅游通道三个要素，他将旅游系统看成是由旅游通道连接的客源地和目的地的结合。事实上，Leiper 是在空间结构和结构功能两个层面上讨论旅游系统，该模型本质上是对旅游功能系统空间表现形式的探析。Leiper 同时也指出了旅游系统中的另外两个要素，即旅游者和旅游业。旅游者是旅游系统的主体，在客源地和目的地的推拉作用下，旅游者在空间上进行流动。旅游业存在的意义在于通过其产品满足旅游者的旅游需求。从 Leiper 的旅游地理系统模型可以看到，旅游业中的不同部门分布于客源地、目的地或旅游通道等不同的空间，共同为旅游者提供一个完整的旅游产品。虽然，Leiper 重视旅游者和旅游业的空间属性，但是 Leiper 同样也强调供给与需求间的关系。Leiper 的旅游地理系统模型将旅游系统功能成功地投射到地理空间上，对旅游空间的研究具有重要的意义，因此，Leiper 的模型尤其受到旅游地理学家的关注，如图 3-1 所示。

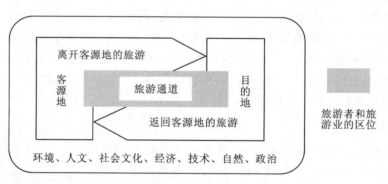

图 3-1　Leiper 的旅游地理系统模型

（三）点-轴开发理论

1984 年，我国著名经济地理学家陆大道首次提出点-轴开发理论，他在综合了克里斯泰勒的中心地理论、增长极理论和德国的开发轴理论后，于 1984 年最早提出，并在 1995 年出版的《区域发展及其空间结构》一书中最终形成完整的理论体系。点-轴开发理论中的"点"是带动各级区域发展的中心城镇，是各级中心城（镇），各级区域的集聚点。"轴"是联结若干不同级别的城镇而形成的人口和产业的密集带。"轴线"是区域社会与经济设施的集中地带。轴线上集中的社会与经济设施通过技术、信息、财政、人员、产品等，对附近区域有扩散作用。轴线又可以看作"开发轴线"或是"发展轴线"。点-轴空间结构系统的形成过程模式，如图 3-2 所示。

（四）中心-外围理论

20 世纪 60 年代和 70 年代发展经济学家研究发达国家与不发达中国家的不平等经济关系时，所形成的一系列理论统称为"中心-外围"理论。1966 年，美国学者弗里德曼在《区域发展策略》中提出的"中心-外围"理论较具有代表性。弗里德曼认为，因为多种原因，在若干区

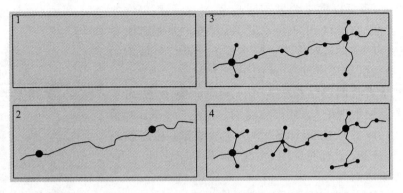

图 3-2 点-轴空间结构系统的形成过程

域之间会有个别区域发展迅速而成为"中心",其他区域发展缓慢而成为"外围"。中心与外围之间的贸易不平等,高效生产活动、技术进步、经济权利因素、生产的创新等集中在中心,致使中心位于统治地位,外围在发展上依赖于中心。中心与外围存在着不平等的发展关系。中心依靠优势从外围获取剩余价值,并影响外围。中心-外围理论提供了一个解释区域空间结构和形态变化的模型,并将这种区域空间结构与经济发展阶段联系起来,与区域经济的其他理论结合,成为区域规划的理论工具。利用中心-外围理论指导旅游目的地旅游的开发,充分整合旅游目的地旅游资源,将旅游资源进行归类分级,合理定位,以资源条件好的地区作为当地旅游开发的增长极,从而构造合理的旅游空间结构。

（五）圈层结构理论

创立农业区位论的冯·杜能曾经提出过农业圈层空间结构模式,被誉为"杜能环"。伯吉斯提出过城市用地功能的同心圆法则。我国城市地理学者在大量的区域规划实践的基础上,深化和发展了经济活动的圈层结构理论。该理论认为,城市与周围地区有着密切的联系,社会经济活动从中心向外围呈现出有规则的变化。城市和区域是相互依存,互补互利的一个有机体。在这个有机体中城市起着经济中心的作用,对区域具有吸引功能和辐射功能,但城市对区域各个地方的吸引和辐射的强度是不等的,其主要的制约因素是距离城市的远近。城市对区域的作用受空间相互作用的"距离衰减法则"的制约,这样就必然会导致区域形成以建成区为核心的集聚和扩散的圈层状的空间分布结构。圈层结构反映着城市的社会经济景观由核心向外围呈规则性的向心空间层次分化。

知识关联

美国社会学家,1923年提出同心圆理论。他以芝加哥为例,试图创立一个城市发展和土地使用空间组织方式的模型,并提供了一个图示性的描述。根据他的理论,城市可以划分成5个同心圆区域。

一般来说圈层结构可以分为以下三层：

（1）内圈层,它是地区经济最核心部分,也是城市向外扩散的源地。

（2）中间圈层,也称为城市边缘区,它是中心区向乡村的过渡地带,是城市用地轮廓线向外扩展的前缘。

（3）外圈层，也可以称之为城市影响区，土地利用以农业为主，农业经济活动在经济中占绝对优势，与城市景观有明显差异，居民点密度低，建筑密度小。许多地方外圈层是城市的水源保护区，动力供应基地、假日休闲旅游之地。

我国一些学者将圈层结构理论用于旅游研究中，提出了一些有关旅游圈层的理论，如都市旅游的核心区——RBD（游憩商业中心区）、环城游憩带（ReBAM）、旅游圈等。旅游圈是经济协作圈、地理圈、交通网络圈、文化圈，具有层次性，具有中心和边界等组成部分。

从旅游圈动态发展的角度考虑，旅游圈存在两种发展、辐射、扩展的模式，带有明显的层次性。第一，以核心层、中心地带向外，呈圆圈状，不断扩充、辐射；第二，以不同的核心、不同的优势资源地为中心，形成小型环圈，环环相扣，辐射发展。

农业区位理论的创始人是德国经济学家冯·杜能，他于1826年完成了农业区位论专著——《孤立国对农业和国民经济之关系》，是世界上第一部关于区位理论的古典名著。

二、旅游目的地空间结构规划的关键要素

（一）旅游目的地区域

旅游目的地区域与旅游区的概念是不同的，旅游目的地区域是指旅游者为了度过美好的闲暇时间所选择的参观游览至少过夜一次的具有独特风情和风貌的特定区域。旅游者可以去这个特定的区域内不同的旅游点并在不同的旅游点也至少过夜一次。旅游目的地区域的边界与旅游方式和旅游特征紧密相连，旅游目的地区域或大或小，也许会相互重叠，在一个旅游目的地，这些区域以不同的规模存在并与行政边界密切相关。旅游目的地规划与设计者必须克服及重视旅游目的地各区域之间的边界限制及旅游目的地内的行政区域边界所带来的各种问题，特别是旅游土地使用规划问题，进行合理的空间规划布局。

（二）旅游目的地客源市场

旅游目的地客源市场是指旅游目的地的某一特定旅游产品的现实购买者与潜在购买者。在进行旅游开发与规划时，应充分考虑客源市场具有的如下特点：

1. 旅游需求的多样性

旅游客源市场是一个庞大的市场，人数众多、构成复杂，他们来自不同的国度，有着不同的信仰、不同的性格、不同的文化兴趣、不同的旅游需求，因而，旅游客源市场的需求是多种多样的。

2. 旅游需求的可诱导性

由于客源市场对旅游产品的认识和了解不够深入和全面，往往对旅游目的地产生某种偏见，为缓解这种现象，旅游目的地可以通过广告、宣传等多种促销方法，及时传播旅游信息，给客源介绍旅游产品，引导其需求，促使客源向特定的方向流动。可见，旅游需求是可以通过诱导而产生的。

3. 旅游目的地的可替代性

旅游目的地具有可替代性，不仅同类型的旅游目的地有可替代性，而且不同类型的旅游

目的地也有可替代性。因此,外出旅游目的地的选择,对多数客源市场而言,具有很大的主观随意性。各种因素都可能影响客源的流向,使旅游者在目的地的选择上,经常优柔寡断,拿不定主意,也可能会冲动决定,临时改变主意。

4. 客源市场的季节性

影响旅游客源市场的季节性因素有两个方面:一是旅游者休闲假日的社会性季节性,二是旅游资源的自然性季节性,于是导致旅游客源市场具有很强的季节性。

5. 对周围环境的敏感性

旅游客源外出旅游是利用私人时间寻求享乐和自我实现,所以对政治条件和社会秩序的变化等安全问题具有高度的敏感性,任何微小的不利因素的存在,都会引起旅游市场的变化。

6. 旅游市场的竞争性

导致旅游市场竞争的因素主要有三个方面:一是旅游资源本身具有不可代替的吸引力;二是旅游市场投资小、见效快、利润高,导致经营者增加,尤其是面对同样的旅游市场,竞争更加激烈;三是旅游人数增长率毕竟有限,这就导致了竞争者的期望焦虑,从而引发竞争。

(三) 旅游节点

旅游节点的形成是旅游目的地形成的基础,一般由吸引物聚集体及旅游服务设施这两个相互联系的基本成分组成。吸引物聚集体是旅游目的地吸引力的要素,它的表现形态为景点或景区,它对游客的引力并不是各个吸引物引力的简单相加,而是取决于各个吸引物的自身吸引力和它们的分布及协调状况。服务设施是旅游者进行旅游活动必不可少的辅助设施,对区域的经济价值有重要作用。旅游线路节点(城市)的选择及其引力半径内景区(点)的安排是旅游线路产品的个性所在。它不仅引导和影响旅游者在该区域的消费规模和消费水平,还与区域旅游资源开发、线路产品创新、旅游产业集群的发展和目的地的营销密切关联。因此,旅游目的地旅游线路节点的规划布局,对统筹旅游目的地旅游业的可持续发展具有重要作用。旅游目的地旅游节点按照不同的标准划分为不同的类型:按照节点的内涵性质可分为吸引物节点、接待服务节点和交通节点;按照节点的市场作用可分为首要节点、次级节点和辅助节点;按照节点的交通区位可分为中心节点、次中心节点和末端节点;按照节点的结构层次可分为城市节点、综合节点和单一节点。

(四) 旅游区

任何旅游目的地都由一些不同旅游主题的旅游节点和旅游区域组成,如果一个区域内有某类特定的风格和旅游重点,那么这个范围就称为旅游区。一个旅游区包含一个或多个相似的旅游节点组成,旅游区的存在使旅游目的地有可能满足不同类型的旅游者的多样性需求和旅游期望。旅游区划是指遵循一定的原则和方法,通过实地工作和综合分析,找出比较合理的旅游区界线,确定各旅游区的性质、特征和地位,指出其今后发展的方向,分析确定区内各级旅游经济中心。如果能从空间角度把旅游目的地区域内的各旅游区很好地规划与设计,使这些旅游区能加强地域合作而共生共存,这样旅游目的地就能产生比各旅游分区的吸引力简单相加更强大的旅游吸引力。

（五）旅游线路

从本质上看，旅游线路设计是对旅游者经过旅游通道在客源地与旅游目的地空间移动的设计，其中对旅游目的地停留空间和消费空间的选择与组合是核心内容。停留和消费空间的中心地即为旅游线路的节点。大中尺度观光型旅游线路通常以区域旅游中心城市和交通枢纽城市为节点。以节点城市为中心，以公路交通为主要方式，可以将节点城市引力半径内的景区（点）连接成单枢纽式线路，这些景区（点）的集合体则形成以所依托之节点城市为核心的旅游区域。以旅游资源分布为基础，综合考虑旅游者空间行为分析及旅游目的地交通网布局情况，进而对当地旅游资源进行旅游分区划分，在此基础上组织建立适宜旅游目的地的旅游线路。在旅游线路设计，不仅要考虑旅游线路可以为旅行社产品设计与组合提供可以自由拼装的旅游产品，也要注重为旅游者自助旅游提供便利。

第三节　旅游目的地规划方法

旅游规划，是一个地域综合体内旅游系统的发展目标和实现方式的整体部署过程。旅游规划经相关政府审批后，是该区各类部门进行旅游开发、建设的法律依据。旅游规划要求从系统全局和整体出发，着眼于旅游规划对象的综合整体优化，正确处理旅游系统的复杂结构，从发展和立体的视角来考虑和处理问题。因此，旅游规划必然要站在高屋建瓴的角度统筹全局，为旅游实现提供指导性的方针。

一、旅游目的地规划概述

旅游目的地规划是以旅游目的地的各类旅游资源为对象进行编制的规划，对旅游目的地进行合理的空间规划布局并构建旅游地合理的空间结构，是使旅游目的地经济效益最大化和负面效应最小化的最为有效的一种干涉方式。如何编制出一个有灵魂的旅游规划，使其更好地融合于当地的情况和最大限度地推动当地旅游业的发展，是一个重要问题。

（一）旅游规划的必要性

"凡事预则立，不预则废"，旅游开发，规划先行，只有通过科学的规划，才能保证旅游目的地旅游业的健康、持续发展，促进旅游与环境的协调。科学的旅游规划是提高旅游资源吸引力的必要手段，是形成良好旅游目的地的有效途径，是促进旅游业经济效益、社会效益、生态效益协调发展的重要保证，更是推动旅游业可持续发展的有力措施。旅游规划是促进旅游业健康发展的重要条件，旅游目的地的规划设计主要是为了促进景点旅游价值的合理开发及对旅游资源的综合利用和保护，高水平的旅游规划可以使旅游发展的方向和目标更加明确，旅游资源得到优化配置和合理开发利用，旅游竞争力得到提升。

（二）旅游规划的目标

旅游规划是为了满足游客需求、促进旅游地的发展和旅游业健康发展而确定的旅游发展目标、配置旅游要素、选择并制订合适的未来行动计划的过程。旅游规划的目的在于充分认识旅游资源的区域特色，协调处理好旅游开发与经济发展的关系，因地制宜地合理开发利用各地的旅游资源,配置相应的旅游产业,建设风格不同、各具特色的旅游区,扬长避短,形成合理的旅游地域分工体系,以取得良好的旅游经济、社会与生态效益,促进各地区社会经济的发展。

（三）旅游规划的原则

1. 整体性原则

旅游空间结构是一个完整的系统,因此对旅游空间结构的优化应立足于该系统的完整性和开放性,将旅游空间结构看成一个有机的、动态可演化的整体,突破对系统内要素优化组合的单一思维模式,在对旅游空间结构结构内要素优化的同时也要对整个结构体进行整体优化。旅游规划要运用整体性原则,让旅游目的地的自然、社会、经济效益达到最完美的统一。

2. 全面了解原则

加强对旅游目的地旅游资源和市场的系统性研究,在进行生态旅游规划之前,一定要对当地的旅游资源进行全方位、系统化的调查、分析与评价,保证规划时能够有的放矢、实事求是,并且能够准确、有效地进行功能分区。同时,向相关企业及旅游者收集全面的客源市场信息,以便对生态旅游地进行精准的定位。另外,当地居民通常对具体的自然和文化资源最为了解,规划专家们应当积极深入到社区中,虚心向他们请教,保障旅游资源利用的可持续性以及文化的完整性等。

3. 综合分析和主导因素分析结合原则

旅游目的地内资源种类多种多样且作用各不相同,但其中一两种起着主导作用,使旅游区主次分明、主题突出,制约着旅游区的属性特征、功能和开发利用方式。因此,在规划开发过程中,应采用综合分析和主导因素分析相结合的方式,把其起主导作用的旅游资源作为划分的主要依据,按照不同的资源禀赋和开发条件进行有时、有序的梯度开发。

4. 旅游中心地原则

旅游目的地的开发首先必须开发建设出自己的拳头产品、核心品牌,以此树立旅游目的地的旅游形象,推动整个旅游业的发展。在市场竞争中,决定市场宽度的是核心景区的高度,即旅游中心地的知名度与美誉度。如果没有黄山占领市场高端,则难以设想徽文化旅游景点能有今天的兴盛局面。因此,在旅游目的地规划开发过程中要充分评价旅游中心地的作用,适时适度推进旅游中心地的开发。

5. 多级划分原则

旅游目的地的旅游空间结构是一个具有等级层次性的系统,在进行规划开发时,要充分了解旅游空间结构发展的现状,区分旅游空间结构各个要素的优势,根据优先发展顺序,定位要素等级,避免区域旅游发展过程中的同性要素竞争,保障区域旅游空间结构渐进发展。

6. 可持续发展原则

旅游目的地开展旅游活动,必须以生态原则和经济规律为指导、保护目标和经济目标相结合、近期利益和长远利益相结合。旅游资源是大自然和人类留给我们最宝贵的遗产,一般都具有较高的科学价值、美学价值、历史文化价值等,但同时这些资源又都具有脆弱性,具有易遭到破坏,破坏后又无法恢复的不可逆性。因此,在规划开发时首先考虑的是各种资源的

保护措施,保证在不影响其长存性的基础上进行合理的开发,如果发现旅游资源的开发会使旅游资源遭到破坏,则应坚决停止开发。

7. 科技创新原则

着力提升旅游业与现代科技的嵌入与衔接,加大旅游电子商务、虚拟旅游、3D技术等在旅游结算、旅游规划等工作中的应用能力,着力提高旅游经济运行各个环节的技术含量。注重发展方式转变,依据减量投入、重复利用和再循环使用的原则利用资源和环境,探索资源利用的高效低耗与对环境损害最小化的经济发展模式。加大对低碳旅游、环保旅游项目的培育和倾斜,在星级酒店、A级景区评定中强化对发展方式转变等指标的约束作用,实现资源利用方式从粗放型向集约型、从数量扩张型向素质提升型的转变。

知识关联

智慧旅游在当今旅游发展中的作用日益受到重视,2014年我国旅游主题是"智慧旅游",你知道有哪些智慧旅游系统比较完善的旅游目的地吗?

二、旅游目的地规划的基本程序

(一)任务确定

任务确定主要包括委托方确定编制单位和签订旅游规划编制合同两个部分。旅游目的地确定进行旅游开发后所做的第一件事就该是根据国家旅游局对旅游规划设计单位资质认定的有关规定确定旅游规划编制单位,通常有公开招标、邀请招标、直接委托等形式。然后是委托方与规划编制单位签订旅游规划编制合同。旅游规划编制合同应明确规划编制的内容和要求、中期评估的时间、地点和方式、规划成果提交的时间地点、成果评审的时间、地点及方式、规划经费的支付方式、时间和数量、规划编制过程的要求、规划成果的提供和分享、双方违约应承担的责任以及解决争议的方式等方面的要求。

(二)前期准备阶段

合同签订后,甲方应尽快收集、提供规划资料,乙方则应尽快熟悉材料,进行案头研究工作。前期准备阶段主要的研究有:制定规划研究的逻辑线路、政策法规研究、旅游资源调查、旅游客源市场分析、对旅游目的地旅游业发展进行竞争性分析。

(三)规划编制阶段

旅游规划的编制阶段是整个规划工作的核心部分,规划的大部分工作在此阶段完成。规划编制阶段的主要任务是:①旅游目的地主题确定;②确定规划分期及各分期目标;③提出旅游产品及设施的开发思路和空间布局;④确立重点旅游开发项目,确定投资规模,进行经济、社会和环境评价;⑤形成规划区的旅游发展战略,提出规划实施的措施、方案和步骤,包括政策支持、经营管理体制、宣传促销、融资方式、教育培训等;⑥撰写规划文本、制作图件和编写附件的初稿。依时间顺序,编制阶段可以归纳为进点考察研讨、形成初步成果、征求各方意见、形成成果评审稿4个步骤。

(四)征求意见阶段

规划编制中期,原则上应进行规划草案的中期评估,广泛追求社会各方意见,充分听取委托方、旅游局及相关行业管理部门、规划区居民代表及各方面专家的意见,并在此基础上,对规划草案进行修改、充实和完善。

(五) 规划评审阶段

在旅游规划提交政府或者人民代表大会常务委员会审批前,由当地政府或旅游局主持规划评审会(或者论证会),集思广益,实行科学决策,保证旅游规划的质量。

(六) 评审后修改

旅游规划若通过评审,编制组应根据评审会的意见和建议,对规划做修改补充,使之更加完善。评审后的修正稿一般不需再经专家审查,如有重大的原则性修改,可把修正稿送评审委员会主任、副主任或全体委员审阅认可。

旅游规划如不能通过评审,由委托方与受托方按照协议书的规定或双方协商决定处理办法。未通过评审的旅游规划经修改后,必须重新举行评审会。在通常情况下,旅游规划如不经过专家评审委员会的评审或论证,则被视为无效,不能上报政府有关部门审批,也不得付诸实施。

(七) 规划的实施、监控与修编

旅游规划文本、图件及附件,经规划评审会议讨论通过并根据评审意见修改后,由委托方有关规定程序进行报批实施。规划实施的监控是规划实施和管理过程中不可缺少的一部分,监测有助于及时发现问题,及时解决问题。旅游规划修编是旅游目的地持续发展的实际需要,要根据市场环境等各个方面的变化对规划做进一步的修订和完善,规划的修编需要重新经过前述的所有过程。

本章小结

(1) 旅游目的地资源开发的目标主要有保护旅游资源、满足游客需求和获得经济效益。

(2) 旅游目的地空间结构规划是为了充分利用旅游目的地的旅游资源,缩小当地不同区域旅游差异,促进旅游目的地旅游产业的协调发展,加强区域间的旅游合作,促进旅游经济持续稳定地发展,其理论基础主要有旅游区位论、旅游系统理论、点-轴开发理论、中心-外围理论和圈层结构理论。

(3) 旅游目的地空间结构规划的关键要素主要包括5个方面的内容:旅游目的地区域、旅游目的地客源市场、旅游节点、旅游区和旅游线路。

(4) 旅游目的地只有编制科学的旅游规划,对旅游目的地旅游资源进行有效整合,顺应旅游产业发展趋势,不断推动旅游目的地品牌形成,才能在区域旅游竞争中立于不败之地。

旅游目的地管理

核心关键词

旅游目的地开发与规划　　development and planning of tourism destination
旅游目的地资源评价　　　evaluation of tourism destination resources
旅游目的地规划方法　　　panning method of tourism destination

思考与练习

1. 如何理解旅游资源的概念？
2. 请简要介绍旅游目的地资源的分类方法。
3. 旅游目的地资源评价一般会采取哪些方法？
4. 旅游目的地空间结构规划的关键要素主要包括哪些内容？
5. 请阐述旅游目的地规划的基本程序。
6. 按照《中华人民共和国国家标准（旅游资源分类、调查与评价）》，对你所在地的旅游资源进行分类、评价。

案例分析

焦作现象与云台山效应

　　焦作是河南省的一个地级市，历史上曾经以"煤城"著称。早在 1893 年英国人就来此开采煤矿，焦作因煤矿的储量丰富、质量上佳而享誉西方。经过一百多年的开采，焦作的煤储量大为减少，已是全国 80 多个资源枯竭型城市之一。从 1999 年底开始，焦作市进行产业结构调整，立足本地资源优势，积极发展旅游业，经过四五年的艰苦奋斗，将一个黑色的"煤城"建设成为全国优秀旅游城市，使徘徊运行的地方经济驶上了快速发展的轨道，闯出了一条具有焦作特色的经济转型之路。一串串奇迹般的数字证明了焦作市的旅游业实现了量的大扩张和质的大飞跃。"焦作现象"就是河南省焦作市以发展自然山水旅游，代替将要枯竭的煤炭资源开发，实现社会经济全面转型，并取得成功的现象。通过强力实施旅游带动战略，焦作旅游业在短时间内实现了从无到有、从小到大、从弱到强的根本性变化，不但打造了世界地质公园、焦作山水（云台山、神农山、青天河等）、太极拳三大具有国际影响力的主题品牌，而且开通了从北京、上海、郑州等地通往焦作的"云台山"号专列、"青天河"号旅游包机……焦作市成功创建了"中国优秀旅游城市"，实现了城市转型，树立了焦作崭新的对外形象。短短的四五年时间，焦作市由一个资源枯竭的"煤城"摇身一变成为旅游胜地，究其原因，主要有以下几点：

1. 政府主导力度强，书记亲自带着干

焦作市委、市政府将"旅游强市"列为一号工程，成立了旅游发展委员会和创建优秀旅游城市工作委员会，市委书记任政委，市长任主任，人大常委会主任、政协主席任副主任。市委、市政府每年都要召开几次常务会议，专题研究旅游工作。每年年初，都要召开全市旅游工作大会，表彰先进，部署工作。焦作旅游界人士立志"把旅游业做大、做强、做精"，坚持高标准规划、高起点建设、大力度投入，打造第一流旅游目的地。从市级领导到景区员工，人人都在"不让一位游客在焦作受委屈"的条幅上签名。旅游行业开展一系列评比、赛事、创佳活动。日常行业大检查和集中大检查相结合，检查结果在新闻媒体进行公布。游客服务中心、景区指示牌、游客意见表、旅游网站游客留言板，样样到位。比如，数以千计的垃圾箱，分为"可回收""不可回收""有害"三个部分，其形状、色彩各不相同，与所在地点融为一体。全市180多个厕所由专人负责，按操作流程管理，每个厕所达到星级标准。通过举办旅游节会、派出旅游"大篷车"、连接互联网、参加交易会，借助强势媒体，强力推介焦作山水，建立起稳固的营销网络。科学决策，领导带头，大抓精品工程、服务工程、营销工程，促进焦作旅游业超常规的高速发展。

2. 拥有完善优美的旅游环境

应该承认，风景比焦作更优美的旅游地，国内外比比皆是。从世界范围来看，焦作旅游资源的单体可能并不是最好的，但旅游是吃、住、行、游、购、娱六大要素的综合享受，景观欣赏只是旅游六大要素之一，焦作正是以其旅游资源、旅游环境、城市形象的综合性优势，打下了发展旅游的深厚基础。焦作市政府部门通过制定《焦作市旅游区(点)周边环境综合整治实施方案》，以旅游景区景点周边环境综合治理为重点，构建绿色通道，开展绿色经营，引导绿色消费，打造内外协调、完善优美的旅游环境，使游客一进入焦作市境内就像进入了风景区。焦作市在全市范围内展开了旅游服务创品牌工作，围绕旅游服务规范化，突出旅游服务人性化，追求旅游服务个性化的总体目标，制定了严格的创建标准和条件。与此同时，焦作市正在进一步改善旅游基础设施，进一步改善旅游接待条件，新建旅游星级宾馆酒店，使旺季时住宿紧张的状况将得到有效缓解。完善优美的旅游环境，促进了多项产业的联动发展。从资源开发过渡到产业建设，从资源拉动型的开发提升为产业联动型的发展，焦作旅游业具有巨大的发展潜力。现在，焦作城市面貌焕然一新，城市知名度不断提高，城市形象大大提升。

3. 拥有系列化的旅游品牌

焦作市已经拥有世界地质公园、焦作山水、太极拳等三大具有国际影响力的主题品牌。率先建设的云台山、青天河、神农山、峰林峡等10个精品景区景点，已经构成系列化、品牌化的旅游产品群体。目前，正在进一步实施"精品战略"，使旅游景区的硬件更规范、更完备，软件更全面、更到位。焦作人提出了"游焦作山水、品中原文化"

的口号,努力使焦作的旅游与整个中原地区的旅游有机地融为一体,将焦作建设成为一个区域性的旅游中心,并进一步融入全国的旅游市场网络之中。焦作旅游业正在从争取大客流量向争取高端游客群体转变,从简单粗放型向高质优质型转变,政府主导行政管理型向政府主导市场化运作型转变,焦作旅游的生命力、吸引力和竞争力将进一步增强。

4. 完善景区是基础

在景区景点的开发建设中,围绕"焦作山水"的旅游定位,焦作市坚持高标准规划、高起点建设,重点开发北部太行山一线以云台山、青天河、神农山、青龙峡、峰林峡五大园区为主的云台山世界地质公园自然山水峡谷景观,中心城区以焦作影视城、龙源湖乐园、森林动物园三大主题公园为特色的城市休闲娱乐景观,南部黄河一线以太极拳发源地陈家沟、"万里黄河第一观"嘉应观、韩愈故里等景点为代表的历史人文景观,逐步形成了以自然山水游为主,历史文化游、休闲娱乐游、体育健身游、科普知识游、民俗风情游、工业参观游等配套发展的旅游产品体系。在此基础上,焦作市以旅游道路建设为支撑,先后建成了连接各主要景区的14条旅游景观大道,并自筹资金25亿元在城市外围修建了焦郑、焦晋高速公路和焦作黄河公路大桥,大大增强了城市及旅游景区的可进入性和通达性,并最终形成了以五大景区、十大景点为代表的旅游新格局。

5. 宣传促销是手段

一是开展形式促销,唱响焦作山水。形式促销主要是指通过利用新闻媒体、举办节会活动、组织"大篷车"出游、接入互联网、参加旅游交易会等开展促销活动的一种宣传方式。这是近年来焦作市最常用的一种方式,效果也较为显著。二是实行政策营销,激活焦作山水。政策营销是近年来各地普遍采用的一种营销方式,具有导向性、激励性等特点。政策营销的实行,对激活焦作山水旅游市场起到了巨大的推动作用。焦作市相关的政府部门对组织、招徕客源赴焦旅游的旅行社给予优惠和现金补贴奖励,大大调动了旅行社组团接团的积极性。三是实施情感营销,塑造焦作山水。每一趟旅游专列驶进焦作,都会举行隆重的欢迎仪式。每年春节前夕,焦作市有关部门工作人员都要奔赴各主要客源市场进行答谢慰问。虽然带去的只是一些宣传画册、宣传资料和少量的旅游纪念品,但这些都是真情的表达。

6. 优质服务是保障

在旅游业发展过程中,焦作市从一开始就特别注重服务工作,努力兑现"不让一位游客在焦作受委屈"的服务承诺。一是实现旅游服务的规范化。通过制定完善行业规范性文件和标准,实行了严格的监督检查和旅游行业的准入、考核、淘汰机制,使旅游服务从简单粗放走向了规范有序。二是突出服务的人性化。充实规范了各类旅游标志,建立健全了游客服务中心,广泛收集了游客对我市旅游服务工作的意见和建议,努力提高服务水平。三是追求服务的个性化。划分科学合理的旅游线路,使每一位游客在焦作都能找到适合自己的产品和线路。关注游客饮食的差异性,使游客在焦作不仅能吃到焦作的风味小吃,也能够吃到可口的家乡菜。

问题：
1. "焦作现象"对我国其他省市的旅游目的地开发有何启示？
2. 查阅资料，你还知道哪些较为成功的旅游目的地开发案例？

第四章

旅游目的地人力资源管理

学习引导

旅游从本质上来说是一种服务行业,是游客与旅游目的地旅游相关产业各类服务人员发生联系的行业。在旅游目的地系统中,旅游行业人才的整体素质,极大地影响着游客的旅游体验和满意度。因此,旅游人力资源的开发和培养,对旅游目的地建设和推广有着极其重要的作用。而我国一直面临着旅游从业人员人力资源供过于求、旅游人才资源却供不应求的问题,以及旅游人才结构不合理、旅游人才流失严重等问题,如何解决这些问题,将人力资源转变为人才资源优势?旅游目的地人力资源如何开发?通过本章的学习,我们将会有所收获。

学习重点

通过本章学习,重点掌握以下知识要点:
1. 旅游目的地人力资源概念;
2. 旅游目的地人力资源开发;
3. 旅游目的地人力资源管理。

第一节 旅游目的地人力资源概念

人力资源——知识、技能、创造力,将决定旅游者旅游经历的质量,因此,培养和发展旅游业的生力军,高度重视人力资源的规划,是旅游目的地开发规划时面临的重要而艰巨的任务。旅游产业由于政策推动及内部旅游需求增加而成长快速,从而提供了大量的就业机会,但是,我国目前旅游从业人员在职业道德、服务技能、文化水平、知识结构、能力素养等方面还不同程度地存在一些问题,严重制约着旅游产业的发展,因此,解决旅游目的地人力资源发展的问题迫在眉睫。

一、人力资源的概念

人力资源有广义与狭义之分,是与自然资源、物质资源或信息资源相对应的概念。广义的人力资源是指以人的生命为载体的社会资源,凡是智力正常的人都是人力资源,它以人口为存在的自然基础。在本书的研究中,人力资源是指能够推动国民经济和社会发展的、具有智力劳动和体力劳动能力的人们的总和。人力资源是生产活动中最活跃的因素,也是一切资源中最重要的资源,它具有生物性、能动性、动态性、智力性、再生性和社会性等特点。

人力资源管理是利用人力资源实现组织的目标,是对人力这一特殊的资源进行有效开发、合理利用和科学管理。从开发的角度看,它不仅包括人力资源的智力开发,也包括人的思想文化素质和道德觉悟的提高;不仅包括人的现有能力的充分发挥,也包括人的潜力的有效挖掘。从利用的角度看,它包括人力资源的发现、鉴别、选择、分配和合理使用。从管理的角度看,它既包括人力资源的预测与规划,也包括人力资源的组织和培训。

人力资源对组织的功能和作用体现在:从管理的价值取向看,将人看作能动的宝贵的资源;从管理的方法看,将劳动心理学、激励理论、组织行为学、人力资本投资理论及绩效评估理论等多种科学有机地糅合起来;从管理的地位看,人力资源管理已经超越企业行政管理的范畴而上升到战略决策层面;从管理的结果看,为企业生产经营活动配备各类合格的人力资源、实现企业的经营目标。人力资源管理最根本的一点就是以人为本,把人当作一种资源来开发利用。

二、人力资源规划

人力资源规划简称 HRP,是 human resource planning 的缩写,人力资源规划是一项复杂的系统性的工程,它以企业的发展战略为依据,以全面评估、核查企业现有人力资源状况,调研企业外围和内部人事状态为基础,以准确预测企业组织运行对人力资源的需求和标准为抓手,制定一份符合企业发展前途和发展现实的全面的、翔实的、科学的、可操作的、能为企业的发展战略提供持久支撑的人力资源管理规划。

旅游目的地的人力资源管理规划就是指旅游目的地根据自己的发展战略,全面评估审核自身内外部的各种人力资源,根据自身组织结构的运行来制定符合自身发展前途的具有全面性、科学性、可操作性的能为旅游目的地旅游业发展提供强有力支撑的人力资源管理规划。旅游目的地的人力资源管理规划在充分发掘旅游目的地当地人力资源的同时,更好、更多地发掘外部人力资源以充实自身、发展自身;在扩大人力资源的基础上,提高资源质量,增强自身综合竞争力。旅游目的地相关部门必须加强对旅行社行业的发展战略详细的了解,分析并预测旅游目的地在现实发展战略上对人才的要求,包括旅游行业对人才数量的要求、人才能力的要求、个人素质的要求、人才总体布局的要求、人才专业技能的要求等,同时,还要对人才供给市场进行科学的分析和预测,并以此为依据来进行人力资源管理规划确保旅游目的地在需要时能有各种渠道来获得自身发展所必需的各种人力资源。

三、旅游目的地人力资源的体系

旅游已经成为中国居民生活消费的重要组成部分,旅游目的地工作人员的素质如何,对旅游目的地的长远发展是至关重要的。如果服务人员素质高,则可以在很多方面弥补旅游目的地的不足;如果服务人员素质低,则会在很大程度上影响旅游目的地的形象、声誉。因此,在旅游目的地人力资源开发的过程中,要十分注重对人力资源的规划和管理。

(一)旅游目的地所需人力资源分析

1. 旅游宏观管理人员

旅游宏观管理人员主要包括旅游规划建设、企业管理、市场营销、环境保护等科室的专业管理人员,集团公司高层管理人员、规划建设专家、旅游企业管理专家、市场营销专门人员、保安专家、财务与旅游统计专业人员等。

2. 酒店与餐饮管理服务人员

酒店与餐饮管理人员主要包括酒店的总经理级高层管理人员和前厅、客房、餐饮、康乐、财务、公关、销售、人事、保安等各部门的经理、主管、技术人员和基层员工。

3. 体育、娱乐设施管理服务人员

体育、娱乐设施管理服务人员主要包括旅游中的潜水、赛艇、帆船、水上降落伞、水上牵引滑水、垂钓、烧烤、登山、攀岩、探险、狩猎、拓展、球类等项目的管理人员,以及教练员、医务人员、服务员和水上运动的救生员等。

4. 旅游景点管理服务人员

旅游景点管理服务人员主要包括自然、人文景点的管理人员,以及训练有素的导游员、讲解员、售货员、保安员等。

5. 旅行社与旅游代理机构管理服务人员

旅行社与旅游代理机构管理人员主要包括旅行社与旅游代理机构的高层管理人员,旅行社与旅游代理机构的联络部、接待服务部、票务部、财务部、人力资源部、宣传公关部、办公室等部门的管理人员,以及导游员和服务工作人员。

6. 基础设施管理服务人员

基础设施管理服务人员主要包括交通、通信、医疗保健、托儿教育、金融保险、商业等各类管理人员、技术人员和服务人员。

7. 旅游商品生产营销人员

旅游商品生产营销人员主要包括生产各类旅游商品的创意设计人员、技术人员,企业管理人员及商品的销售、服务人员。

8. 旅游专业研究人员

旅游专业研究人员主要包括对旅游产业发展战略、旅游市场营销、人员培训等方面进行宏观研究的研究人员和对民俗文化、服饰饮食等进行专门研究的专业研究人员。

(二)旅游从业人员需求预测

人力资源需求预测是企业为实现战略和经营目标,从而对未来某阶段需补充人员的数量、质量和结构的进行推算的过程。目前,人力资源需求预测模型很多,总的来说可以分为定性模型和定量模型两大类。定性的人力资源需求预测方法主要有现状预测法、自下而上预测法(经验预测法)、德尔菲法、驱动因素预测法和散点图法;定量的人力资源需求预测方法主要包括回归分析法、时间序列分析法、工作负荷法、比例分析法、柯布-道格拉斯生产函数法、灰色预测法、模糊理论、神经网络等人工智能法等。

在这些方法中,灰色预测法和神经网络等人工智能法是在20世纪90年代之后才兴起的,除此之外的其他方法都是传统的预测方法,由于旅游业的特殊性,在对旅游目的地人力资源需求预测时,学术界通常都采用旅游需求预测方法。从预测方法的适用性来看,定性的预测方法与定量的研究方法相比,通常都是进行主观评估,以经验为决策依据,缺乏数据的支撑,所以在实际应用中,定量的预测方法比定性的预测方法用得更好,但德尔菲法作为一种科学的专家讨论法,应用较广,该方法在帮助决策者预测可能的未来发展方向时颇有价值。而在传统的定量的研究方法中,回归分析法和时间序列分析法使用较广,但在进行需求预测时,应充分考虑到各种预测方法的特点、预测问题本身的特点以及时间、人员、费用、相关数据充分程度等制约因素,选择出最合适的方法,如表4-1所示。

表4-1　三种人力资源需求预测方法比较

项目＼类型	德尔菲法	时间序列分析法	回归分析法
技术知识要求	低—中	低—中	中—高
数据类型	事实、观点	时间系列数据	截面数据、时间序列
数据精确度	低	中—高	高
计算机要求能力	无	弱—中	中—高
预测成本	不一定,复杂	低	长期
预测水平	长期	短期	高
最合适的预测类型	有已知的定性的关系及很强的不确定因素	简单、稳定或周期性	复杂、有已知的定量关系

第二节　旅游目的地人力资源开发

长期以来,人们对于旅游目的地旅游质量的认识,习惯上认为它只适合于旅游资源和旅游产品。实际上,人力资源质量已成为旅游企业核心竞争力的重要来源,必须加以提升以适应不断发展变化的市场需求。旅游业是一种服务性行业,相对于其他服务性行业来说,旅游企业应更加重视知识的运用以及人力资源的管理。人是旅游的核心所在,人力资源的质量对于旅游目的地的发展前景有着至关重要的影响,因此,旅游目的地必须关注高素质人才的开发与管理,吸引人才、培养人才、壮大人才队伍。

一、旅游目的地人力资源开发原则

1. 充分考虑内部、外部环境的变化原则

旅游目的地人力资源规划,只有充分地考虑了内外环境的变化,才能适应需要,真正做到为旅游目的地的发展目标服务。内部变化主要是指旅游目的地发展模式的变化、旅游目的地开发方式的变化、旅游目的地发展战略的变化、旅游目的地员工的流动变化等;外部变化主要是指消费市场的变化、政府有关人力资源政策的变化、人才市场的变化等。为了更好地适应这些变化,在人力资源规划中应该对可能出现的情况做出预测和风险衡量,最好能有面对风险的应对策略。

2. 确保人力资源保障原则

旅游目的地的人力资源保障问题,是旅游目的地人力资源规划中应解决的核心问题。它包括人员的流入预测、流出预测、人员的内部流动预测、社会人力资源供给状况分析、人员流动的损益分析等。只有有效地保证对旅游目的地的人力资源供给,才可能进行更深层次的人力资源管理与开发。

3. 保障员工长期利益原则

人力资源规划不仅是面向旅游目的地的规划,而且是面向旅游目的地工作人员的计划。旅游目的地的发展和工作人员的发展是互相依托、互相促进的关系。如果只考虑旅游目的地的发展需要,而忽视了工作人员的发展,则会有损旅游目的地战略发展目标的达成。优秀的人力资源规划,一定是能够使旅游目的地工作人员得到长期利益的规划,一定是能够使旅游目的地和工作人员共同发展的规划。

4. 立足本地原则

优质的旅游目的地人力资源规划,必须是有旅游目的地当地人员参与的,人力资源开发立足本地,可以达到人员队伍稳定、企业经济实惠、本地经济得到带动发展的多重效果。当然,少数紧缺专业本地一时没有,从外地引进是必要的,这并不与立足本地原则相矛盾。

5. 以人为本原则

树立以人为本管理思想,人在经济发展中属于最活跃的因素,是一个企业取之不尽用之不竭的资源。因此,旅游目的地在制定发展战略目标时,要把人力资源放在优先发展的位置,要深刻意识到人才在社会生活和经济生活中的基础性战略性和决定性的作用,要深刻认识到人才竞争的紧迫感和重要性,这就要求旅游目的地把吸引人才、培养人才、用好人才作为一项重大的战略任务抓紧抓好,树立人才意识,完善人力资源管理体制。

二、旅游目的地人力资源开发过程

旅游目的地人力资源管理开发是一项复杂的、系统性的工程,在这个复杂的、系统性的过程中,可以分成若干个步骤,这些步骤并不是相互独立彼此分离的,而是每一步计划的完成都为下一步计划的实施奠定基础,下一步的计划在顺利进行的同时检测上一步计划的质量,最后经过反馈、调整的作用,形成一个工作环,最终达到实现旅游目的地人力资源开发的目的。旅游目的地人力资源开发过程,如图4-1所示。由此,旅游目的地的人力资源开发的流程分为以下几个步骤:

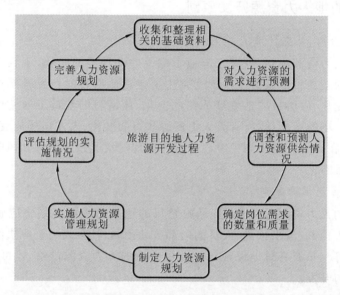

图4-1 旅游目的地人力资源开发过程图

1. 收集和整理相关的基础资料

这些资料包括旅游目的地发展必需的人力资源,区域内各旅游单位所拥有的人力资源,区域外部的人才提供市场状况,游客对旅游目的地的要求和旅游目的地旅游业自身发展战略等内容。旅游目的地在发展进程中必须充分了解当地条件,了解当地旅游发展需要什么样的人才,明确什么样的人才才是自身发展所需要的,才是对自身发展有帮助的。因此,在收集和整理相关基础资料的时候,旅游目的地要首先了解自身发展需要和战略目标。

2. 对人力资源的需求进行预测

旅游目的地对人力资源的开发必须要紧紧围绕旅游发展战略来进行,对旅游发展所需的人力资源的数量进行评估,根据旅游业未来发展速度和规模,预测当地旅游行业所需的人数,既不人浮于事,也不至于人力不足。同时,也要根据旅游行业的发展需要,预测旅游业发展所需人才的素质质量以及专业技能,以期更好地适应旅游的发展前景。

3. 调查和预测人力资源供给情况

根据旅游业的发展趋势,正确地评估旅游目的地对旅游从业人员的需求情况,在加强对原有工作人员的培训的同时,积极引进新的人力资源,这就需要规划组充分掌握旅游目的地人才市场的基本情况,在恰当评估行业前景的前提下,预测人才的流动趋势,制定吸引高素质人才和专业人才的各种政策,为旅游发展战略目标的实现奠定基础。

4. 确定岗位需求的数量和质量

旅游目的地想要充分地发挥各旅游单位的旅游职能,实现经济利益最大化,不仅要保证人力资源能够满足各旅游目的地旅游工作的正常运作,也要保证所拥有的人才不超过旅游行业的岗位需求,这样既避免了机构臃肿、效率低下,同时也避免了不必要的成本开支。在重视人力资源数量的同时,更要保证人力资源的质量,确定什么质量的标准符合什么样的岗位,使每一个工作人员能够最大效能地发挥各自的能力,同时最高效率地促进各个工作者的成长,使工作人员的成长与旅游目的地的发展联系起来。

5. 制定人力资源规划

制定人力资源规划是人力资源开发的关键步骤,是在上述各步骤的基础上,综合旅游目的地人力资源的相关基础资料、基本需求、岗位需求以及人力资源市场的供给能力,制定科学的、具体的、符合实际的、可操作的人力资源规划。具体的人力资源规划具有指导人力资源管理具体工作的作用,是旅游目的地人力资源管理规划具体工作的指南,同时也是人力资源管理效率、效果的评估标准,具有重要的作用。

6. 实施人力资源管理规划

人力资源规划的具体实施是指按照上述步骤制定出的人力资源管理规划,执行各种具体的人力资源政策,使人才招募计划、人才培养计划、人才储备计划落到实处。人力资源规划实施过程,不仅是旅游目的地人力资源管理规划的具体执行,更是对之前工作的现实检验,以确定之前基础工作的质量。实施人力资源管理规划,就要求旅游目的地严格按照科学的人力资源管理流程来进行管理,在实施过程中不断考核人力资源管理效果并对之不足之处加以完善。

7. 评估规划的实施情况

评估规划的实施情况包括以下两种:一种是实施过程中的评估,即在实施过程中即刻进行评估,以确定人力资源规划进展的状况、遇到的各种困难以及可以改善的地方;另一种是工作结束后的评估,即工作全部完成后的总结评估,在全部上述工作完成后,收集、总结在人力资源开发过程中所出现的各种问题、遇到的各种困难、需要完善的地方,以及在具体实施过程中产生的各种新的、有创造性的发现或者建议,总结人力资源开发的经验,根据各种指标测量规划实施的效率效果,从而为之后的具体政策的制定和实施提供可靠的、科学的关于人力资源管理规划的统计数据的依据。一般评估规划的实施情况多是指工作结束后的评估。

8. 完善人力资源规划

根据评估反馈和实施评估结果,进一步完善旅游目的地人力资源管理规划或者根据评估中发现的新的有创造性的建议进一步制定更加符合旅游目的地发展前景的人力资源管理规划,甚至开发新的项目。

第三节　旅游目的地人力资源管理

一、旅游目的地人力资源管理体系构成

人力资源管理体系是指为了实现组织的战略目标，对人力资源实施有效管理，即对人力资源进行计划、获取、整合、开发、利用和控制的管理体系，它是组织管理体系的一个子体系。旅游目的地人力资源管理体系是由职务分析体系、招聘选拔体系、绩效管理体系、薪酬福利体系、培训与发展体系、反馈评估体系组成。旅游目的地人力资源管理体系是一个有机的整体，其各个组成部分之间存在着有机的联系。人力资源管理体系各个组成部分之间的关系，如图 4-2 所示。

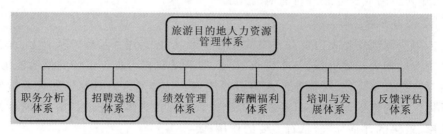

图 4-2　旅游目的地人力资源管理体系

二、旅游目的地人力资源管理方法

1. 建立有效的激励机制

应着力从薪酬、职业激励、职业保障、职业生涯发展等方面进行改革创新，不断激发工作人员爱岗敬岗的内生动力。以人力资源为核心的市场竞争日益激烈，研究和把握住旅游人力资源优化配置的规律，已成为旅游行业管理、旅游企业运行以及旅游人才培养的主旋律。为此，如何最大限度地调动旅游人才的积极性，仅靠"德化"教育和提倡"奉献"精神，是无法完成此项任务的，因此，建立科学且有效的激励机制是十分必要的。

2. 加强职业生涯规划的辅导

给予旅游从业人员职业生涯指导，为他们提供专业发展机会，与他们一同分享旅游目的地旅游发展战略规划和战略目标，提高工作人员的忠诚度。若各旅游单位能重视工作人员的职业生涯设计，充分了解他们的个人需求和职业发展意愿，为其铺设一条适合其发展的道路，帮助他们实现自己的长期目标，他们就会与旅游目的地旅游发展休戚相关、荣辱与共，成为"互忠型"员工。

3. 加强校企合作

旅游专业是实践性非常强的专业，针对目前旅游教育培训中理论与实践脱节的问题，促进旅游人才教育体系和培训体系的融合至关重要。高校要改革培养模式，走产、学、研结合的培养道路，加强旅游院校与企业的紧密结合，引导旅游企业、行业协会等介入高等教育，鼓励社会创办、联办或协办旅游高等院校，聘请具有丰富实践经验的企业专家走进课堂，通过

专家的言传身教，培养一批全面了解行业专业知识和实际状况的专业人才；旅游院校可以通过建立实习基地和培训基地，在解决旅游院校理论与实践脱离的矛盾的同时，也帮助旅游企业解决实际问题，真正实现校企之间的资源共享和共同促进。旅游院校要在教育理念、教育体制、教育结构、人才培养模式和教学方法等方面进行一系列改革，培养出能体现本地化、国际化、科技化、实用化的人才，即培养市场需要的人才。

4. 形成人力资源开发新理念

进一步完善旅游人力资源开发需要观念的转变，树立"人才资源是第一资源"的观念，树立人力资源开发的整合观，形成旅游人力资源开发的多方联动格局，形成人力资源开发国际化的理念，以本民族的文化为背景，在全球范围内去开发、配置人才，包括人才构成的国际化、人才素质的国际化、人才流动的国际化、人才教育培训的国际化，以及人才评价、人才政策法规的国际化等，要树立"以人为本"的人力资源开发理念，要在全行业努力营造尊重知识、尊重人才，使优秀人才能够脱颖而出的良好环境。

5. 注重旅游人才培养

明确人力资源培养目标、培养模式和培养方式，不断地进行探索、引进、深化和总结富有特色的理念和方法，比如瑞士洛桑酒店管理学院的经验，以及国内旅游院校近年来提出的构建产、学、研一体化人才培养模式和机制的经验。突出主题化培养，并不是否定特色和专业化培养，全球一体化既需要复合型人才，也需要管理人才本土化。在人才的培养和选聘上必须遵循"合适的才是最好的"这一人力资源管理原则，扎扎实实做好工作，致力于培育旅游人力资源优化配置的基础环境，营造旅游人才辈出的组织文化（企业文化）氛围，促进专业化配置的良性发展。建立和管理旅游人力资源数据库，深刻理解各类旅游人才的价值取向和行为特征，更好地为人力资源的优化配置提供服务，增加人才的价值，做到以制度留人、感情留人、待遇留人、人尽其才。

知识关联

瑞士洛桑酒店管理学院（EHL）位于瑞士西部，是世界上第一所酒店管理学院，创建于1893年。

本章小结

（1）旅游目的地人力资源开发是旅游目的地大力发展旅游业的关键，是塑造旅游目的地良好形象的重要窗口。

（2）旅游目的地人力资源开发要遵循充分考虑内部、外部环境的变化，确保人力资源保障，保障员工长期利益，立足本地，以人为本等原则。

（3）旅游目的地人力资源管理包括建立有效的激励机制、加强职业生涯规划的辅导、加强校企合作、形成人力资源开发新理念、注重旅游人才培养等5个方面。

（4）旅游目的地人才战略，要以科研为导向、以教育为基础、以培训为实践、以提高旅游目的地旅游人才素质为目标，打造科研、教育和培训的一体化模式。

核心关键词

人力资源	human resource
人力资源规划	planning of human resource
人力资源开发	human resource development
人力资源管理	human resource management

思考与练习

1. 旅游目的地需要哪些人才？
2. 旅游目的地人力资源开发应遵循哪些原则？
3. 旅游目的地人力资源管理体系由哪几个部分构成？
4. 如何对旅游目的地人力资源进行开发？
5. 对你所在城市的旅游人力资源开发状况进行调研，并提出可行的建议。

案例分析

新加坡旅游人才开发战略

新加坡国土狭小，资源贫乏，国内市场容量小。如今，新加坡是亚洲最受欢迎的旅游目的地之一，拥有"花园城市"的美誉，在 2008 年世界经济论坛的旅游业竞争力报告中，新加坡位列全球第十位、亚洲第二位。新加坡在发展旅游业的先天条件上只有区位这一项优势，然而优质旅游人才培养机制、持续不断的产品开发、强力而有效的营销手段、富有执行力的政策支持，使其开创出自己的一片天地。可以说，人才强国是新加坡走向崛起的必经之路。硬件资源的匮乏、劳动力基数小、服务型经济的开发无不要求新加坡拥有优质的人力资源，而新加坡恰恰做到了这一点。在世界经济论坛公布的国家竞争力报告中，新加坡的人力资源和优质劳动力储备一直名列前茅，教育和培训质量也呈上升趋势。正是因为新加坡有了优秀人才的支持，才有今日国土虽小却经济强大、在国际政治中占有一席之地的新加坡。处在服务业中的旅游业也因此受惠，有了这些优质人力资源的加入，新加坡旅游业蓬勃发展，樟宜机场、新加坡航空公司的服务无不让人交口称赞。

一、完善的教育体系

新加坡建立了与政府相关部门密切合作的技能发展体系。新加坡的技能发展体系长期支持着其人力资源的培养，制定人力资源机制的机构一直在根据当时的情况相应变化,这是该体系能够成功的重要因素之一。另外,有适应经济发展的人力资源政策,新加坡人力资源政策会根据经济发展情况不断做出调整。同时,新加坡建立了学历教育和职业技术教育齐头并进的教育体系,新加坡对教育的极度重视为提高整体国民素质、不断推进国民知识技能水平、培养大批技术人才提供了有力保障,为旅游业等服务行业的人才准备打下了良好的基础。

政府与企业共同培养旅游人才。新加坡建立了完善的优质旅游人才培训体系,新加坡劳动力发展局和旅游局于2007年共同制订了"旅游人才计划",投资3.6亿新元培训74000名旅游从业者,意图在2008—2010年提高旅游从业者的职业能力,从而提升旅游业的形象。2007年新加坡旅游业欣欣向荣,滨海湾沙滩和圣淘沙度假胜地都在建设中,新加坡旅游业对旅游人才的需求将大幅增长,"旅游人才计划"就是在这个背景下制订的。该计划针对的主体分为三个群体:接受继续教育的成人、职前培训的学生和被蓬勃旅游业吸引过来的其他行业人才。

1. "成人继续教育计划"由三个部分组成

一是旅游局建立了激励计划——"旅游业专才培训计划",鼓励旅游企业培训员工,获得专业技能和能力。旅游局并计划在三年内培养3000名高级行政人员。

二是旅游局实施了"旅游培训基础设施升级计划",为为期三年的培训计划所需的基础设备设施投资提供经费支持。

三是"旅游人才计划",预备为36000名非旅游业人才做服务技能方面的培训,这将提高行业内跨领域的人才流通,扩大未来旅游人才的储备,满足旅游业对一线服务员工的需求。

"成人继续教育计划"的最终任务是提高旅游行业的职业形象,吸引更多人才加入旅游行业,计划培训11000名经理和主管级别的旅游业员工,提高管理水平。"成人继续教育计划"中的旅游受雇能力技能系统是一个全国性的职业资格评估系统,是由时任人力部部长、防卫部副部长的Ng Eng Hen博士于2006年6月发起创办的,它为各个旅游职务设立了全国性的职业标准,并且为每个级别(操作、监督和管理层)制定了技能等级流程图,这个系统对员工的评估是以工作能力为基础的,员工可由最基础的操作级别证书入手进阶监管级证书,慢慢提高自己的执业等级,一旦达到了规定标准,将获得从技能证书文凭到大专文凭的全国性认证,140多种有效的评定标准已投入使用,它对业内的各个企业起到标准化领导作用。这个系统并不以学历文凭作为准入的首要要求,因此使很多员工获益,因为大部分员工只有中学或更低的学历,这个系统对旅游部门提高员工技能资历的规划来说具有重大的意义。

2. 制订学生职前培训计划

针对学生群体,旅游局与教育机构合作,在课程中引入更多旅游相关学科,同时发放奖学金吸引更多人才,旅游局已与中学后教育机构展开合作开设新课程,约6000名学生在三年内接受旅游相关教育。旅游局、劳动力发展局和创新局在大专、本科和研究生教育中都展开不同的项目,发放奖学金吸引人才。

3. 吸引其他行业人才加入旅游业

对于吸引其他行业中的人才进入旅游业,旅游局也采取了相应的行动。旅游局开展"旅游职业生涯活动"提高旅游业的形象,力图使其成为人们职业生涯中的一大选择;旅游局将通过"人力资源/工作环境提升计划"带动业内企业改善工作环境、完善人力资源政策;"重新改造职业计划"将重新设计酒店、旅行社和景点的工作安排,吸引有资历的工作者加入旅游业;"旅游人力资源计划"的最后一个内容是"以客为先计划",提倡全民努力提高新加坡旅游业服务标准。

二、旅游企业自主发展人力资源

除了新加坡的教育系统为企业选拔人才打下了良好的基础之外,新加坡的旅游企业自身也为人才素质的提高不懈努力。如以卓越服务闻名于世的新加坡航空公司(以下简称"新航")的人力资源管理就有自己的一套体系,公司严格的选拔制度确保了新航引进高质量的人才,如应聘人年龄须在26周岁以下,学历至少是理工学院以上(至少要接受13年以上的学校教育),身体条件和学历资格都符合要求的候选人还要经过三轮面试、制服测试、水中信心测试、心理测量和一次茶话会,才算是应聘成功。每年来应聘的约有16000人,公司从中聘用500～600人,占应聘总人数的3％～4％。实习的空乘人员上飞机后会受到6个月的严密监控,由飞机上主管出具考察报告,实习结束时,有约75％的人能签订第一个年合同,20％的人将延长实习期继续接受观察,另有5％左右的人会离开,在公司拥有大量优秀人才的基础上,培训便会产生事半功倍的效果。培训在新航几乎是神圣的,公司中的每个员工,不管职位多高,都有一个带有明确目标的培训和发展规划。新加入的女性空乘人员要经过4个月的培训,这是航空业中最长、最全面的课程,此外,公司要求机组人员在被提升为副驾驶之前要接受29个月的全面"在线"培训,培训课程除了职业技能之外,还包括人际交往等软性技能,以及在遇到苛刻要求时自我消解不良情绪的技能等。新航的前副总说:"女孩子们从一进来就开始改变,到她们出去时已经脱胎换骨了,她们的言行举止会发生巨大的改变。"除了针对性很强的培训之外,新航也鼓励员工培养个人兴趣,机组人员成立了表演艺术小组、品酒及美食小组等,这些活动不仅增强了成员之间的联系,也在工作之余培养他们的友情,提高了生活品位,这对机组人员加强团队合作、提供个性化高水平服务也非常有好处。机组人员可以自行选择进修课程,平均每年有3～4天参加课程的福利,课程中有美容技巧、美食鉴赏、品酒、谈话艺术等,而交易分析、领导力和欧洲语言等是最受欢迎的课程,员工已由服从公司规定参加课程转变为主动要求参加课程,对自己的发展负责。

问题:
1. 新加坡旅游人才培养系统对我国旅游旅游行业人力资源开发有何启示?
2. 如何构建我国旅游行业人力资源培训系统?

第五章

旅游目的地服务管理

学习引导

旅游是旅游者来到旅游目的地享受旅游体验的过程,同时也是享受旅游目的地提供服务的过程。旅游目的地服务也是无形的旅游产品重要组成部分,然而,旅游目的地服务是一个复杂的系统,如何分解这个复杂的系统?旅游目的地服务体系各要素特征是什么?旅游目的地服务这个复杂体系又如何实现最优管理策略?旅游目的地服务将发展成什么样的模式?

学习重点

通过本章学习,重点掌握以下知识要点:
1. 旅游目的地服务概念、构成、特征、影响因素;
2. 旅游目的地接待服务体系概念、构成、特征、管理;
3. 旅游目的地公共服务体系概念、构成、特征、管理;
4. 旅游集散地体系概念、类型、特征、管理。

第一节 旅游目的地服务

一、旅游目的地服务概念

旅游目的地服务是指旅游目的地旅游企业及相关部门为旅游者提供服务的过程。旅游目的地服务体系是旅游目的地为更好地为旅游者提供全面周到的服务，众多旅游企业及相关部门提供相互联系、相互影响的有机组织序列服务的系统。在空间上，表现为旅游经济地域综合体。

旅游目的地的重要功能包括吸引旅游者、接待旅游者、实现旅游者旅游体验，是综合评价旅游目的地的重要指标因素。构建完善的旅游服务体系，也是旅游目的地提升吸引力的重要途径。旅游目的地中的旅游者活动涉及方方面面，不可能由单一企业或行业或旅游部门完成。以旅游活动的六要素为例，"食、住、行、游、购、娱"六大要素中，单个旅游活动完成就需要众多企业和部门提供周到完善的服务，才能给予旅游者更好的旅游体验。因此，旅游目的地服务发展必将是成为一个涉及面广、体系健全、功能完善、人性化与标准化结合的旅游目的地服务体系。

二、旅游目的地服务体系构成

按提供旅游服务性质不同，旅游目的地服务体系可以分为旅游核心服务体系、旅游保障服务体系、旅游支撑服务体系。旅游核心服务体系主要包括旅游企业或相关部门为旅游者在旅游活动中提供的核心服务所组成的服务系统，如"食、住、行、游、购、娱"中的旅游餐饮服务、旅游住宿服务、旅游交通服务、旅游购物服务、旅游娱乐服务等等。旅游保障服务体系主要是指旅游目的地行政管理部门或其他组织为旅游者在旅游目的地活动提供诸如信息、安全、环境、保障、行政服务、政策法规等为主体的服务体系。旅游支撑服务体系是指旅游者在旅游目的地活动，除了基本的旅游企业满足其消费需求外，目的地其他产业作为支撑产业，提供相关服务来帮助旅游者实现旅游体验。旅游产业是一个高度关联的产业，除了本身核心产业之外，需要商业、邮电、银行、建筑、农副业、医疗卫生、教育培训等部门提供支撑服务，并带动相关产业的发展。

按提供旅游服务的形式不同，旅游服务体系可以分为旅游硬件配套服务体系、旅游软件管理服务体系。旅游硬件配套服务体系是指为旅游者提供服务的诸如交通网络、建筑主体、食材商品、电子设备、服务设施、基础设施等硬件设施的服务。旅游软件管理服务体系主要是指为保障旅游者享受旅游服务、获得完美旅游体验而制定落实的旅游企业经营各项规章管理制度、行政管理部门各项政策法律法规、社会公共治理约定、旅游行业组织制定的服务规范和标准、旅游企业及管理部门制定的统筹协调规划等等，以及旅游产业及其他支撑产业中的各类软件管理服务。

三、旅游目的地服务体系特征

旅游服务具有服务的无形性、不可储存性、不可转移性、生产和消费的同时性、服务质量的不稳定性等共同特点,同时旅游目的地服务体系也具有其自身特征,包括综合性、系统性、需求导向、统筹规划等特征。

1. 综合性

旅游的综合性决定了旅游者在旅游活动过程中的复杂性和综合性。旅游者的旅游活动涉及多个产业部门、多个社会经济体系环节,旅游活动的复杂性决定了旅游目的地服务的综合性。旅游目的地服务覆盖面广、过程复杂,从旅游核心服务体系到旅游保障服务体系,再到旅游支撑服务体系,从旅游服务系统横向涉及面到纵向涉及过程,其综合了国民经济的各大产业部门和社会管理系统。

2. 系统性

旅游目的地服务体系建设是一个系统过程,系统内部要素全面,单个要素和功能需健全,系统内部各要素之间相互影响相互制约,需研究系统内部要素之间的内在联系,更好地构建部门健全、内部结构优化、功能完善、运行良好的旅游目的地服务体系。例如,旅游公共服务体系是旅游目的地服务体系的重要组成内容,是其系统的组成要素之一。旅游公共服务中的信息服务网络构建、旅游安全与社会安全环境、各项旅游政策与社会管理政策等等,相互影响、相互作用,单个要素内部影响因素之间也是相辅相成,共同构建目的地旅游公共服务体系运行。

3. 需求导向

旅游目的地是为满足旅游者各项需求、完成旅游者旅游体验而存在的。旅游目的地服务更是为旅游者提供的,需要以旅游者需求来建设目的地服务系统。根据不断变化的旅游需求,来决定旅游目的地服务体系中的各要素系统的配置,淘汰落后服务配置,引进先进旅游服务理念与服务设施配套。例如,进入大休闲旅游时代,自驾游、自助游、房车游、康体养生游等新型旅游形式不断出现,旅游目的地也要根据不同旅游需求和旅游形式进行调整和完善服务体系。

4. 统筹规划

旅游目的地统筹规划是指旅游目的地服务体系建设不仅要遵从市场原则、旅游需求导向原则,更需要进行科学的统筹规划,避免因追逐市场利益的过度建设,尽量减少浪费重复建设,或形成旅游目的地服务体系中企业间恶性竞争。特别是作为主导旅游目的地保障服务体系建设的政府部门,以及旅游支撑服务体系中的各种行业组织,应进行积极统筹规划,使旅游目的地服务体系有序、健康地发展。

四、旅游目的地服务体系影响因素

1. 社会经济因素

旅游目的地服务体系建设需要良好的社会经济基础,目的地服务体系涉及多个层面的基础设施建设、服务设施配套建设、城市管理水平、社会生活水平等等。同时,旅游目的地服

务体系建设需要大量的资金及技术支持，旅游目的地对服务体系的投入建设直接决定了旅游目的地服务体系为旅游者服务的能力。旅游目的地经济发展为旅游目的地服务体系注入了更多建设资金，而社会科技发展、社会管理水平提升将为旅游目的地服务体系提供更多智力支持和科技保障。

2. 旅游消费需求

从旅游经济学来讲，旅游需求决定旅游供给能力，旅游供给能力反过来也能刺激旅游需求的增长。旅游需求取决于旅游动机、闲暇时间、收入水平等因素。随着时代的发展，影响旅游需求的因素不断变化，因此，旅游需求也在不断变化之中，甚至推动整个旅游目的地的变迁与发展。旅游目的地服务体系建设作为旅游供给方，也应根据不断变化的旅游需求，提供更加有针对性的旅游服务。

3. 旅游产业结构

旅游目的地服务体系所涉及的产业结构主要包含两个方面：旅游核心产业和旅游支撑产业。旅游核心产业结构决定了旅游服务体系中的核心功能塑造，旅游支撑产业结构则决定了旅游产业链的延伸度及旅游整体环境塑造。各个旅游目的地旅游产业结构特征也不尽相同，应根据不同的产业结构特征和优势，重点发展相关旅游服务。

第二节　旅游目的地接待服务体系

一、旅游目的地接待服务概念

旅游目的地接待服务是指旅游经营者凭借一定的技术和手段为满足旅游者的基本旅游需求而提供的劳务总和，主要向旅游者的旅游活动提供一线服务，满足旅游者"食、住、行、游、购、娱"等六大基本要求。旅游目的地接待服务主要涉及旅游六大要素产业，实施主体主要为旅游企业，其接待服务具有营利性。

二、旅游目的地接待服务构成

按照旅游活动核心组成部分区分，提供旅游接待服务的企业主要包括旅游交通、旅游景区、旅游酒店、旅行社、旅游餐饮、娱乐购物等。那么按旅游者旅游需求类型分，旅游接待服务的类型包括旅游交通服务、旅游景区接待服务、旅游酒店接待服务、旅行社接待服务、旅游餐饮接待服务、其他场所旅游服务等。

1. 旅游交通服务

旅游交通服务是旅游者实现旅游体验的重要途径，也是提升旅游目的地服务质量的重要途径。一般来说，旅游目的地交通服务分为大、中、小三个尺度。大尺度旅游交通是指旅游者从居住地前往旅游目的地之间使用的交通方式，包括飞机、火车、客运汽车、自驾汽车等方式。健全旅游交通体系建设，加强旅游目的地与全国交通网络的连接，实现立体交通网络的无缝连接，增加旅游目的地区域的可进入性。中尺度旅游交通是指旅游目的地区域内部城市交通，完善城市内部旅游交通网络，合理布局各类公共交通方式，优化城市内部旅游公共交通结构,健全旅游交通标示系统,增加公共交通线路和承载量,提高区域内部各景区之间的连通度,提高区域内部旅游者周转能力。小尺度旅游交通主要指景区内部交通条件,根据不同景区特征来设计布局旅游交通方式和交通线路,建设环保、节能、有效运输的旅游交通体系,提高景区内部旅游交通服务质量。

2. 旅游景区接待服务

旅游景区接待服务承担了旅游者完成旅游体验的主要环节,旅游景区接待服务直接影响了旅游者对旅游目的地的满意度和好感度。旅游景区接待服务主要体现在景区门票预订咨询购买、导游服务、景区解说系统等方面。提高旅游景区接待服务,首先需要完善景区门票查询预订系统,方便、快捷地实现门票咨询和购买。其次,导游服务也是景区接待服务的重要组成部分,导游是景区对外宣传的直接窗口,亲切、热情、准确、幽默的导游服务能让旅游者更好地进行游览参观,实现景区的价值。最后,景区解说系统,包括标识系统、宣传手册、全景图导览图、自动讲解服务等多样化方式导入,使旅游者加深对景区的了解和认识,从而提升了旅游活动质量。

3. 旅游酒店接待服务

旅游酒店接待服务是旅游者实现住宿体验的主要方式。旅游住宿也是目的地最重要的旅游基础设施之一。旅游酒店分为星级酒店、度假酒店、普通宾馆、青年旅社、特色民宿、汽车旅馆等不同等级、不同风格的旅游住宿种类。其中,星级酒店提供更为高档、舒适的住宿服务;度假酒店往往位于旅游景区内部或周边,更注重酒店环境、住宿品质、空气质量等因素;普通宾馆通常位于交通便捷的城市区域或城镇节点,提供便捷、周到的服务;青年旅社提供舒适的卫生环境、实惠的价格和温馨的服务;特色民宿以家庭旅馆、特色民居等为主体,提供特色、精致、主题化的住宿服务。

4. 旅行社接待服务

旅行社是连接旅游者与其他旅游企业的重要载体,旅行社提供旅游信息咨询、导游服务、旅游服务预订、协调各旅游供给企业关系等等。旅行社服务与旅游活动密切相关,也存在综合性、无形性、生产与消费同时性、不可储存性、不可转移性等特征。

5. 旅游餐饮接待服务

旅游餐饮服务主要是依托于为旅游者提供餐饮服务的旅游企业,如大型旅游酒店、城市餐饮体系、景区周边特色餐饮、美食街区城镇等等,不同类型的旅游餐饮企业共同构成的旅游目的地旅游餐饮体系。旅游餐饮服务要在保证食品绝对安全、卫生的基础上,强调特色化、美味度、健康养生等多种功能。

6. 其他场所旅游服务

其他场所旅游服务主要指旅游购物场所、旅游娱乐场所等地的旅游服务,提供特色旅游产品、日用品、工艺品、纪念品等产品的购买服务,娱乐场所提供丰富多彩、地方特色浓厚、情趣高的旅游服务。

三、旅游目的地接待服务特征

1. 复杂性

旅游目的地接待服务包含旅游者游览的全过程,旅游者在旅游目的地活动与周边部门、旅游产业发生各种关系,其旅游接待服务呈现复杂性与综合性。旅游接待服务的综合性和无形性也决定了其复杂性。同时,旅游接待服务强调细节化、人性化、标准化等要求,其服务构成和要素经过分解后,其复杂性将直接影响旅游接待服务质量。以旅行社服务为例,其服务可分解为旅游宣传、旅游信息推广、旅游咨询接待、旅游业务合同签订、旅行服务预订、导游服务、履行合同约定、旅游投诉处理、旅游服务反馈等等,其各个环节都涉及旅游产业其他部门。

2. 细节化

细节决定成败,旅游目的地接待服务极其重要又极其复杂,这就决定了旅游目的地接待服务需注重细节,每一个环节、每一道服务程序、每一位旅游从业者都能从细节出发,塑造精品化旅游产品、细节化旅游服务。

3. 人性化

旅游目的地服务体系建设应坚持以人为本,始终为旅游者、为当地居民、为旅游经营者服务。在旅游服务设施、旅游服务细节、旅游服务质量等方面,均应以人为核心,从旅游者的需要出发,设计贴近旅游者实际需求的项目和服务,方便旅游者开展旅游活动。近年来,国家旅游局开展"厕所革命"①,加快推进旅游厕所建设与改造,加强旅游厕所的管理与维护,全面提升旅游业品质,不断满足广大游客的需求,并制定了《全国旅游厕所建设管理三年行动计划》,要求旅游厕所规划和设计要体现人性化,方便游客。

4. 满意程度最大化

旅游目的地服务体系建设坚持以人为本,也是为了实现旅游者满意程度最大化。从需求与供给的角度来说,旅游目的地服务作为旅游供给方,最终的目的是为了满足不断增长的旅游需求,以此来获得盈利。只有旅游者的旅游需求充分获得满足,才能实现旅游目的地系统盈利最大化。因此,旅游者满意程度最大化也是旅游目的地接待服务体系重要特征之一。

四、旅游目的地接待服务管理

1. 人性化与标准化相结合

旅游目的地服务基本上是针对旅游者提供的服务,在服务标准设计、服务设施建设过程中,需最大程度考虑到人的因素,一切为人服务。同时由于旅游目的地接待服务体系构建较为复杂,环节较多,涉及产业部门较广,为更加有序、高效地提供旅游服务,政府管理部门和行业组织应制定更加细致科学的旅游行业各部门服务标准。旅游目的地接待服务管理将人性化与标准化相结合,共同营造更加和谐繁荣的旅游氛围。

2. 多元化与个性化相结合

随着时代的发展和科技的进步,旅游活动形式越来越多元化,为旅游者服务的旅游目的地接待服务体系也呈现多元化特征。自媒体、网络化消费、"互联网+"等新型消费模式的普及,使得旅游产品也更加多元化,随着"90后""00后"等逐渐成为旅游的主力军,追求旅游个

---

① 国家旅游局发动旅游厕所建设管理行动[EB/OL]. http://www.cnta.gov.cn/ztwz/csgm/hyjs/201507/t20150708_723036.shtml.

性化也逐渐凸显出来。具有个性化和特色化的旅游产品、旅游服务将受到市场的欢迎。因此，在新时代条件下，旅游目的地接待服务管理将迎来多元化与个性化相结合的时代。

3. 推进法制化管理

2013年4月25日，我国为保障旅游者和旅游经营者的合法权益，规范旅游市场秩序，颁布了《中华人民共和国旅游法》，该法规范了旅游规划、旅游经营者、旅行社服务、导游服务、景区管理、旅游合同等方面的权利和利益界线，实现了旅游业有法可依、有法必依。推进法制化管理，也将成为旅游目的地服务体系在下一阶段行动的纲领。

4. 服务质量管理

将服务质量管理推进至旅游接待服务的全要素、全过程、全领域。主要是通过旅游服务质量中的技术性质量和功能性质量两个方面来实现旅游目的地接待服务管理[①]，即通过旅游经营者提供的服务项目、时间、设施、质量标准、环境氛围等来满足旅游者各种旅游需求；通过服务人员的仪容仪表、礼貌礼节、服务态度、热情程度服务技巧等，来实现旅游目的地接待服务功能性质量管理。

第三节　旅游目的地公共服务体系

一、旅游目的地公共服务概念

旅游目的地公共服务是以满足旅游者共同需求为目的，由政府、企业、社会组织等第三部门提供的具有公共性特征的所有产品和服务的总和。公共服务的供给者主要以政府为主，社会组织、企业等第三部门为辅，服务的对象以旅游者为主，旅游企业、旅游从业人员及旅游目的地社会成员都是公共服务的对象和受益者。

二、旅游目的地公共服务构成

1. 旅游信息服务

旅游信息服务是指旅游目的地公共服务体系中，向旅游者提供的目的地各种信息，包括旅游交通信息、旅游景点信息、旅游目的地概况、旅游安全环境信息等等。旅游是旅游者离开自己的常住地，出于非就业目的前往旅游目的地开展休闲、度假、疗养等一系列活动的总和。旅游活动的特殊性决定了旅游者对于旅游目的地由不熟悉到熟悉的过程，在这一过程中，旅游者完成信息收集、信息处理、信息评价，最终实现旅游需求转变成为旅游消费。旅游信息服务是旅游目的地公共服务体系建设中的重要组成部分，在智慧旅游发展支持下，旅游信息咨询、旅游网络建设、自媒体信息建设、旅游目的地宣传信息系统、旅游信息标识系统、旅游信息服务平台建设等都将迎来新的发展契机。

---

① 王莹.旅游区服务质量管理[M].北京：中国旅游出版社，2003：7.

2. 旅游安全服务

旅游安全是指旅游者在旅游过程中的人身、财产和心理安全等一系列安全的总和[①]，旅游目的地公共服务体系建设中的旅游安全服务是指为保障旅游者的旅游活动安全有序进行，消除不安全因素，提供安全稳定的旅游环境。旅游安全因素也是旅游者做出旅游决策最重要的影响因素，旅游安全服务更应该涉及旅游活动的全领域、全要素、全时空、全行业。旅游安全服务包括旅游安全信息体系、旅游安全法制体系、旅游安全预警监控体系、旅游安全应急处置体系、旅游安全保险体系等等。

3. 旅游管理服务

旅游管理服务是指为维护旅游目的地有序、畅通、高效地运行，为旅游者和当地居民提供良好的旅游环境和生活环境，由旅游经营者和行政管理部门为管理主体，制定并执行旅游管理规定、条例或法规。旅游目的地公共服务体系建设中，旅游管理服务需要形成一套完整、有序、高效的服务机制，建立良好的沟通协调机制，充分发挥管理人员的积极性，服务人员能够提供更好的服务。旅游管理服务包括旅游政策法规、旅游教育培训、旅游规划等等。

4. 旅游环境服务

旅游环境服务包括目的地整体自然环境、旅游景区局部环境、城市微观环境等等。整体自然环境包括自然环境监测，如大气、温度、极端天气、污染物排放等等。旅游景区局部环境包括景观植被、水体环境、空气质量、旅游流、景区容量等等。城市微观环境包括城市绿化、绿地系统等等。

三、旅游目的地公共服务特征

1. 公共性

旅游目的地公共服务属于社会公共产品，人们对其使用和消费，不影响其他人使用和消费，其最大特征为产品服务的公共性，一般也是无偿服务，具有无偿性。旅游目的地公共服务一般由政府、行业组织等面向旅游者或全体社会成员提供的公共产品，包括公共基础设施、旅游基础设施等硬件服务，也包括旅游信息、旅游安全、旅游管理等软件服务等等。

2. 非排他性和非竞争性

由于旅游目的地公共服务具有公共性和无偿性，决定了旅游目的地公共服务在很大程度上具有了非排他性和非竞争性。旅游业是一个综合性产业，涉及范围较广，其产品通常是无形的旅游服务或旅游体验，保障无形产品提供的公共服务体系，与其他行业具有竞争性相比，其面向大众和旅游者的特征，存在非排他性和非竞争性。

四、旅游目的地公共服务管理

1. 健全旅游目的地公共服务管理体系

旅游目的地公共服务体系是一个复杂的系统，只有完善、健全、高效的服务管理体系，才

---

① 许纯玲，李志飞. 旅游安全实务[M]. 北京：科学出版社，2000.

能发挥出旅游目的地公共服务的最大功能,任何部门服务缺失都有可能导致旅游体验满意度下降,以"青岛大虾"事件为例,由于青岛物价、执法、监管等部门职责和服务意识的缺失,以及旅游经营者自身不诚信经营,导致"好客山东"及青岛旅游形象被破坏、旅游者满意度下降。健全旅游目的地公共服务管理体系,是旅游目的地管理工作的重中之重。

2. 提升旅游者及旅游从业者的满意度

健全旅游目的地公共服务管理体系的重要目的之一是提升旅游者及旅游从业者的满意度,以旅游满意度为公共服务体系建设标准,以人为本、实现人性化服务,是未来旅游目的地公共服务管理的根本准则和趋势。无论是技术的更新,还是管理理念的提升,最终的目的都将是提升旅游者及旅游从业者的满意度,实现经济效益和社会效益的双丰收。

3. 推进法制化与标准化建设

推进法制化与标准化建设,更好地实现旅游目的地公共服务有序、高效、可持续化管理。我国《旅游法》、《旅游规划通则》(GB/T 18971-2003)、《标志用公共信息图形符号》(GB/T 10001.1-2001)、《旅游景区质量等级的划分与评定》(GB/T 17775-2003)等一系列旅游法律法规、旅游行业标准出台,不断推进旅游目的地公共服务管理的法制化与标准化建设。

4. 加强旅游公共服务质量管理

近年来,旅游纠纷与旅游投诉事件屡见不鲜,在一定程度上说明旅游公共服务质量管理出现漏洞。政府管理部门、各类行业组织需要进一步加强旅游公共服务质量监管,规范各类旅游企业经营行为,合理引导旅游者消费行为,加强导游教育培训、提高导游素质,监管旅游景区乱收费行为。通过旅游公共服务质量管理,营造公平的市场竞争环境,保护旅游者合法权益,提高旅游目的地的旅游公共服务管理质量。

第四节 旅游集散地体系

一、旅游集散地概念

旅游集散地是旅游目的地的三大构成要素之一,是对旅游者起中转、集散作用的城镇,不仅是旅游流聚集地,而且是旅游流中转辐射地,它所发挥的巨大集聚作用和辐射作用能极大地带动目的地旅游业的发展。[①] Leiper(1990)认为,旅游者从客源地出发,经过旅游通道到达旅游目的地(见图5-1)。但是游客并不是直接从客源地到达景区景点,而是需要先到达景区之间的城镇,这些城镇就是旅游集散地。旅游集散地作为旅游目的地的服务综合体,包含旅游交通服务、旅游信息服务、旅游接待服务、行政管理、市场营销等多种功能,是旅游目的地服务体系中的重要组成部分。旅游目的地进化的特征和条件包括景点、交通方便、耐受性、安全性、生命的支撑和舒适性系统、成本和效益以及优势和信息扩散。旅游目的地服

---

① 郭俊锋,肖江南.旅游集散地形成与演化的系统学分析[J].桂林旅游高等专科学校学报,2006,17(5):520-523.

体系经过综合发展、不断融合、不断进化，形成高一级别的旅游目的地服务综合体，也就是功能性和服务性更加强化的旅游集散地。旅游集散地也将是未来旅游目的地服务体系发展的高级阶段表现形式。

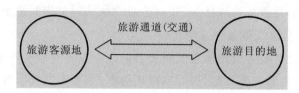

图 5-1　Leiper 提出的旅游系统图

二、旅游集散地类型

旅游目的地中的旅游集散地不是孤立存在的，而是由不同等级、不同主导功能的旅游集散地组成合理、有序的综合体系，各级旅游集散地之间存在更深层次上的协同共进关系。旅游集散地根据行政区划可以分为国家、省、市、县四级；根据对应区域的大小可以分为一级旅游集散地、二级旅游集散地、三级旅游集散地。

1. 一级旅游集散地

一级旅游集散地，即国外的旅游者进入国内的口岸城市、交通枢纽，其辐射区一般覆盖全国。此类旅游集散地区域城市级别较高，一般为国家级的中心城市，例如：北京、上海、广州等一线城市。

2. 二级旅游集散地

二级旅游集散地，主要是指中心城市、旅游城市，辐射整个省或周边地区。此类旅游集散地属于区域或地区中心城市，一般为省会城市或特区城市，例如：武汉、杭州、厦门、长沙、昆明等城市。

3. 三级旅游集散地

三级旅游集散地，一般是指景区群落的集散地，主要是县一级的旅游城镇。该旅游集散地为县市一级地区城市或者离大型景区较近的城镇。

三、旅游集散地特征

1. 中转性

旅游集散地位于区域中心城市，是旅游者进入该区域旅游目的地门户通道，旅游者进入旅游集散地后，旅游集散地充分发挥中转功能，通过交通运输、旅游服务、旅游信息引导等多种形式和服务，将旅游者中转到目的地景区或下一级旅游集散地。

2. 集散性

在旅游目的地发展过程中，有规模经济效应的存在，旅游企业等在地理空间中集中，不断吸引周边各类资源、能量、信息的输入，并最终形成旅游服务的中心节点城市。当发展到一定阶段时，旅游企业集中产生规模不经济效应，促使各类旅游要素不断撤离，转移到外围区域，形成空间扩散，逐渐缩小区域差异。旅游集散地通过对各种旅游流、信息流、资金流等能量的集聚和扩散,实现旅游集散地的服务功能。

旅游集散地通过集散中转功能,在区域旅游目的地中逐渐形成旅游集散地网络,通过网络化旅游集散地服务,实现区域旅游目的地整体性发展。旅游集散地存在的旅游系统,如图5-2所示。

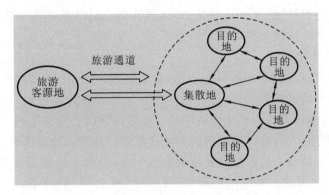

图 5-2　旅游集散地存在的旅游系统图

3. 服务性

旅游集散地的形成和发展,是基于旅游目的地位旅游者提供各类服务而存在的。旅游集散地是旅游目的地服务综合体,其功能构成、选址建设、发展演化的最根本目的在于为旅游者、旅游从业者、当地居民服务。

4. 综合性

旅游集散地是旅游目的地服务综合体,综合了旅游交通服务、信息服务、旅游安全、餐饮住宿服务、游览服务、旅游咨询服务等,将这些服务在地理空间上集中,将各单体服务有机地联系结合起来,发挥出整体综合起来最大的功能效益。旅游集散地从旅游中转站发展到旅游集散中心,再到综合性的旅游集散地,其功能性和服务性将进一步深化,最终成长为更高一级的旅游综合体、旅游城市等。

四、旅游集散地管理

1. 旅游集散地选址

20世纪90年代以后,随着计算机技术和运筹学的发展,以及数学规划方法在选址领域的运用,旅游集散地的选址理论研究和实践研究不断深入和发展。旅游企业在进行选址决策时,要考虑市场需求、资源禀赋、政策导向、基础设施、人力资源、集聚效应等。旅游集散地选址与旅游者行为规律密切相关。旅游集散地的功能和旅游集散地之间的竞合关系决定了区域旅游集散地不可能是孤立存在的,而是由不同等级、不同主导功能的旅游集散地组成有序、合理的综合体系。同时,区域旅游政策对旅游集散地的发展也具有导向作用,相关基础设施发展政策对旅游集散地的构建具有重要意义。①

---

① 朱翠兰,侯志强. 区域旅游集散地选址优化的 GIS 分析方法运用研究——以厦漳泉地区为例[J]. 北京第二外国语学院学报,2013,35(9):61-69.

2. 旅游集散地演化

有关专家学者研究旅游目的地演变主要有以下几种模式：区域中心城镇—旅游依托地—旅游集散地；区域中心城镇—旅游依托地—旅游集散地—兼具集散作用的旅游目的地等。[①] 旅游目的地城市除拥有一定吸引力的旅游资源外，还必须拥有其他政治、交通、服务条件，因此，它既是旅游目的地，又是旅游集散地，这实际上已经从单纯对旅游吸引物的关注，转向开始注重旅游中心地所提供的旅游服务了。[②]

3. 旅游集散地管理

旅游集散地建设应与城市建设融为一体，重大设施、建筑物、工程的建设需充分考虑旅游功能的发挥。随着城市内部管理的升级，完善区域一级旅游集散地与其他次级旅游集散地之间的交通节点，构建无缝式连接交通网络。完善区域内公路交通网，改善主要连接景区的国道、省道行车条件，大力发挥区域内航空港集散中转作用。建设多种类型的旅游集散中心，如以车站、码头港口等为代表的邮轮旅游集散中心，以大型旅游景区周边为代表的景区旅游集散中心等等。通过一系列城市规划、旅游学、社会学、管理学、经济学、土地利用等学科理论、方法，选址构建大型区域旅游集散中心，打造国内外最具影响力的区域旅游集散地。

对于区域次一级旅游集散地来说，除了承接一级旅游集散地旅游流外，还要以其丰富的旅游资源、便利的交通条件、较为健全的基础设施条件等，成为重要的旅游目的地吸引区域外部旅游者。三级旅游集散地成为一级旅游集散地、二级旅游集散地和各景区之间的中转集聚城镇，提供导游服务、地方管理、应急处理、环境保护等支持系统方面的服务和职能。

本章小结

本章首先阐述了旅游目的地服务体系的内涵、体系构成和特征，从旅游目的地接待服务体系、旅游目的地公共服务体系、旅游集散地体系3个方面重点阐述。

核心关键词

旅游目的地服务	tourism destination service
公共服务管理	public service management
旅游集散地	tourism distribution center
旅游目的地服务体系	tourism destination service system

---

① 简王华，黄敏，阎广慧，方成江.欠发达地区旅游中心地发展与演变——以南宁市为例[J].旅游学刊,2008,23(8):34-38.

② 柴彦威,林涛,刘志林,曹艺民.旅游中心地研究及其规划应用[J].地理科学,2003,23(5):547-553.

第五章
旅游目的地服务管理

思考与练习

1. 试述旅游目的地服务体系构成要素及影响因素。
2. 试述旅游目的地接待服务体系构成及管理策略。
3. 论述新形势下旅游目的公共服务体系构成要素及管理策略。
4. 结合实际案例，以具体旅游目的地为例，评述旅游目的地服务质量管理的经验与不足。

案例分析

厦门市旅游目的地服务体系建设与服务质量管理

厦门市作为我国重要滨海度假与文化体验型旅游目的地，城市环境优越，风景秀丽，四季如春，城在海上、海在城中。2014年，全年接待国内外游客5337.86万人次，比上年增长14.5%，旅游总收入722.09亿元，比上年增长16.3%。厦门的旅游业已经成为国民经济支柱产业之一。厦门市旅游目的地服务体系建设也呈现出以下新的特点：

一、厦门市旅游局政务网

2015年"国庆黄金周"期间，厦门市旅游局政务网访问量为60450人次，日均访问量8637人次，同比增长5.15%。政务网发布"国庆黄金周"相关旅游资讯近60条，点击量达21000多人次，为游客安排在厦门旅游活动提供了旅游政务信息、旅游咨询等信息参考，受到各方的欢迎。

二、厦门旅游网

2015年"国庆黄金周"期间，厦门旅游网访问量为360732人次，日均访问量51534人次，日均访问量从节前的4.23万人次上升到5.15万人次以上。其中，首页的访问量占45%、"住宿推荐"占15%、"景点"占11%、"旅游线路"占12%、"旅游攻略"占10%，其他占7%。

厦门旅游网在国庆前开辟了"鼓浪屿船票购买指南"专题，实时播报鼓浪屿船票动态。10月1—7日专题访问量达到149357人次，日均21336人次。

三、旅游电子信息屏

2015年"国庆黄金周"期间，厦门全市共有100台旅游电子信息屏，分布在星级酒店、旅游咨询服务中心及部分景区内，旅游电子信息屏已全部升级为42英寸液晶旅游电子信息屏。系统汇集"食、住、行、游、购、娱"等旅游六要素资讯，更有商家优惠打折、景点门票打折信息、租车服务、优惠券下载等功能。旅游电子信息屏还能以游客入住的酒店为中心，将半径1000米商圈内的美食、娱乐、景点、购物等商家优惠信息网罗其中。"国庆黄金周"期间，旅游电子信息屏与厦门旅游App同步发布"国庆黄金周"相关旅游资讯，方便酒店和景区的客人及时查阅"国庆黄金周"信息。

四、游客采样分析系统

游客采样分析平台在"国庆黄金周"期间,实现对来厦门游客的数量及多种行为模式进行统计及分析。"国庆黄金周"期间每日统计厦门市外来游客数量、景区接待量及景区游客实时流量、游客来源地、逗留时间、景区热度排名等数据。为高峰期客流疏导、信息预警等提供数据支撑及决策支持。

系统同时启动相关短信提醒和预警服务。据统计,2015年"国庆黄金周"节前到10月7日共成功发送欢迎及预警,短信约75万条。尤其是针对鼓浪屿景区事先设置了短信发送机制,信息内容根据每日船票具体的销售情况做出调整提醒及预警,短信及时有效地给予游客信息引导。

五、旅游咨询服务中心

2015年"国庆黄金周"期间,厦门北站(2个点)、机场、同安等4处旅游咨询服务中心共受理各种咨询4295人次,共发放旅游宣传资料5864份。各旅游咨询服务中心均能为游客提供咨询旅游信息、查询旅游业务、投诉、免费取阅旅游宣传资料等"面对面"的贴心服务。

六、旅游热线968118

2015年"国庆黄金周"期间,968118旅游热线电话呼入量为1002人次,来电主要是咨询类,占总电话量的79.7%,业务类的来电占总量19.6%,主要咨询省内周边一日或者二日游的行程报价及位置情况,还有周边景点门票如省内云水谣、武夷山路线等。投诉来电占0.7%,投诉问题主要是环岛路黑车、自行车扰乱秩序;鼓浪屿上"黑导游"多、乱收费的现象;游客微信订了船票,因弄丢身份证部分人无法取票,游客认为轮渡公司建议到公安局开证明的做法不人性化,希望改进等。

七、114旅游呼叫中心

2015年"国庆黄金周"期间,114旅游呼叫中心共受理了1744人次的游客咨询服务,随着互联网应用、智能手机普及,游客可以更多渠道地了解旅游相关信息,分流了114旅游呼叫中心的咨询量。

八、微博

微博作为新媒体平台,已在内容信息、板块、咨询服务等旅游公共服务方面得到跨越式发展,随着厦门旅游目的地营销加大宣传力度,微博平台有奖活动的大力度、高频率等策划运营,微博粉丝量和网络认知度逐渐上升。2015年"国庆黄金周"期间,微博阅读量为631100人次,微博新增粉丝1726人;国庆期间微博还新增了"厦门黄金周景区播报""厦门嗨皮玩""厦门tips""温馨贴士"等资讯板块,即时发布厦门及周边、国内外最全面、最专业的旅游信息。

九、微信

自2013年以来,厦门旅游的微信粉丝订阅数已超过11.2万。2015年"国庆黄金周"期间,共新增粉丝1600多人,微信重点推送厦门旅游每日接待情况的图文信息,图文页总阅读数达13300多人次。

十、旅游资料架（旅游宣传资料）

根据厦门市旅游局的派发计划，中秋、国庆双节前完成对全市四星级酒店、五星级酒店等主要高级酒店及旅游咨询服务中心等51家共派发各种旅游宣传资料约15万份，供广大游客、市民免费取阅。2015年"国庆黄金周"期间，派发的厦门旅游宣传资料包括《厦门旅游指南》《会展商务旅游指南》《自驾车旅游指南》《厦门一日游》《厦门购物旅游指南》《厦门文化旅游指南》《厦门康体旅游指南》《厦门美食旅游指南》《外国人72小时过境免签政策宣传折页》《厦门旅游地图（中文版）》及其他景区（园博苑、同安旅游公司）的宣传折页等。

十一、智慧旅游提升旅游体验

除了出游方式的改变，游客对于旅游产品品质的要求也越来越高，因此，旅游产品的设计上也呈现高端化和多样化的趋势。从厦门出发的旅行团，在观光游览的同时，更重视休闲度假，吃住在星级酒店的旅游产品占了绝大多数。此外，房车旅游、游艇、邮轮、攀岩等旅游新业态成为游客新宠。旅游，已从走马观花式的大团游向自由行和深度游转变，休闲度假需求进入主流。

智慧旅游正提升游客的旅游体验。作为国家首批智慧旅游试点城市之一，厦门的智慧旅游建设走在全国前列。截至2015年年底，微信智慧景区已在全国覆盖近150个景点，鼓浪屿、武夷山、云水谣、土楼等著名景区都已接入微信智慧景区，游客可直接通过微信购票。

厦门加强旅游市场监管　全面提升旅游服务质量

厦门市全力加强旅游市场监管，坚决杜绝各种市场失范行为，着力规范旅游市场秩序，全面提升旅游服务质量，进一步推动了厦门旅游市场的健康发展。具体采取了以下四项措施：

一、加强旅游市场高密度巡查

一是认真组织实施导游IC卡检查，主动将监管力量推向市场前沿。

二是对出现投诉较多的旅行社散客部收客点及涉嫌非法经营旅行社业务的机构进行突击检查和约谈教育，在下达整改通知书的同时随附合规经营的相关法规和办事须知，多家涉嫌非法经营旅行社业务的企业逐步"转正"。

三是积极开展旅游市场明察暗访活动。从新闻媒体聚光、游客反应强烈、旅游投诉较多的失范行为入手，对60余家旅行社门市部、15家旅游企业进行明察暗访。

二、始终保持热点问题整规高压态势

厦门市旅游质监执法部门积极联合各公安、市场监督、城管、港口、海事、交通等职能部门开展联合执法，以"一日游"市场整规为重点，各部门协同配合，重点推进，多措并举，采取明暗结合、定点蹲守与流动巡查相结合、定时常规检查与不定时随机抽查相结合的方式，重点在"假导游""黑导游"经常出没的码头、街道和景点等地段以及中午前后、下班期间等活动高峰时段展开行动，特别针对鼓浪屿"假导游"、厦鼓码头"黄牛"、厦大附近"假旅行社"、旅游运营"黑车"等开展专项执法行动；通过联合执法，"假导游""黑导游""黑车"等扰乱市场的行为得到遏制，"一日游"市场秩序明显好转。

通过联合执法、专项治理，目前鼓浪屿景区不法商家非法给予假冒导游人员高额回扣的态势得到有效遏制，假冒导游生存空间得到进一步压缩，景区旅游市场秩序、环境得到较好净化和提升。

三、加大部门联动、综合执法力度

在公安、港口、市场监管、综合执法等部门的通力协作下，厦门市旅游质监执法机关共立案调查涉旅违法案件15起，涉案金额高达4.7万元。其中，查处旅行社聘用无证导游从事导游业务、未经许可从事旅行社业务、旅行社未签订旅游合同、导游人员上岗执业期间兜售物品、未取得导游证从事导游业务、向不合格的供应商订购产品和服务。重拳之下，乱象遁形，扰乱旅游市场多年的鼓浪屿无证"假导游"数量大为减少，旅行社未签合同、聘用无证导游等违法态势得到有效遏制。

四、开展在线旅游产品"清网"行动

根据国家旅游局关于规范旅行社产品第三方网络平台服务规范，采取关键词搜索和"逐页过"巡检方式，在百度、好搜等搜索引擎网站和欣欣旅游、阿里旅行等在线旅游营销平台网站以及赶集网、美团网等信息服务类的网站进行搜索巡查，重点针对无资质经营、出境委托招徕以及低价、虚假旅游线路等广告信息进行清查。

问题：
1. 新形势下，旅游目的地服务体系构建应如何实现重大突破？
2. 查阅材料，试分析我国旅游目的地服务质量管理策略。

第六章

旅游目的地营销

学习引导

旅游业的竞争,归根结底就是旅游目的地间的竞争。一个成功的旅游目的地,离不开成功的营销。在全球化的今天,旅游目的地营销迅速驶入整合营销和品牌化时代。

学习重点

通过本章学习,重点掌握以下知识要点:
1. 旅游目的地市场概念、特征、分类;
2. 旅游目的地形象的含义、研究意义、设计模式;
3. 旅游目的地品牌建设;
4. 旅游目的地营销策略。

伦德伯格认为，旅游目的地包括三个方面的内容：第一，确定该旅游目的地能够向目标市场提供产品极其总体形象；第二，确定该旅游目的地具有出游能力的目标市场；第三，确定能使目标市场信任并抵达该旅游目的地的最佳途径。

由于对旅游目的地的认识不同，国内学界在对旅游目的地营销的概念上也有不同的切入点。吴必虎(2001)认为，旅游目的地的营销从市场角度来看，除了第一市场营销、第二市场营销和机会市场营销外，还应包括建立目的地产品与这些市场的关联系统，保持并增加目的地所占市场份额。赵西萍(2002)认为，旅游目的地营销就是要提高旅游目的地的价值和形象，使潜在的旅游者充分意识到该地与众不同的优势；开发有吸引力的旅游产品，宣传促销整个地区的产品和服务，刺激来访者的消费行为，提高其在该地区的消费额。王国新(2006)认为，旅游目的地营销就是要在确定的目标上，通过传播、提升、组合旅游目的地的关键要素，改变消费者的感知，建立旅游目的地的形象，提高旅游消费满意度，进而影响到消费行为，达到引发市场需求、开拓旅游市场的目的。袁新华(2006)认为，旅游目的地营销是以旅游目的地区域为营销的主体，代表区域内各种相关机构、所有旅游企业和全体人员，以一个旅游目的地的整体形象加入旅游市场激烈的竞争中，并以不同方式和手段传播旅游信息，制造兴奋点，展示新形象，增强吸引力，引发消费者注意力和兴奋点的全过程。舒伯阳(2006)认为，旅游目的地营销作为旅游目的地全面吸引游客注意力的工程，基本理念从产品营销向综合营销跨越，营销运作机制从分散的个别营销向整合营销传播提升。

综上所述，旅游目的地营销可概括为向旅游者提供旅游目的地的相关信息，突出旅游地形象并打造景区吸引物；通过向潜在群体和目标群体进行营销从而吸引其注意力，诱发其对旅游目的地的向往，进而产生消费的这一过程。

第一节　旅游目的地市场

一、旅游市场的概念

1. 传统意义上的旅游市场

在人类社会发展的过程中，市场是生产力发展到一定阶段的产物，属于商品经济范畴。人们对市场的最早界定是指商品交换发生的地点，后来也被引申为商品交换的场所。

因此，从传统的意义上来讲，旅游市场是指旅游者与旅游产品提供双方买卖旅游产品的场所。

2. 经济学意义的市场

在经济学的研究范围中，旅游市场是指在旅游产品交换过程中所反映出的各种经济行为和经济关系的总和。也就是说，旅游市场不仅仅局限于旅游产品交换的场所，而且也涉及旅游产品交换中供求之间发生的各种关系，实际上就是人与人之间的关系。

3. 市场营销意义的市场

市场营销理论着重研究在买方市场条件下，旅游组织或旅游企业如何排除竞争干扰，通过满足消费需求实现自身的盈利和发展的目的。市场营销理论是站在组织或企业（提供方）

的角度研究买方(需求方)行为,研究如何满足需求实现产品的交换,从而达到预期的经营目标。因此,旅游市场是指在一定时期内,某一地区范围内存在着的、对旅游产品具有支付能力的现实和潜在的旅游购买者。

旅游市场的形成必须同时具备 4 个要素:人口、购买旅游愿望、购买能力和购买权利。即

$$旅游市场 = 人口 + 购买旅游愿望 + 购买能力 + 购买权利$$

也就是说,一个旅游市场规模的大小。首先,取决于该市场范围内人口数量的多少,在收入水平相同的情况下,人口越多,市场潜力就越大;其次,取决于人们的旅游愿望,只有在具备旅游动机的条件下,人口才有可能转变为旅游产品的消费对象;再次,取决于人们的购买能力,旅游产品的交换必须要以一定的支付能力为前提,如果没有足够的支付能力,旅游只能成为一种主观愿望;最后,旅游者必须持有相应的旅游权利,某些地方政府为保护旅游者利益、维护旅游市场的健康发展,通过颁布法令,制止或者限制某些旅游产品的交换。因而,只有在旅游各种相关的政策法规许可的条件下,旅游者才能得到自己的购买权利。总之,某一客源市场规模的大小,取决于以上 4 个因素的同时作用和相互影响,缺一不可。

二、旅游市场的特征

由于旅游活动自身固有的特殊性,旅游市场具有以下特点:

1. 全球性

从世界旅游业发展趋势看,国际旅游日益成为全球旅游市场的主体。近年来,世界经济一体化发展和各种高科技的应用使得世界各国人民的联系更加密切,出现了"地球村"的形象比喻。随着各国经济相互依存度不断提高和文化交往日益频繁,远距离和跨国旅行成为旅游市场需求的主流。从我国的情况看,随着社会经济生活的不断发展,我国旅游业的国际化程度也在不断地提高。根据世界旅游组织预测,到 2020 年,中国将成为世界第一大入境旅游目的地和第四大客源市场地。可以说,旅游产业化发展的过程,同时也就是旅游市场国际化和全球化发展的过程。

2. 波动性或敏感性

旅游市场的波动性源于旅游需求和旅游供给两个方面。从需求角度看,旅游消费在人们的消费结构中处于非生活必需品范畴,因而易受外部环境的影响,一旦出现经济波动、通货膨胀、汇率变化等都可能影响旅游需求,尽管从长远来说,旅游需求有持续增长的趋势,但仍不能避免在特殊情况下,旅游需求的短期向下波动的现象;另一方面,从旅游供给的角度看,旅游产品供给也容易受到外界的影响,如国际局势变化、战争、自然灾害、季节性因素等都可能影响旅游产品的供给能力,并给旅游企业和目的地的经营造成困难。因此,研究如何应对旅游市场波动规律是旅游营销的一大课题。

3. 时空性

旅游市场跨越时空性特点是由旅游活动的异地性特征决定的。人类的旅游活动是一种异地消费行为,旅游者必须离开居住地,并借助一定的旅游设施和附加服务实现自己的消费目的。在旅游消费的过程中,位置、交通、服务等空间性因素与气候、温度、假期长短等时间性因素无不对旅游者的决策和参与程度产生影响,使旅游购买行为既有一定的规律性,又可能出

现较大的随机性,这些特征都会增加旅游市场供求的变数,给旅游营销带来一定的困难。

三、旅游市场的分类

旅游市场的分类,就是根据国境、地理、消费、旅游目的地、旅游组织等因素,对旅游市场所做的类别归纳和细分。在全球旅游市场中,任何一个旅游目的地或旅游供应商都没有能力占领全球市场并满足所有的旅游需求,因而对旅游市场进行分类将有利于旅游目的地和旅游企业正确地选择自己的目标市场,并采取相应的旅游市场开发策略。

1. 按国境划分旅游市场

一般分为国内旅游市场和国际旅游市场。国内旅游市场是指一个国家国境线以内的市场,即主要是由本国居民在国内各地进行的旅游行为;国际旅游市场是指国境线以外的市场,即是指某一个国家接待境外旅游者到本国各地旅游,或者组织本国居民到境外进行的旅游行为。通常,在国内旅游市场上,旅游者是本国居民,主要使用本国货币支付各种旅游开支,并自由地进行旅游而不受国界的限制,因而大力发展国内旅游不仅容易可行,而且对国内商品流通、货币回笼等起到促进作用。在国际旅游市场上,由于旅游者其他国家或地区的居民,使用的是其他国家的货币支付旅游开支,往往涉及货币兑换、旅游护照、旅游目的地国家的签证许可等问题,因而国际旅游市场与国内旅游市场相比要复杂得多。

2. 按地域划分旅游市场

按地域划分旅游市场,是以现有及潜在的客源发生地为出发点,根据对旅游者来源地或国家的分析而划分旅游市场。世界旅游组织根据世界各地旅游业发展的情况和客源集中度,将世界旅游市场划分为欧洲、美洲、亚太地区、非洲和中东等区域性市场。从这些区域性市场的发展来看,在过去的几十年中,欧美经济发达国家一直占据着国际旅游市场的先导地位,其他区域旅游市场所占的市场份额相对较小;根据世界旅游组织的预测,进入 21 世纪,随着世界经济重心逐步向亚太地区转移,世界旅游中心也在发生转移,亚太地区正在逐步成为新的世界旅游市场重心。

3. 按旅游目的地划分旅游市场

由于旅游者对旅游产品的需求目的不同,从而形成了各不相同的旅游细分市场。旅游行业以往根据旅游目的地和性质,将旅游市场划分为观光旅游市场、文化旅游市场、商务旅游市场、会议旅游市场、度假旅游市场、宗教旅游市场等。当前除了以上的传统旅游市场外,又出现了一些新型的旅游市场,例如:满足旅游者健康需求的体育旅游市场;满足旅游者业务发展需求的修学旅游市场;满足旅游者个性需求的探险旅游市场、美食旅游市场和惊险游艺旅游市场等。随着人类对生活质量的不懈追求和由于科技进步推动旅游生产方式的日益改进,将来必然还会萌发出更多的旅游消费倾向,产生更多的旅游细分市场。

4. 按消费划分旅游市场

根据旅游者的消费水平,一般可将旅游市场划分为豪华旅游市场、标准旅游市场和经济旅游市场。现实生活中,由于人们的收入水平、年龄、职业以及社会地位、经济地位的不同,导致其旅游需求和消费水平各不相同,从而对旅游产品的要求也不一样。

通常,豪华旅游市场的市场主体是社会的上层阶层,他们一般对旅游价格不敏感,而是希望旅游活动能最大限度地满足他们的旅游需求,在旅游活动中,他们更加喜欢和具有相同的社会地位和经济地位的人在一起旅游。

标准旅游市场的主体是中产阶级,他们既注重旅游价格,又注重旅游活动的内容和质量。从世界旅游业的发展规律看,标准旅游市场构成了现代旅游市场的主体。

经济旅游市场的主体是那些收入水平或社会地位较低的旅游者,他们更关注旅游价格的变化,倾向于选择物美价廉的旅游产品。

旅游组织和经营者应该根据其提供的旅游产品的等级,科学地进行市场分析和定位,选择适当的目标旅游市场,并努力提升自身对旅游市场的吸引力和竞争能力。

5. 按旅游组织方式划分旅游市场

根据旅游的组织方式,可将旅游市场划分为团体旅游市场和散客旅游市场。团体旅游一般是指人数在15人以上的旅游团队,其旅游方式以包价为主,包括的内容通常包括旅游产品基本部分,如吃、住、行、游、购、娱,也可以是基本部分中的某几个部分。旅行社以优惠的旅游价格分别购买各单项旅游产品,然后组织成旅游线路产品再出售给旅游者,因而团体包价旅游的旅游价格一般比较便宜。同时,由于旅行社提前会安排好活动日程,旅游者参加团队旅游也会省去行程中的诸多麻烦,而且包价旅游的内容灵活多样,因而受到旅游者的广泛喜欢。对于团队旅游而言,旅游市场的营销主体应该是旅行社。

散客旅游主要是指个人、家庭及15人以下的自行接伴的旅游活动。散客旅游者可以按照自己的意向自由安排活动内容,也可以向旅行社购买其中的单项旅游产品或者旅游线路中的部分项目,其特点是自主自助、灵活方便。散客旅游的主要缺点是旅游者要自己安排行程中的交通、住宿和就餐等问题,所以,各种单项旅游产品的价格比旅行社团体包价旅游的价格也要昂贵得多。随着现代旅游业的发展,国际上散客旅游迅速增加,而团体旅游比重大幅度下降,散客旅游为主已经成为国际旅游市场发展的一种趋势。

第二节 旅游目的地形象设计

一、旅游目的地形象的含义

在阐述旅游目的地形象设计之前,我们有必要分析一下旅游目的地形象这一概念。它最早是由Myao在20世纪70年代提出来的,自此以后,旅游研究者们对旅游目的地形象提出了不同的理解。

在国外学者的研究中,Hunt认为,旅游目的地形象是纯粹主观概念,即人们对不在其中居住的地区所持有的印象。旅游目的地形象和该旅游目的地的可进入度、基础设施等都是旅游决策过程中的决定因素。Gartne从主观侧面对旅游目的地形象内涵进行深入研究,指出旅游目的地形象由认知、感情、意动三个部分组成,当进行实地游览时,旅游者会对这三个部分进行验证和评估。Alhemuod和Allnsrtnog认为旅游目的地形象是旅游者在世界旅游经历之前对某一旅游目的地的一系列期望,这些期望是自发形成的。一个旅游者的满意程度在很大程度上取决于他先前持有的印象和在旅游目的地实际遭遇的现实之间的差距,满意度至少影响到他在旅游目的地的弹性消费决策。

许多研究者认为旅游目的地形象这一概念中应包括主观和客观两个方面,因为人们对某旅游目的地的印象除受到经历、性格等主观因素的影响外,主要是基于该地的客观状况。Walmslely 等提出的设计性形象和 Poeock 等提出的评价性形象便是被认为反映旅游目的地形象不同方面的一组概念,前者是旅游目的地景区、标志等"可见的物质的"风景要素的规划设计;后者反映为个体对特定目的地环境的态度及对不同场地的评价,对行为有直接影响。与设计性形象和评价性形象类似的是 Kotler 等人提出的发射性形象和接受性形象。发射性形象是对任何人都可获得的、有关地区的观念和印象;接受性形象是在上述发射的信息与消费者个体的需求、动机、经历及其他个人特征之间相互作用中形成的。这组概念涵盖了设计性形象和评价性形象的含义,因为除了风景、场地等要素外,它还包括好客性、产品质量等要素。上述有关旅游目的地形象内涵的理解都关注于个体持有的旅游目的地形象。

在国内学者的研究中,王克坚在《旅游辞典》中描述旅游形象是指旅游者对某一旅游接待国或地区总体旅游服务的看法或评价。这一概念强调的是形象感知的时间性——旅游过程完成后的感受,即旅游者在结束对旅游目的地旅游活动后,一定会以其所付代价和自己所得到的服务进行比较,如认为所付出代价是值得的,形成满意感,也就是形成良好的形象。反之,则形成不良的形象。保继刚在《旅游地理学》中出现与旅游形象类似的"感知环境"的定义是:人们把进行旅游决策时收集到的各种信息摄入脑中形成对环境的整体形象。这个定义强调了旅游者形成旅游目的地形象的时间是旅游前。彭华认为旅游目的地形象是旅游资源(包括人造景观)的本性要素及其媒体条件(服务环节)在旅游者心目中的综合认识印象,这种看法强调的是旅游者直接实地旅游时的印象获得。

王晨光在《旅游目的地营销》一书中认为旅游目的地形象是指在一定时期和一定环境下,人们对旅游目的地各种感知印象、看法、感情和认识的综合体现。它是一个旅游者对旅游目的地的心理描述,同时也是旅游目的地历史形象、现实情况和未来趋势在旅游者心目中的综合感知。他的定义模糊了旅游者对旅游目的地形象时间性和环境因素,强调了形象感知的全面性(包括各种感知印象、看法、感情、认识)和感知的动态性(旅游目的地历史形象、现实情况和未来趋势)。

王磊、刘洪涛和赵西萍认为,旅游目的地形象是一个内涵丰富的体系,主要包含两个方面:其一是发射性旅游目的地形象(PDI);其二是接受性旅游目的地形象(RDI)。PDI 由两个层次构成,综合旅游目的地实际特征,发射给现实旅游者的实际发射性旅游目的地形象(RPDI);营销者经提炼后发射性旅游目的地形象(SPDI)。RDI 也是由两个层次构成:一是个体层次上的旅游目的地形象——个体化旅游目的地形象(RIDI),即个体以一个潜在或现实旅游者的眼光对一个旅游目的地的评价,是其对该旅游目的地的感知、印象和观念的综合;二是社会层次上的旅游目的地形象——社会化旅游目的地形象(SRDI),即目标市场上的公众普遍持有的感知、印象和观念的总和。

根据对旅游目的地形象不同定义的理解,我们可以得出以下的基本认识:

(1) 旅游目的地形象感知具有时间持续性:旅游出发前、旅游过程中和旅游完成后。

在旅游出发前,旅游者可能会由于平时的学习与生活中接触相关旅游目的地的信息而会形成对旅游目的地本底感知形象。本底感知形象的信息源、信息内容和传播渠道都是不易明确的,但是,通常旅游者关于旅游目的地的最初认知或旅游目的地所发布的最初信息会给旅游者留下深刻的印象,这就是所谓的"首因效应"或"第一印象"。当旅游者决定出游时,旅游者通过主动收集关于旅游目的地的旅游信息形成对该次旅行的比较明确的预想和期望,即决策感知形象;在旅游者实地出游过程中,通过各种感觉器官和知觉过程形成他们对旅游目的地的实地感知形象。旅游完成后,旅游者对已经形成的旅游目的地形象进行回顾,印象更加深刻。

(2) 形象研究离不开的三个部分:主体(人)、客体(对象)、想象本体(人脑对客体的信息处理过程的结果)。

旅游目的地形象的形成是一种主观性的东西,任何个人都会由于个人因素,如心理因素、所处的社会因素等,产生对旅游目的地形象感知的不同。客体即旅游目的地,提供的刺激要素是一种客观存在的事物,这些要素刺激了旅游者心目中旅游目的地形象的形成。旅游目的地形象形成的过程是旅游者通过各种渠道信息、亲身感受和记忆回味形成了对旅游目的地的感知印象、看法、感情、认识。旅游目的地形象构成的一般框架,如图6-1所示。

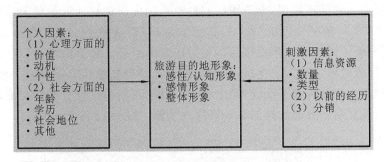

图 6-1 旅游目的地形象构成的一般框架

二、旅游目的地形象研究意义

旅游在我国有长达几千年的历史,作为城市旅游的重要资源,随着旅游业的快速发展和旅游市场的日益成熟,旅游以其独特的资源特点,越来越受到关注。旅游是以体验文化、感悟精神为主题,以享受保健养生、休闲、度假为目的的旅游形式。旅游作为一种以健康为主题、以养生和休闲为目的的时尚旅游,把养生和休闲度假功能完美地结合在一起,不但丰富了旅游产业的内涵,而且蕴含着极高的商业价值、广阔的市场前景和极佳的投资潜力。以休闲度假为主要功能的大型旅游度假区不断涌现旅游产品开发成为一种热潮。从单纯的养生治疗,到养生治疗与休闲娱乐并重,再到多种旅游功能综合发展,其旅游功能不断演化,旅游成为休闲旅游的新时尚、人们休闲度假的新宠。

旅游不但丰富了中国和世界旅游产业的内涵,而且带来了大量直接或间接的就业机会,同时还拉动了当地的消费,增加了地方的财政收入,旅游蕴涵着极高的商业价值、广阔的市场前景和极佳的投资潜力。旅游形象是旅游目的地提高其知名度和美誉度的关键因素。从旅游消费者的行为来看,一般消费者是先对产品产生注意,继而产生兴趣,然后才是购买欲望,最后付诸行动的。在这种消费者心理变化到实践的过程中,产品的形象起到了关键的作用。同样,旅游目的地也是旅游者消费的一种产品,面对特色各异的旅游目的地,形象就是消费者注意的关键。良好的旅游形象能够使目的地首先跃入旅游者的眼帘,继而引起旅游者的消费动机,甚至激发旅游者实现其旅游活动。

三、旅游目的地形象设计模式

对于旅游目的地而言,形象是旅游目的地引起消费者注意的关键,只有形象鲜明的旅游目的地才能更容易被消费者所认知。面对如此激烈的竞争市场,形象策划战略已经成为旅游目的地提高自身吸引力的重要途径。旅游形象设计的作用就在于展现旅游目的地的魅力,引起人们的注意,增强旅游目的地的知名度,从而达到被选择的目的。尽管中国旅游理论的研究与实践已历经30多年的历史,但是旅游形象设计对于旅游目的地来说,仍然是一个重大的挑战,特别是对于旅游目的地形象的塑造更是如此。在将CIS(企业识别系统)引入区域形象研究的基础上,国内旅游理论界开始关注旅游形象的塑造,尤其是旅游目的地形象设计等问题。20世纪90年代以来,以陈传康教授为代表的研究者抓住地方据地理文脉进行旅游目的地形象的导入。陈传康(1995)提出风景旅游区和景点的旅游形象策划和定位问题,强调了地理文脉的重要作用;李蕾蕾(1999)总结国内研究从一开始就关注旅游形象的策划和设计,提出了"人-地感知系统"和"人-人感知系统"以及旅游形象系统策划的统一模式,并在此基础上出版了国内第一本系统探讨旅游形象的专著。吴必虎在《区域旅游规划原理》一书中对旅游目的地形象进行了探讨,他将形象设计分为基础性工作和后期显示性研究,在基础性工作的"地方性分析和受众调查"之外,又增添"形象替代性分析"(吴必虎,2001)。经过整合比较,以温泉型旅游目的地形象设计模式为例,如图6-2所示。

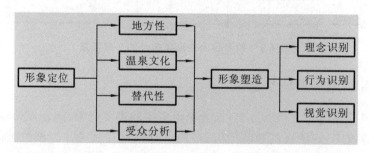

图6-2 温泉型旅游目的地形象设计模式

(一)旅游目的地形象定位

1. 地方性分析

地方性来自地理文脉,地理文脉不仅包括山、水、建筑等表面上的元素,还包括地质、地貌、气候、水文等自然环境特征和当地的历史、社会等人文地理特征,是旅游目的地特征综合性的表现。地方性影响着旅游目的地的自然特征和人文活动,因此地方性既包括视觉的、具象的实体要素,又包括抽象的、需要人感知的要素。旅游目的地形象的设计必须与地理文脉相结合,才能现其地方特色,必须结合地方的自然地理基础、历史文化传统、社会心理积淀方面的因素,才能彰显其魅力,突出其特色,从而达到出奇制胜的效果。

2. 文化分析

在21世纪休闲度假时代,旅游是集旅游、休闲、健身于一体的时尚旅游项目,将物化享受提升到符合现代消费的文化和精神层面。所以,研究文化赋予旅游产品更多内涵是关系旅游产业可持续健康发展的重要问题。

郑利(2008)据旅游文化定义了文化:指人们在认识、利用、开发和保护资源过程中所创造的一切文化的综合体,是以为物质载体或依托形成的各种文化形态与文化现象及其"物化"体现。旅游文化包括养生文化、服务文化、沐浴文化、宗教与民俗等诸多内容。旅游目的地若能巧妙地利用地理文脉,将其恰到好处地表达于产品主题、景观设计、服务理念与管理方式、市场营销等之中,实现文化与产品的有效结合,这样既能解决主题雷同、文化内涵稀缺的问题,也有利于为度假旅游目的地塑造独具特色的旅游形象。例如,广东新会古兜温泉度假村将我国盛唐文化作为主题,古兜温泉度假村大门按"唐门"设计,贵妃出浴塑像、宽敞而又气派的唐宫院落等呈现出一派盛唐新风;古兜温泉度假村主体建筑唐宫模仿中国唐代华丽、浪漫、豪放的文化氛围,其华芳池、九龙壁、太子池、妃子池等都是仿华清池的,取其精华而作。"盛唐文化"把古兜温泉度假村升华到了至尊至贵的平台,被誉为"现代华清池",受到了游客的青睐。

3. 替代性分析

旅游形象的替代即旅游形象遮蔽,是一定区域内资源价值高、形象突出、竞争力强的旅游目的地对其他旅游目的地形象形成遮蔽效应。因为出于同一区域的旅游目的地,其本地形象和资源、历史文化所具有的相似性,能够形成形象替代。

基于相似的地理区位及同一文化传统的影响,同一区域的旅游形象都有可能与其他旅游目的地的旅游形象产生替代效应,从而模糊或混淆旅游形象。旅游目的地形象塑造要更加了解替代性竞争对手的形象设计和传播主题,这样有助于旅游目的地避开同质形象塑造,根据自身的独特性优势,构建区别于替代性竞争对手的旅游形象。

4. 受众分析

受众即旅游形象传播的对象。旅游形象的塑造就是为了向潜在的旅游者推销旅游目的地,使其产生旅游动机,变潜在游客为现实旅游消费者。

这里所讨论的受众市场并不是具体的根据某一旅游目的地调查所得到的客源市场,而是大范围的客源市场。旅游目的地的受众市场指的是爱好旅游的一切消费者。我们可以把这些大众消费者按年龄分类、按收入分类、按出游方式分类等等。根据这些分类可以设计不同温泉旅游产品,比如:针对年龄大的消费者设计保健温泉,针对情侣或夫妻可以设计比较浪漫的景点,针对喜欢刺激的年轻人可以设计具有现代气息能够有新奇活动参与的项目。

(二)旅游目的地形象设计

1. 理念形象设计(MI)

旅游目的地的形象理念基点主要有三点:一是突出旅游目的地的形象理念,在形象设计时把旅游资源摆在首位,凸显资源的重要性,体现崇尚自然、返璞归真、自由自在的意境。二是文化的诠释,各地的旅游资源都赋予一定的文化载体,文化给了旅游资源一定的特色,给了旅游资源以灵魂。如四川省大英县"中国死海",利用形成于1.5亿年前深埋于地下3000米的古盐卤海水资源,以"漂浮"为特色,使游客体验到了约旦河与死海的神奇;珠海御温泉度假村的温泉有"华夏奇泉"之美誉,其泉眼深150米,为了保持水体的新鲜和特色,他们别

出心裁地采用不断注咖啡水的方式,形成独具特色的咖啡池,在名酒池内不断滴入不同品牌的名酒,使该温泉成为高品位享受的象征。以上旅游资源的成功靠的就是特色和文化。三是旅游目的地的理念形象也不能不显现,因为旅游资源是依托旅游目的地而存在的,突出了旅游资源而忽略了旅游目的地,则又显得单调乏味,只有旅游资源一项旅游内容不足以吸引游客。在旅游目的地形象设计时应采用"1+1"设计理念(如"旅游目的地+农业观光")。武义县的总体形象定位为"江南华清池,浙中桃花源",既带有历史的意象,又契合武义县旅游资源的特点,同时把山水的武义县也一同推出,是品位比较高的一种定位表述。

配合以上理念,我们可以针对不同的媒体和目标市场,在不同阶段设计不同的宣传口号,以完善和强化目的地的旅游形象。

2. 视觉形象设计(BI)

视觉形象是理念形象的静态体现,容易被大众接受,视觉形象设计可以从以下几个方面进行设计:

(1)旅游目的地的标志。标志是形象设计的核心,它把旅游目的地的精神面貌都能体现出来,旅游目的地也应该有自己的标志。在设计城镇标志时应该注意采用跟温泉有关的东西作为小城镇的标志,这样具有代表性。而且旅游目的地中心也应该建一些标志性建筑,道路两旁也要有标志的存在,不时提醒到来的游客所到达的旅游目的地。

(2)旅游商品。旅游商品不仅是对旅游目的地的一种留念,而且能够起到宣传甚至是文化传承的作用。旅游目的地的旅游商品应尽量设计一些旅游者能拿得走的商品,如衣服、首饰、纪念品,另外还要挖掘当地的土特产,山村一般都有一些野菜,像猴腿菜、蕨菜之类的,可以把这些野菜晒干包装出售。

(3)旅游目的地基本要素和应用要素的设计。基本要素包括旅游目的地的标志、标准色、标准字体、辅助图案等;应用要素包括政府办公用品、公关礼品、各种宣传品、工作人员服饰、室内外标识系统。应该做到在旅游目的地的交通工具、橱窗、宣传材料、办公用品等用品上统一标注旅游标徽、标准字体、标准色,把旅游产品向社会传播,以产生一定刺激作用。

(4)旅游广告宣传。建立城镇景区网站,在网上尽可能详细地展现出旅游目的地的风貌,吸引游客。注重媒体宣传,充分利用大的电子广告牌,并在公路两旁设置标识,真正给人们留下旅游目的地的印象。

3. 行为形象设计(VI)

(1)旅游相关行业形象主要包括旅游景区的服务、旅游从业人员的素质、其他服务行业的服务等。在这方面,要强化对旅游从业人员的培训,引进优异的旅游人才;制定相关的政策法规予以衡量和考核;对于其他服务行业的从业人员也应该加强培训,提高其素质。如珠海御温泉将服务定位为"情字风格,御式服务",并把这种服务理念落到每一个细节上,加大人力资源的投资并由此发展到"十个一"服务。举个很简单的例子,比如到珠海御温泉泡汤,不论客人入池时鞋子如何放,当客人走出温泉池的时候,拖鞋都会摆在右手边向内45度角的位置,这一角度是经反复证明最方便也最合乎人体工程学原理的位置。这样一个细微的服务,成为吸引回头客的重要手段。

(2)居民形象设计。居民形象反映了一个城镇的整体素质,从言谈举止、待人接物上都能反映出城镇的整体精神风貌。对此,应该加大宣传力度,加强居民对形象的认识,将居民的整体形象纳入旅游形象设计的环节之中,使其朝着更文明、更先进的方向发展。

(3) 政府形象设计。政府行为可以作为一种榜样。政府部门应该加强旅游节事活动的策划与组织、旅游活动的宣传与推广、旅游政策的制定与实施等。做到高效、公平、公正,促进旅游业的蓬勃发展,协调各部门的工作,共同为本城镇的形象建设创造良好的环境。

第三节 旅游目的地品牌建设

一、旅游目的地的品牌定位

品牌定位是品牌运营的基本前提和直接结果,是确立品牌个性的策略设计。旅游目的地的品牌定位直接影响着该区旅游业的发展,因此,其品牌定位要从整体上把握并综合分析历史、风俗、文化、宗教等要素,深入挖掘旅游者对本地旅游资源内在、最深层的本质需求,树立起最具吸引力的独特价值形象。

(一) 品牌定位的核心思想

实际上,品牌定位采取的就是一种差异化策略,即寻找与选定具有旅游目的地特有品质的、体现差异化的品牌。如美国拉斯维加斯的发展就是以旅游业的发展为直接依托,2000年其游客数量达到了顶峰,2001年遭遇了"9·11"事件这一致命的打击,游客骤然减少。为了吸引游客,当地政府对拉斯维加斯进行重新定位,"what happens here,stays here"告诉人们一切在这里开始,也在这里结束。据调查,受访者中的77%对该广告标语表示认同,73%的人认为该广告标语能增强其前往拉斯维加斯旅游的兴趣,与此同时,还有74%投资者表示愿意将其作为商业目的地,这一广告标语的成功,极大地促进了拉斯维加斯旅游业的发展,并在2004年使得游客数量猛增。因此,不管是从哪一角度出发,对旅游目的地进行品牌定位就是要使旅游目的地的认知形象在旅游者心中占有一席之地。基于此,旅游目的地品牌定位的核心思想就是要紧密围绕旅游目的地现有的资源状况,着眼于该地未来发展目标和趋势、深入挖掘游客心中最本质的需求的既来源于现实又高于现实的综合定位,并通过高度概括和艺术的语言或文字所表达。

(二) 品牌定位的基本原则

中外许多著名的旅游目的地的品牌都是在其发展中自发形成的,并未对其特意进行品牌定位。近年来由于旅游市场竞争加剧,旅游者的旅游消费需求也日趋个性化、差异化,由此也就产生了对旅游目的地进行品牌定位的需求,且这种需求在20世纪90年代之后日趋凸显。因此,应遵循以下几个方面的原则来对旅游目的地进行品牌定位。

1. 区域性原则

旅游目的地的发展离不开它生存与依赖的特定空间,因此,在进行品牌定位时,一是要做到立足本区域,从区域的角度出发;二是要树立整体的原则,以最佳的方式将品牌定位融入到与之相关的更大的区域中,这样就能让本区域旅游目的地能借助更大范围的旅游区域来对外树立本区域的品牌优势,扩大其影响力,同时还能共享更大区域中的旅游基础设施。

因此,在进行旅游目的地品牌定位时,要充分考虑旅游目的地的地理资源环境、历史传统、经济发展状况、文化特征等诸多因素。只有这样,才能使品牌具有不可替代的地域特性。

2. 资源性原则

资源禀赋是旅游目的地品牌形成和定位的基础,特别是那些特色明显的唯一性资源更是进行品牌定位的根本。旅游资源可以分为有形资源和无形资源两种,有形资源如自然资源等所表现出来的特征共同造就了旅游目的地形象定位的"地脉";无形资源如传统历史、文化等共同构成了旅游目的地形象定位的"文脉"。因此,应立足旅游资源,充分把握具有市场开发潜力且特色明显的唯一性资源。

3. 系统性原则

系统性原则要求旅游目的地在进行品牌定位时,必须树立系统整体的观念,又要体现旅游资源的多样性特征和旅游客源市场的多层次性特征,力求从多层次、多侧面来反映旅游目的地的整体特征。同时也要求旅游目的地在进行品牌定位时能针对不能的发展阶段、不同的市场需求。因此,旅游目的地的品牌定位就不能太具体,应着眼整体,并从多层次上表现出多个支撑形象来对其进行完善与深化。

4. 竞争性原则

竞争性原则是旅游目的地参与市场竞争的直接体现,旅游目的地要想在竞争中居于有利地位,在对其品牌进行定位是就必须要进行竞争性分析。在现实中,旅游目的地的品牌形象不仅要受上一级区域旅游的影响,还要与同类品牌定位的旅游目的地参与竞争,因此,旅游目的地首先要对区域内的资源要素有全面的认识与了解,然后在区域对比的基础上,找出其特色鲜明且具有唯一特性的资源或者产品来进行品牌定位,最大限度地发挥其竞争优势,使其在竞争中取胜。

(三)品牌定位的主要步骤

参照美国旅游营销学家 Morrison 提出的 5Ds 模型,旅游目的地的品牌定位主要有以下步骤:

首先,识别需求或利益。这一阶段主要是通过分析对旅游者最切实的需求与最看重的利益进行识别。旅客出游的目的除了享受自然风光之外,还有对精神层面的要求,所以,如何将游客的需求与旅游目的地的资源较好地融合以形成独特的品牌诉求是其品牌定位成功与否的关键。

其次,形成差别化的旅游产品体系。这里的"差别化的旅游产品体系"是以游客需求为前提的。在充分了解需求的基础上,通过对其旅游资源进行整合来选择旅游吸引物,这是差别化旅游产品体系形成的关键所在。

再次,塑造品牌核心价值和品牌形象。在旅游目的地结合了游客的需求以及旅游吸引物之后,就要向市场推出其品牌的形象和品牌的核心价值。因此,旅游目的地的核心价值要能清楚地表达出旅游目的地发展的长远目标。

最后,对品牌价值与形象进行传递上的设计。这就要求将那些有区别与其他竞争对手的优势与旅游目的地的产品和服务开发相结合,并较好地运用营销手段传递给目标市场。

二、旅游目的地品牌识别系统

旅游目的地品牌战略的表现之一就是旅游目的地品牌识别系统,它是进行品牌建设的基础。主要是由旅游目的地品牌名称、旅游目的地品牌标识设计,以及旅游目的地品牌标识语构成的。该系统是客源市场对该旅游目的地最直观的印象,在一定程度上向客源市场的消费者传递着该区域的内涵,刺激消费者前往。因此,旅游目的地品牌识别系统是旅游经营管理者将旅游目的地的资源、文化等与消费者需求相结合,提出的一种既能充分的体现旅游目的地的资源特色又能有效满足游客需求的一种最终通过艺术的表现方式体现的品牌概念体系。

(一)旅游目的地品牌名称

1. 旅游目的地品牌名称概念

品牌名称就是其品牌体系中用语言来表达出来的称谓。相对于其他旅游目的地品牌识别要素,品牌名称在其品牌识别系统居于核心地位。品牌命名是定位旅游目的地品牌的第一步,并直接影响着旅游目的地的品牌建设。好的品牌名称并不只是个符号,而是透过这个名称,可以明确旅游目的地的品牌定位,增强其竞争优势。

2. 旅游目的地品牌命名策略

在进行品牌命名时,要将旅游目的地的资源状况与其目标市场的需求或是情感期待相融合,以创造出独具特色的市场定位来满足目标市场的情感诉求,让其目标市场的消费者产生去亲身体验的愿望。结合消费者感受来命名、结合资源用陈述性言语进行命名等方式都可以归纳到品牌命名的策略中。在全球化趋势下,旅游目的地的品牌命名不仅要着眼于本土的目标市场源,同时还要有国际化的视角,且在对品牌进行命名时,这些策略既可以单独也可以综合起来加以使用。

(二)旅游目的地品牌标识设计

品牌标识是游客对旅游目的地形象最直观的感受,是"旅游目的地的面孔",是其重要的资产。品牌标识是通过艺术的手段将相应的文字和图案结合起来向游客传播旅游目的地相关品牌信息的视觉语言。其中,图案比文字更深刻,更易记忆。通过品牌标识能够创造出品牌认同、品牌联想和消费者的品牌偏好及品牌忠诚等。

1. 旅游目的地品牌标识的价值

从某种程度上来讲,品牌标识就代表着旅游目的地,使该地区的内涵通过品牌标识得到深度凝聚,形象得到高度浓缩。由于品牌标识是以视觉符号的形式表现出来的,因而品牌标识比品牌名称更能让人辨认并记忆,有助于消费者加以区别。

2. 旅游目的地品牌标识的设计基础

品牌标识的设计就是希望能通过图案和文字将旅游目的地的内涵简单、明了地传递给消费者。因此,品牌标识的设计要具备一些基本的特征,即简单、明了、适度的抽象,或者具体、美观、独特,简单、明了是其主要特征之一。大多数人都有这样的经历:刚开始学习汉字的时候,对于笔画少的字总是很容易就记住了,但是对于那些笔画多的字总是要花费较多的时间来记住它。品牌标识也是如此。简单、明了的品牌标识不仅能给人一目了然的效果,而

且还能使品牌所代表的内容给人留下深刻的印象。在当代快节奏的生活时代,简单、明了的标识具有强烈的表现力,激发着旅游消费者的出行欲望。旅游目的地品牌标识设计既可以是抽象的图形,也可以是具体形象的图形。

(三)旅游目的地品牌标识语

品牌标识语也是旅游目的地进行品牌传播的主要元素之一。相比于旅游目的地品牌标识设计,品牌标识语是一种言语的表达。旅游目的地品牌标识语通常是通过一句精炼的文字概括出来的。品牌标识语的应用起到了产品的广告词的作用。就目前的发展情况来看,旅游目的地品牌标识语可分为以下两类:

一类是旅游目的地总体品牌的标识语。这一类型的标识语具有持久的稳定性,也即一旦确定就不再随意更换,如"神秘湘西,魅力吉首"展现了吉首独具特色的民族风情和民俗文化魅力,是给人神秘莫测的苗族文化的高度提炼,也呼应了湘西地区旅游发展的主题——神秘大湘西,在一定程度上具备唯一性和稀缺性,具有较强的旅游品牌吸引力。又如,德夯旅游被定义为"绿色科罗拉多,德夯户外天堂""德夯天地谷,苗情十八寨";乾州古城被定义为"梦里湘西,神秘乾州"等。

另一类是旅游目的地开展阶段性的推广活动时的主题标识语。这类标识语是为了活动的开展,结合活动本身的特点与性质而推出的,因此也就随着主题活动的变化而变化,如德夯在举办苗鼓节时,品牌标识语是"天下鼓乡,湘西德夯"等。

第四节 旅游目的地营销策略

随着我国经济的持续高速增长,全面建设小康社会的深入,人民生活水平得到普遍提高。如今,旅游已不再是少数有钱人特有的专利。旅游者已遍布社会各阶层和各年龄段,成为平常百姓的日常需要,旅游出现大众化趋势。13亿人口所蕴藏的巨大旅游市场(据国家旅游局数据预测,到2020年我国旅游收入将达到1.9万亿~2.7万亿元人民币,旅游总收入将超过3.3万亿元人民币,相当于国民生产总值的8%),越来越多的地区把发展旅游业作为促进地区经济发展的重要战略。统计数据表明,我国有近30个省市、自治区已将旅游业作为当地的支柱产业或重点产业来培育发展,从南至北"旅游搭台,经贸唱戏"的新一轮旅游区开发热潮正在兴起。新的旅游目的地不断产生,相互之间的竞争将愈加激烈。另一方面,随着市场经济观念的不断深化,"市场"已是经济活动的焦点,营销成为人们谋求出奇制胜的重要手段。各地层出不穷的"形象设计""亮化工程",以及各种节庆活动、对外宣传、广告等均可由此而产生。尤其是最近一两年来,城市广告纷纷在各大电视台播出,据中视金桥广告公司提供的数据显示,2000—2001年,他们代理了40多个城市的形象广告。

但遗憾的是无论是在学术界还是实业界对旅游目的地营销的理解都存在偏差:其一,实践者(主要指政府部门)把旅游目的地促销当作营销,从而只重视形象的概念化设计,节庆、节事等活动,以及其他手段的宣传促销、广告他们只看到旅游目的地营销冰山露出水面的尖角;其二,理论界对旅游目的地营销认识存在囫囵吞枣的现象,把成熟的传统营销理论简单地移植到旅游目的地中来,对旅游目的地作为一种综合旅游产品的特殊性,所引发的营销理念和策略变革认识不够;其三,无论是理论界还是实业界对旅游目的地营销都抱有过多奢望,甚至把它当作一把促使本地旅游业发展和复兴的万能钥匙,没有意识到旅游目的地营销可能产生的负面影响。

一、旅游目的地营销思路

旅游消费与一般产品的消费有三个明显的区别:

首先,旅游消费的异地性。这使得旅游目的地的信息传递变得极为必要,因为只有为人们所感知的旅游目的地才有可能进入他们的旅游决策消费组合。

其次,旅游消费的综合性。对一般产品的消费通常只受到产品属性的影响,而旅游消费却受到多种因素的制约,从而使得游客满意度难于控制。

最后,大多数形式的旅游消费属于精神层次的消费,是非必要的,因此,口碑对于出游决策的影响非常重要。如果去某地需要冒着一定风险,作为风险规避者的大多数游客就会止步。

由于存在这三个本质的区别,使得传统的营销理论不适用于旅游目的地营销的实践。但是,时至今日,无论是在理论界还是实践中,对于这种营销理念的变革和策略的改变关注还不够,依然存在套用传统产品的营销理论来营销旅游目的地的趋势。笔者认为进行旅游目的地营销,必须跳出传统产品营销的"4P"或"8P"理论。从本质来说,旅游目的地营销就是要使游客流源源不断从客源地流向旅游目的地。从逻辑上来说,这包含三个转变:从"一般意义上的人"转化为旅游目的地的感知者,再从旅游目的地的感知者转化为旅游目的地的潜在游客,最后通过出游成为旅游目的地的真正游客。为此,首先必须把一位普普通通的个人转变为旅游目的地的感知者。这个转化,主要取决于旅游目的地信息的传递。从另一侧面说明,由于旅游消费的异地性决定了大量信息传递(如各种形式的宣传和广告)的必要性。这是因为只有对旅游目的地有所感知的旅游者,才可能把旅游目的地列为旅游的对象。仅此而言,政府、旅游局投入大量财力进行宣传、促销,是非常必要的。但是,感知者中只有部分会转化为旅游目的地的潜在游客,即那些认为旅游目的地值得一游、相对较好的感知者。这个转化过程美誉度和相对优势是决定性因素,它决定了转化率的大小,从而制约着"潜在游客"这一库存量。潜在游客转变成真正的游客还需要惊险的一跃。这个过程主要受制于广告和口碑的影响(徐红罡,2000),也就是说,游客最终做出出游决定归根结底一是起因于口碑的宣传,二是起因于广告(这里的广告指的是广义上的广告宣传)。另外,潜在游客库存量的多少,还受到"重游率"和相对优势的影响。不难理解,重游率的高低取决于产品创新和游客的满意度。值得注意的是,区域型的旅游目的地由于总人口的限制,重游率意义非同寻常。另外,部分潜在游客可能在出游之前就对旅游目的地失去兴趣。这可能是由于通过口碑和广告接收到关于旅游目的地不良信息而失去兴趣,也可能是由于对其他旅游目的地更感兴趣而抛弃原来的想法,此时,相对优势起到了关键作用。以上分析归结为图6-3的游客转化模型。

从图6-3可以看到,在游客的转化模型中,主要影响因素有信息传递(如广告等)、口碑、美誉度、相对优势、产品创新和满意度。由于美誉度和口碑主要取决于满意度,产品创新不列为旅游目的地营销重点考察对象。因此,满意度、信息传递、相对优势成为转化过程的三

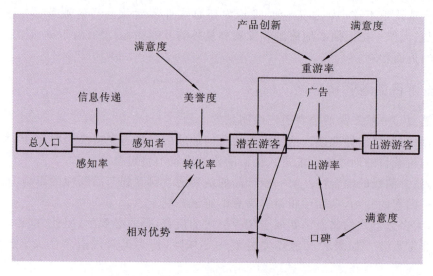

图 6-3　游客转化模型

个关键变量。值得注意的是,旅游目的地信息传递的主要对象是旅游形象而不是旅游产品。这是因为:其一,旅游目的地旅游产品众多,结构复杂,直接宣传产品效果不好;其二,宣传旅游产品无法规避排序的问题,从而容易导致纷争,如鞍山五大旅游产品——玉佛苑、千山、鞍钢、汤岗子和岫玉的纷争就是由宣传排序所引起;其三,旅游产品的类型和结构是动态变化的,把它作为直接的宣传对象,旅游宣传、促销会变得无所适从。同时,频繁地更换会影响长期的宣传效果。而旅游形象相对稳定,不易变化,具有较好的长期效应。由此可见,旅游目的地营销的关键就是通过大量的信息传递,提高旅游目的地的知名度。同时,处理好旅游目的地形象、满意度和相对优势,以及三者相互之间的关系,其目的是形成良好的口碑,提高美誉度和重游率,最终形成源源不断的游客流。特别注意的是,旅游形象与满意度之间的微妙关系。在宣传城市旅游形象时,常常存在夸大和宣传过度的倾向,以为这样就可以更好地吸引旅游者,理由为多宣传、夸大宣传会提高如图 6-3 所示的感知率和转化率,从而提高潜在游客的库存量,在出游率不变的条件下,出游人数就会增多。但是,他们只看到了旅游形象宣传的积极效应,事实上,旅游形象宣传可能会产生负面影响,尤其是宣传过度和夸口如海,这是因为旅游形象的宣传会提高游客预期,在实际旅游体验时,旅游预期的提高意味着满意度的下降,从而导致口碑不良。旅游形象宣传就像一把双刃剑,既可击敌,也可伤己。

二、旅游目的地营销的六大策略

旅游目的地营销是一个系统,它涉及最主要变量是信息传递、相对优势和满意度,因此,提高信息传递的广度和效率,认清自身的相对优势,关注游客的满意度,是提高旅游目的地营销效果的主要途径。为此,旅游目的地营销应该贯彻以下几大策略:

第一,采用事件促销的策略,即通过举办大型主题活动,迅速扩大旅游目的地的知名度。国外长期跟踪研究业已表明,举办大型活动对于提高旅游目的地的知名度具有长期效应。我国也不乏这样的例子,如张家界的"飞机穿越天门洞"、昆明"世博会"、宜昌的"告别三峡游",都使举办地名声大振。事件促销的策略对知名度低,旅游资源比较丰富,旅游业处于起步阶段的旅游目的地尤其适合。相比较而言,节庆、节事等活动,缺乏令人为之一振的效果,再加上通常需要年年举办和大家都办,所以缺乏新鲜感和吸引力。

第二,市场细分的促销策略。目前,大多数城市的促销还停留在大众促销的阶段。因促销效果的难于测量,实践中很少有人怀疑其效果。事实上,游客需求的多样性,旅游产品的有限性,每一个旅游目的地只可能满足某一部分游客的某些需求,所以只有明确自身的相对优势,然后把信息传递到对本旅游目的地旅游产品感兴趣的游客群,才有可能提高信息的传递效率,获得更佳的促销效果。为此必须实施市场细分的促销策略,这需要通过游客调查和主要旅游产品对应分析,明确研究城市的相对优势和目标市场,再通过各种手段,把旅游目的地的相关信息传递到目标市场。以鞍山为例,近几年鞍山最主要的旅游促销手段是在中央电视台做城市旅游形象广告,效果不太理想,通过深入、细致的产品分析和游客调查,鞍山旅游目的地营销规划组发现,南方游客与北方游客对鞍山旅游产品具有明显的不同偏好:南方游客对玉佛苑感兴趣,对千山比较淡漠;北方游客,尤其是东北游客对千山最感兴趣,对玉佛苑却不怎么喜欢。因此,鞍山如果采取市场细分的促销策略,针对不同的目标市场采取不同的促销内容和方式,就会取得更佳的促销效果。又如,通过问卷调查,笔者发现不同地域的游客对大连的兴趣点也明显不同,南方游客对大连的具体旅游产品不怎么感兴趣,他们来大连或想来大连只是因为他们认为大连是北方城市的最主要代表,看看"北方明珠"成为南方游客想来大连的最主要动机;处于内陆的华北、西北游客来大连旅游的最主要原因是大连的"滨海形象";临近大连的东北游客对大连的具体旅游产品则很感兴趣。如果无视这种差别的存在,向所有的潜在游客传递完全相同的信息,促销效果就会大打折扣。

第三,要树立系统的营销策略观,把旅游目的地营销当作一种哲学理念,贯穿旅游目的地发展和规划的整个过程。也就是说,旅游发展和规划的每一个步骤,每一个措施,每一个阶段,都要以目标游客为导向,尽量满足他们的需求;既要重视营销的促销环节,也要重视营销"树内功"的环节,用营销的理念,指导旅游产品的开发,管理游客的旅游体验,以及创建和塑造旅游形象。只有这样,才能使得游客更加满意,提高"一般人"向游客的转化率。通常旅游目的地营销的决策者们对营销的理解,恰恰就是把它当作简单的形象理念定位和促销。Ryan(1991)曾指出公司和政府通常只应用旅游营销组合的一部分(促销),其他营销方法很少受到关注。当然,形象塑造和旅游目的地促销,作为营销的重要组成部分是必不可少,对新的旅游目的地尤为重要。旅游消费的异地性,决定了形象塑造、宣传和促销的必要性。值得注意的是,形象塑造和宣传,必须坚持恰当和抽象,因为过分渲染会提高游客的预期,降低游客的满意度,形成不良口碑,而恰当的形象定位可以更好地实现游客期望,增加其满意度。

第四,实施全民营销的策略。这是因为信息传递的数量和质量,以及游客满意度的提高,都有赖于全民的参与和支持。信息传递,尤其是旅游形象的传播,需要当地居民的积极参与。一方面,这种依靠当地居民的信息口头传递成本很低,传递效率高;另一方面,抽象的旅游形象,以及一些深层次的信息,例如,旅游产品的文化内涵,很难为游客直接所感知,此时,当地居民的参与就变得极为重要。另外,满意度高低直接取决于游客体验的好坏,而后者是诸多因素综合作用的结果,尤其是与当地居民的对待游客的态度,旅游相关行业的服务质量等因素息息相关。这决定了仅仅关注需求者的传统营销方式是行不通的,还必须关注所有的利益相关者和一些偶然因素,这也是旅游营销与传统营销不同的地方。而且这些因

素大多数在营销者的直接控制范围之外,因此,要成功地进行旅游目的地营销,就必须有全民的参与,需要政府、非营利部门、旅游业的相关企业、本地居民及其他部门的通力协作。为此,必须关注所有相关者的利益所在,尽量平衡相关各方的利益要求,使大家都从旅游业发展中受益,从而实现各自的目标,这样有利于相关者对游客态度的改变和各行业服务质量的提高,从而使游客的游历体验得到更大的满足,实现较高的游客满意度,形成良好的口碑。另外,要实行对内营销,把旅游目的地的信息,尤其是旅游形象和产品的文化内涵传递给当地居民,并获得他们的认同。

第五,要灌输主题形象营销的理念。主题形象是突出旅游目的地个性、强化吸引力与深刻游客记忆的基本要求。旅游目的地主题形象的确立一是要突出最具有地方特色的方面从而体现差异性;二是必须利于吸引游客(引发游客的兴趣)。旅游发展很好的城市,一般都有自己的鲜明主题,例如:广州——华南商都(强调其商业文化);深圳——最开放的城市,最靠近香港的城市,最能梦想成真的城市;珠海——最适于人居的城市。一旦确立城市的主题形象之后,所有的城市旅游营销活动都要围绕主题形象而展开,服务于主题形象。

首先,旅游产品的开发应该围绕主题形象,体现主题形象和强化主题形象;其次,旅游目的地标识系统的设计,景观的建设,大型事件活动的举行,也要尽量围绕主题形象,服务主题形象,例如昆明"世博会"正好服务于昆明"春城"的主题形象;最后,向外传递旅游信息要以主题形象为核心,主打旅游形象的品牌,而不是忽视主题形象,直接传递旅游产品的相关信息。

第六,网络营销是现代旅游目的地营销的重要组成部分,应重视旅游电子信息网络的建设,内容应包括旅游信息网、旅游电子商务网和旅游信息数据库,如提供全面及时的旅游目的地综合信息,采用宽带多媒体技术的表现手段、功能强大的信息查询工具、个性化的旅游行程设计,提供实时高效的同业交流专区等,这些工作将对旅游产品的在线销售起到促进作用。

本章小结

本章从旅游目的地市场入手,系统阐述了旅游目的地形象设计、旅游目的地品牌建设、旅游目的地营销策略等3个方面。

核心关键词

旅游目的地营销	tourism destination marketing
旅游目的地形象	tourism destination image
旅游目的地品牌	tourism destination brand
品牌识别系统	brand identity system

思考与练习

1. 如何理解旅游目的地市场？
2. 试述旅游目的地形象设计模式。
3. 论述全域旅游时代下如何进行旅游目的地品牌建设？
4. 结合相关案例，说明如何运用"互联网+"手段开展旅游目的地营销。

全域旅游时代，旅游目的地营销将何去何从？

2016年春节长假前夕，国家旅游局发布了首批创建"国家全域旅游示范区"名单，来自全国各地的262个行政区入选，其中海南省全省都被纳入了示范区。这一举措应是在落实国家旅游局局长李金早在2016年全国旅游工作会议上有关全域旅游发展规划的讲话精神。

根据李金早局长在《全域旅游大有可为》一文中的论述，全域旅游是顺应全民旅游和个人游、自驾游时代的必然选择，也是接下来一个时期旅游业供给侧改革的重要抓手，同时还与区域经济发展、农村经济、扶贫开发等密切相关，已被上升到了国内旅游业改革发展战略方针的高度。

全域旅游是指在一定区域内，以旅游业为优势产业，通过对区域内经济社会资源尤其是旅游资源、相关产业、生态环境、公共服务、体制机制、政策法规、文明素质等进行全方位、系统化的优化提升，实现区域资源有机整合、产业融合发展、社会共建共享，以旅游业带动和促进经济社会协调发展的一种新的区域协调发展理念和模式。简而言之，全域旅游就是要举全域之力构建一个旅游目的地，一个统筹考虑了旅游消费需求的区域发展体系。就现状而言，迎接全域旅游时代的到来，目的地营销需要有四个转变。

1. 传播策略的转变

经常在不同媒体上看到一些省市组团打旅游广告，这些广告有一个共同点就是将当地的知名景区作为传播的落脚点和"卖点"，形式上基本是数个景区的"打包"出镜，媒体渠道选择上也多以昂贵的央视广告居多。在景点旅游时代这样的传播策略完全没有问题，因为特色鲜明的景点就是打动受众的核心价值点，但在全域旅游时代则可能玩不转。全域旅游时代，旅游目的地整体的调性和特色是其招徕游客的基础，当地所有的旅游经济创新也将在此基础上建构，单个景点的存在价值则在于具体阐释旅游目的地的个性魅力。基于此，全域旅游时代，旅游目的地营销需要在传播策略上首先做出改变。

需要改变的首先是传播的内容。从营销的角度看，定位决策是一切营销活动的起点，传播也不例外，因此，旅游目的地传播策略的制定之初必须先弄清楚旅游目的地的定位。旅游目的地的定位也可以看成是旅游目的地的个性和灵魂，时尚、原生态、文艺、历史等等，具体可根据旅游目的地的旅游资源禀赋和历史积淀进行提炼。提炼出来的旅游目的地定位就像是一根完整、精细的丝线，它将把旅游目的地区域内的优势旅游资源串成一挂光彩夺目的"珍珠项链"。因此，全域旅游时代，旅游目的地营销传播的关键应是旅游目的地的个性和定位，而不是具体的几个景点。

除了传播内容外，传播渠道的选择也非常重要，叫卖式的广告与整合营销传播所需要的渠道策略显然是不同的，后者需要在渠道选择上更加精准同时也更加符合旅游目的地的整体定位。

2. 产品策略的转变

在景点旅游时代，景点、购物、住宿和交通等构成了目的地营销的整个产品体系，各种旅游产品在此基础上被创造出来，也是目前各地旅游统计的重点。到了全域旅游时代，这一产品策略显然无法顺应潮流。

从旅游体验的角度看，全域旅游本质上是将一个地方的生活方式等人文要素呈现给游客，那么这种生活方式和体验就是全域旅游时代的旅游产品形式。以苏州为例，景点旅游时代苏州地区的旅游产品是以几个园林、古镇及人文景点串起来的旅游线路，但在全域旅游时代，苏州地区的旅游产品将转变为江南水乡生活和吴文化的深度体验，这也将是当地旅游产品整合的主线，核心目标就是尽可能让游客深度体验当地人的生活方式并感受到当地的文化气息。Airbnb（空中食宿网）的成功之处就在于其一开始就致力于为游客提供能够深入当地的住宿体验，相信这一理念将会在全域旅游时代大行其道。

3. 组织、实施方式的转变

在景点旅游时代，旅游景点及其管理者是旅游目的地营销活动的主要实施主体，旅游主管部门则通常只对辖区的旅游形象宣传承担责任，对于旅游景点等主体的营销活动主要限于宏观指导。在全域旅游时代，需要有主体来组织实施区域旅游的产品规划设计、传播等营销活动，这个角色绝非单一景点或者政府部门所能胜任的，而是需要一个由主管部门及各相关企业等组成的委员会来推动。

4. 效果评价体系的转变

景点旅游时代，衡量旅游目的地营销的效果主要是看景点、酒店等的游客接待量及收入的增长情况，而旅游消费对其他领域的带动作用很少被纳入进来。作为香港的重要旅游地标，香港迪士尼乐园度假区在2015财政年度虽然亏损了1.48亿港元，但是却为香港经济带来约93亿港元增加值，相当于香港本地生产总值的0.42%，并创造20900个职位。这个例子充分表明，旅游目的地营销活动中，特定旅游吸引物的收益增减并不能全面衡量整体营销活动的效果，而需要充分考虑其溢出效应，这就需要对现有的旅游目的地旅游统计体系进行改造。效果评价体系一定程度上是各地区实施全域旅游的"指挥棒"和"标尺",它的与时俱进非常关键。

随着国内旅游消费需求的快速演变,旅游目的地营销的思维方式和方法论必须实时做出相应调整,各个领域也必须按照全域旅游的基本理念和模式做出改变。

第七章

旅游目的地安全管理

学习引导

2015年8月17日晚上19点左右,泰国曼谷市中心著名旅游景点四面佛附近发生爆炸,造成20人遇难,其中7名中国公民(包括5名大陆居民和2名香港居民)、10名泰国人、2名马来西亚游客和1名菲律宾人。爆炸事件的发生,引起了居民和游客恐慌,也将对泰国的旅游业产生一定影响。如何向公众解释并解决该事故,是当地政府和相关旅游部门必须思考的问题。

在旅游业蓬勃发展的今天,旅游目的地安全问题引起了社会和公众的广泛关注。什么是旅游目的地安全管理?如何预防旅游目的地安全事件的发生?如何应对旅游目的地安全问题?通过本章的学习,我们会对以上问题做出相应的回答。

学习重点

通过本章学习,主要掌握以下知识要点:
1. 旅游目的地安全的概念;
2. 旅游目的地安全的特点;
3. 旅游目的地安全的预防措施;
4. 旅游目的地安全事件的应对措施。

第一节 旅游目的地安全概念

随着社会的进步和人民生活水平的提高,旅游逐渐成为一种生活时尚。然而,近年来不时曝出旅游安全事故,不仅使旅游者感到担忧,也使政府部门和相关旅游管理者开始思考有关旅游安全的问题。旅游业是一个易受多种因素影响的行业,安全事件随时都可能对该旅游目的地的发展带来致命影响。因此,了解旅游安全的定义及旅游目的地安全管理的现状显得尤为重要。

一、旅游目的地安全的概念及特点

1. 旅游安全的概念

安全,即平安、不受威胁。1943 年,美国著名心理学家亚伯拉罕·马斯洛提出"需要层次理论",他指出人类动机是由多种不同性质的需要组成的,这些需要又有先后与高低之分,即有一个需要层次,由低到高依次为:生理需求、安全需求、社交需求、尊重需求和自我实现需求。安全需求同样属于低级别的需求,其中包括对人身安全、生活稳定以及免遭痛苦、威胁或疾病的需求等。

在旅游活动中,旅游者离开居住地到达一个陌生的环境,其人身安全、财产安全等问题需要得到保障。什么是旅游安全?传统意义上,旅游安全的概念有广义和狭义之分。

广义的旅游安全是指旅游活动中各相关主体的一切安全现象的总称。它包括旅游活动各环节的相关现象,也包括旅游活动中涉及的人、设备、环境等相关主体的安全现象;既包括旅游活动中的安全观念、意识培育、思想建设与安全理论等"上层建筑",也包括旅游活动中安全的防控、保障与管理等"物质基础"。

狭义的旅游安全是指旅游者的安全,包括旅游者在旅游过程中的人身、财产和心理安全。这也是本书讨论的重点。

与之相对应,旅游目的地安全即指旅游者离开常住地、到达一个吸引其进行游览、观光等旅游活动的地方的人身、财产和心理安全,其研究的区域主要是包括景区各景点、游客的食宿场所等。

没有安全,便没有旅游。旅游安全是旅游业的生命线,是旅游业发展的基础和保障。旅游业发展的事实证明,旅游安全事故的出现,不仅影响旅游活动的顺利进行,而且可能带来巨额经济损失。旅游安全事故会危及旅游者生命和财产,影响社会的安定团结,还会损害国家的旅游声誉。游客在旅游目的地是否安全,更是旅游安全的一个重要方面,直接决定了游客的旅游感受,因此,加强旅游安全管理具有重要意义。

2. 旅游安全的特点

旅游安全的显著特点表现在以下 7 个方面:

1) 集中性

集中性表现在两个方面,即:从旅游活动环节看,旅游安全问题集中在旅途与住宿活动环节;从旅游安全的表现形态看,旅游安全事故大多表现为犯罪、疾病或食物中毒、交通事故。

2）广泛性

广泛性表现在：首先，旅游安全问题广泛地存在于旅游活动的各个环节中，几乎所有的环节都有安全隐患存在，都曾出现过旅游安全问题；其次，旅游安全与旅游社会人口学特征息息相关，几乎任何类型的旅游者都可能面临旅游安全问题；最后，除旅游者外，旅游安全还与旅游目的地居民、旅游从业者、旅游管理部门以及包括公安部门、医院等在内的旅游目的地各种社会机构相联系。

3）巨大性

巨大性表现在：第一，旅游安全问题造成的危害和破坏巨大，涉及个人、集体甚至国家的利益；第二，旅游安全问题对旅游者造成较大的影响，进而影响到旅游者对旅游目的地的安全认知及其旅游决策。

例如：2015年6月1日晚，客轮"东方之星"在湖北监利大马洲水道倾覆，事故迄今已造成442人死亡，其中绝大多数是老人。这场灾难带来的不仅是对内河航运敲响了安全警钟，也对日渐火爆的老年旅游提出了安全警醒。

4）隐蔽性

虽然旅游活动中的安全问题为数不少，但由于安全问题本身的敏感性和所带来的负面影响，往往易被旅游经营管理者所掩盖。各旅游企业面对媒体或广大公众对其安全事件的询问常常避而不谈或草草带过，因此，旅游活动中实际发生的不安全问题较之资料统计的还要多得多。

5）复杂性

旅游活动是一种开放性的活动，而旅游企业正是为开放性活动提供各种服务的企业，例如，旅游饭店作为一个公共场所，每天有大量的人流，鱼龙混杂，其安全管理涉及的环节和人员复杂而众多。因此，旅游安全工作表现出极大的复杂性，除防火、防食物中毒外，更要防盗、防暴力、防黄、防毒、防欺诈、防各种自然及人为灾害等。

6）特殊性

旅游活动中，旅游者为了追求精神的愉悦与放松，常常对安全防范有所放松，因此，旅游过程中发生的各类案件或事故不同于一般的民事、刑事案件，也不同于其他行业的安全问题，有其自身的规律性和特殊性。

7）突发性

发生在旅游活动中的各种安全问题，往往带有突发性，例如，旅游活动中的许多安全问题都是在极短的时间内、在毫无防备的状况下发生的，旅游中的自然灾害也具有突发性。因此，这就要求各旅游管理部门、旅游企业、旅游从业人员在平时要有处理各种突发事件的准备。只有这样，才能在突发旅游安全问题时临危不惧。

二、旅游目的地安全管理现状与问题

旅游目的地安全问题管理的现状主要表现在以下3个方面：

1) 行业安全意识淡薄

我国旅游业发展前景喜人,进入 21 世纪以来,国家旅游局更是提出了建设"世界旅游强国"的长远发展战略目标。这种良好的发展势头一方面增强了我们发展旅游的信心,另一方面又间接造成整个行业的危机意识淡薄。旅游业是一个关联性强且很敏感的产业,伴随着国内市场需求的扩大和经济全球化的增强,各种突发性事件对国内旅游业的冲击日益表现出来。

2) 管理失误

由于旅游安全的敏感性和负面性,旅游安全问题较易被掩盖或扭曲而失真,因此,旅游安全问题尚未引起有关部门的充分关注。根据国家有关政策和法规,除国家旅游局外,旅游业正常运作还需要其他主管机构,如旅游景区的主管机构有当地旅游局、林业厅、消防部门等,这些部门形成了旅游安全管理的外围机构群体,能较有效地抑制安全问题的发生。但因为主管机构多且分散而形成多头管理和管理的"真空地带",造成旅游安全管理的低效。虽有部分旅游管理部门、旅游企业设立了专门的旅游安全管理机构或设有专人负责安全管理工作,但至今仍有为数不少的旅游企事业单位无专门的安全管理人员。

3) 落后的设施设备

落后的设施设备可以说是危害旅游安全的一个重要隐患,相当一部分景区由于设计不合理、投资不到位以及维修不及时等原因,远远不能满足旅游旺季的需要。例如,每年的"五一"假期和"十一"黄金周,到黄山旅游的日游客量最高可达 2 万多人,大大超出景区缆车的运输能力,游客排队等 3~4 小时的现象十分常见。这不仅浪费了游客的时间,还有可能使游客之间发生纠纷,危害旅游安全。长此以往,必然流失一批回头客,严重的还会因为游客的负面宣传而失去潜在的旅游消费者。

三、旅游安全事故的表现

通过对相关研究文献、旅游安全的相关报道以及调查结果的分析,本书把旅游安全归纳为 6 种表现形态,即犯罪、疾病(中毒)、交通事故、火灾与爆炸、自然灾害和其他意外事故。各种表现形态在旅游活动的各环节交替或同时出现,很难划出明确的界线。

1) 犯罪

对犯罪与旅游安全的关系,学术界至今仍有争论,但由于给旅游者带来创伤的严重性和影响的社会性,犯罪成为旅游安全中最为引人注目的表现形态之一,在很大程度上威胁到旅游者的生命、财产安全。

例如,2007 年 11 月 3 日,广州市白云山风景区发生一起抢劫杀人案,被害人薛某的肋部、胸部被三名歹徒猛刺数刀,薛某因心脏破裂失血性休克当场死亡。

2) 疾病(中毒)

由于旅途劳累、旅游异地性等导致"水土不服"和客观存在的食品卫生问题等可能诱发旅游者的疾病或导致食物中毒。食物中毒造成的影响面较大,对旅游者的危害相对疾病而言也更为严重。

例如,2014 年 1 月 20 日,一名来自江苏省常州市的游客因感染 H7N9 禽流感引发严重肺炎并发败血性休克,在台北死亡。

3) 交通事故

在旅游业运行各环节中,旅游交通是安全问题影响最大的环节之一。旅游交通事故往往具有毁灭性。按照交通形式,旅游交通事故可分为:道路交通事故、高速公路交通事故、航空事故、水难事故、缆车等景区内部交通事故等。

例如:2008年5月1日,一辆香港旅游大巴在西贡发生翻车事故,18人死亡。据数据统计,2014年共发生涉旅交通事故18起,共造成95人死亡,分别占旅游安全事件总数和致死人数的56%、86%。

4) 火灾与爆炸

旅游业中因火灾与爆炸死亡的人数较低于旅游交通事故,但是火灾与爆炸往往造成严重的后续反应,如基础设施破坏、财产损失等,甚至造成整个旅游经济系统的紊乱。

例如:2014年1月11日凌晨1时30分左右,云南香格里拉独克宗古城四方街发生火灾,起火原因不明。截至11日晚10时,经初步统计,火灾共造成古城335户群众受灾,其中烧毁房屋242栋,还造成古城部分文物、唐卡等文化艺术品被烧毁。这次火灾对香格里拉地区旅游业带来巨大影响。

5) 自然灾害

自然灾害是由天气、洪水等不可控的自然原因引起的安全问题,是旅游安全的常见表现形态之一。通常把旅游中的自然灾害划分为4大类型:

①威胁人类生命及破坏旅游设施的自然灾害,包括飓风、台风、气旋、龙卷风、洪水、暴雪、沙暴等气象灾害;地震、火山喷发、海啸、雪崩、泥石流等地质及地貌灾害;其他自然灾害,如森林火灾。

②危及旅游者健康和生命的其他自然因素和现象,这些因素包括缺氧、极端气温、生物钟节律失调等。缺氧和高山反应多发生在海拔较高的旅游目的地,并可能由此引发肺气肿、脑水肿等致命的症状。极端气温主要是指极端高温(如沙漠)和极端低温(如两极和高山)。生物钟节律则表现在航空旅行中,并可能伴随着疲乏、睡眠障碍、食欲不振现象的出现。

③旅游者与野生动植物、昆虫等的接触产生的危险,主要在于大型凶猛动物对旅游者带来的伤害与威胁。如热带、亚热带海滨时常出现的鲨鱼咬伤旅游者的现象,有毒昆虫、植物也容易导致旅游者的皮肤疾病或身体伤害。

④环境因素导致的疾病,主要指传染性疾病在旅游者中间发作的可能性及其对旅游者的危害。最具威胁的多为热带地区的环境所特有的疾病如疟疾、登革热等。其他环境因素引发的问题还有水土不服等。

例如,2015年在韩国出现的MERS(中东呼吸综合征)疫情就对旅游者带来了很大的威胁,从而对韩国的入境游产生严重的负面影响。

6) 其他意外事故

除了上述5种表现形态外,旅游安全表现形态还包括其他一些特殊、意外的突发性事件等。

例如,2014年4月,在石家庄井陉县窦王岭景区十几名游客在一处攀爬游乐设施上活动时,突然发生倒塌事故,幸运的是并没造成严重后果。

第二节 旅游目的地安全预防

旅游安全问题对旅游者、当地旅游业的发展及我国的旅游形象都有深刻影响,也引起了相关旅游管理部门的重视。如何防患于未然,做好旅游目的地安全预防工作,给旅游者提供安全的旅游环境、促进当地旅游业的发展,是我们要思考的问题。

一、旅游安全法律法规体系

随着我国旅游业的发展,我国也在不断完善相应的旅游法律制度。到目前为止,已公布的旅游法规、条例、规章有40余项,和旅游安全相关的有20余项。这些法规、规章、条例在调整旅游业、规范旅游市场、解决旅游纠纷、保护旅游法律关系主体各方权利等方面,发挥着重要作用。

目前规范我国旅游安全的主要有以下一些法律法规:

1) 专项法规、规章

国家旅游局于1990年、1994年先后颁布了《旅游安全管理暂行办法》《旅游安全管理暂行办法实施细则》,对旅游安全管理应遵循的原理、管理机构的职责及事故处理程序、旅游安全事故的等级等做出相应的规定。1998年国家旅游局颁布了《漂流旅游安全管理暂行办法》,从对漂流水域的控制、漂流工具的选择、漂流工作人员的管理、漂流旅游经营公司的控制与管理等4个方面,对漂流旅游进行了规范。

2) 相关条例和规定

国务院颁布的《风景名胜区管理暂行规定》和《游乐园管理规定》都是比较侧重于保护旅游资源,对旅游者安全只是做了简单的规定。1999年颁布施行的《导游人员管理条例》,其内容主要是规范旅游服务提供商和旅游服务提供人员的行为。同时,针对旅游投诉和旅游纠纷等问题,国家旅游局于1991年制定颁布了《旅游投诉管理暂行规定》。

3) 援引的其他法律、法规

旅游业是一项综合性的经济行业,横跨饮食、住宿、交通、游览、购物、娱乐等6大部门,其本身没有旅游基本法,处理纠纷时要援引其他法律、法规。在旅游交通方面主要是参照我国《铁路法》《民用航空法》和《公路法》等;在旅游合同方面参考我国《合同法》;在消费者权益保护方面参照我国《消费者权益保护法》,还有我国《民法通则》《产品质量法》和《保险法》等。

二、旅游安全事故的等级划分

旅游安全事故,是指在旅游活动的过程中,由自然或人为原因所引起,造成旅游者人身或财产损失,并由此导致有关当事人相应法律责任的事件。旅游安全事故分为不同的等级,根据国家旅游局《旅游安全管理暂行办法实施细则》中的规定,旅游事故分为:

(1) 轻微事故,是指一次事故造成旅游者轻伤,或经济损失在1万元以下者;

(2) 一般事故,是指一次事故造成旅游者重伤,或经济损失在1万(含1万)~10万元者;

(3) 重大事故,是指一次事故造成旅游者死亡或旅游者重伤致残,或经济损失在 10 万(含 10 万)~100 万元者;

(4) 特大事故是指一次事故造成旅游者死亡多名,或经济损失在 100 万元以上,或性质特别严重,产生重大影响者。

为了做好旅游目的地安全预防工作,可以从以下几个方面做起:

1) 加强各部门合作

安全管理应当注重整体作用,充分发挥各相关部门的作用。由旅游管理部门牵头,相关政府部门出面,联合公安、交通、通信、消防、卫生等各个部门,建立旅游安全整体联动系统。加强对旅游目的地的旅行社、旅游饭店、旅游车船公司及旅游景区景点、旅游购物商店、旅游娱乐场所和其他旅游企业的安全管理。旅游行业部门对旅游危机易发地区应编制旅游危机预防与控制专项规划,对旅游危机潜在源头进行系统规划和长期监控。政府旅游主管部门有必要组织制定旅游危机规划方面的政策和法规。

2) 提高预警,警告旅游危险行为

任何一项旅游活动,管理部门必须合理限定游客的活动范围和空间。工作人员(含导游员)应明确告知游客不准超越规定的景点、游览路线及范围,在景点及道路危险处设置标示牌、警告牌等明显标志,提醒游客加以重视。在旅游高峰期内对各主要景区加强巡逻密度和力度,将安全事故消灭在萌芽状态。同时,管理部门可利用社会公共宣传来加强游客的安全意识教育,强化安全心理训练,培养良好的心理素质。通过景区导游讲解系统使游客具备必要的安全知识和自我保护意识,建立预警机制,加强工作人员的救援训练。

3) 引进先进技术设备

我国目前对旅游业仅有少量投资,这种状况在近几年不会有大的改变。在这种情况下,我国要发展旅游业及相关设施的庞大需求与资金短缺的现实形成尖锐的矛盾。因此,只有在更大范围内扩大对外开放,对与旅游服务相关的各行各业积极引进外资、先进技术设备和管理经验,是唯一可采取的途径。只有这样,才能在较短时期内全面改善我国的旅游环境。

4) 改变观念,提高从业人员的素质

长期以来,我国的经营理念是旅游只是一种用来盈利的产业。景区管理机构有明确的盈利目标,自负盈亏。在没有充足财政资金支持的情况下,管理机构的经费靠自我筹措。主要筹措方式就是利用景区资源,进行旅游服务经营,以获取收入。造成旅游经营者过分追求利润,只注重眼前利益,忽略了旅游业的长远利益和可持续发展,破坏了相当一部分的旅游资源。在这种情况下,政府应当增加一定的财政投入或者适当减少景区的盈利税,把这部分资金作为景区的管理经费。同时,培训出一批熟悉国际旅游业务、外语水平高、作风过硬的旅游导游和相关的领导干部,逐渐把旅游做成一种权利和义务相结合的事业。

5) 加强风景区的管理

针对风景区内旅游者流动性大的特点,当地旅游管理部门可配合治安管理机构在车站、码头、旅馆等旅游者集散地设置安全宣传栏和发放安全宣传手册,或在事故频繁的偏僻景区地段设置安全宣传橱窗,提醒旅游者在旅游过程中应注意的事项和突发情况下的应急措施。也可在导游图等旅游宣传册上介绍风景区的安全保障情况和旅行注意事项,以提高旅游者的安全防范意识和自我保护能力,保证旅游者在风景区能享受安全愉快的旅行。

第三节　旅游目的地安全应对

旅游安全管理预防是对旅游安全管理提出的宏观的对策,宏观上起到减少或避免安全事故发生的作用。但是当旅游安全事故不幸发生时,要采取适当的方案去积极应对。旅游目的地安全应对方案的思考,是更为实际的问题。

一、旅游目的地安全事故处理原则和一般程序

1. 旅游目的地安全事故处理原则

在旅游安全事故的善后处理工作中,应恪守保护旅游者的基本权利和利益为第一位的原则,在具体工作中,要遵循下述基本原则:

1) 迅速处理原则

旅游安全事故发生后,报告单位应立即派人赶赴现场,组织抢救工作,保护事故现场,并及时报告当地公安部门。

2) 属地处理原则

旅游安全事故发生后,原则上由事故发生地政府协调有关部门及事故责任方及其主管部门负责,必要时可成立事故处理领导小组。

3) 妥善处理善后原则

旅游安全事故发生后,要积极处理善后事宜,尽量避免事故造成的损失进一步扩大。

2. 旅游目的地安全处理一般程序

1) 立即报告

旅游安全事故发生后,带团的导游人员应立即向所属旅行社和当地旅游行政管理部门报告。当地旅游行政管理部门接到一般、重大、特大事故报告后,要及时上报国家旅游行政管理部门。

2) 保护现场

一旦发生旅游安全事故,现场有关人员一定要配合公安机关或其他有关方面,严格保护事故发生地现场。

3) 协同有关部门进行抢救、侦查

当旅游安全事故发生后,地方行政管理部门和有关经营单位和人员要积极配合公安、交通救护等方面,查清事故原因,组织对旅游者进行紧急救援并采取有效措施,妥善处理善后事宜。

4) 有关单位负责人应及时赶赴现场处理

旅游安全事故发生后,有关旅游经营单位和当地旅游行政管理部门的负责人,应及时赶赴现场,组织指挥,并及时采取适当的处理措施。

发生重大旅游安全事故和特大旅游安全事故,导游人员必须立即报告,尽力保护事故现场并在领导指导下做力所能及的事。

二、影响旅游安全的因素

1) 旅游环境

旅游活动的开展需要一定的自然环境和社会环境基础,而这个基础却存在许多不稳定因素,表现出旅游环境的不安全状态,主要包括:

(1) 自然环境因素。自然灾害可分为骤发自然灾害和长期自然灾害两大类。常见的骤发自然灾害包括地震、火山爆发、塌陷、地裂、崩塌、滑坡、泥石流、暴风雨、洪水、海啸、沙尘暴、有毒气体污染等;长期自然灾害包括干旱、沙漠化、水土流失、大气污染、瘟疫等。这些自然灾害组合构成了旅游自然环境的不安全状态,一旦旅游活动面临自然灾害,尤其是骤发性自然灾害时,安全事故将不可避免地发生。

(2) 社会环境因素。社会环境的不安全状态主要来源于社会与管理灾害,包括战争、恐怖主义、社会动乱、犯罪活动、火灾、旅游设施管理差错等引起的灾难或损害。战争对旅游业的打击是致命的,海湾战争、波黑内战、科索沃战争等局部战争使当地及邻近地区的旅游业一落千丈,众多游客望而却步。社会动乱和恐怖活动给旅游业带来的冲击不可轻视,火灾和旅游设施管理失误也会带来安全事故。

例如:2013年9月16日,宁波北仑区九峰山景区的一群游客,为了躲雨上了山顶的亭子,不料一记强雷击中山顶的亭子,塌方的坠石击中正在躲雨的游客,酿成1死16伤的惨剧;2015年3月19日,广西桂林叠彩山景区发生一起山石坠落事件,导致4名游客当场身亡,3人送医院全力救治无效遇难,25人不同程度受伤。

2) 旅游者行为

部分游客刻意追求高风险旅游行为,增大了事故发生的可能性。在旅游活动中,个别游客常常不顾生命安全去寻求一种危险刺激,包括极限运动、峡谷漂流、探险旅游、野外生存等在内的一批惊险奇特的旅游项目成为流行时尚。追求过分强烈刺激的代价往往是旅游者人身安全保障的牺牲,这类高风险活动对旅游者和旅游经营者均有极高的要求,游客自身失误或任何一丝管理疏忽即可导致人身伤亡事故的发生。此外,旅游者无意识进行的一些不安全行为也会引发安全事故,如烟头的随意扔弃、干旱季节里的野炊、野外烧烤等行为引发山林大火,误入泥泞沼泽地、有瘴气的山谷或大型食肉类动物、毒蛇及部分猛禽经常出没的地方而意外丧生。

例如:2008年10月4日,广东省肇庆市鼎湖区砚洲岛的两名随单位组团参加拓展旅游的旅游者在自由活动时,违反旅游合同约定,擅自下西江戏水、游泳,在深水处突然溺水后死亡。

3) 管理不完善

管理失误对环境和行为造成的影响加重了旅游环境的不安全,大规模的旅游开发在一定程度上破坏了旅游目的地的山体、水体、大气、动植物群落以及其他生态环境,引发了一些自然灾害。如建筑工程开挖引发山体滑坡、岩石崩塌,旅游设施建设中大量砍伐树木导致水土流失加剧,遇上暴雨最终形成泥石流等。另一方面,管理疏忽和失误也会使社会环境恶化,引发针对旅游者的各种犯罪活动增加,尤其在旅游旺季时表现更加明显,包括抢劫杀人、敲诈勒索、行窃、诈骗、色情赌博等在内的各种犯罪活动极大地威胁到游客的生命和财产安全。在部分特殊景点或地段处,如悬崖、桥梁、湍急河流边等一切可能威胁到人身安全的地方,任何防护设施的不完善或疏于管理均会诱发部分游客越过安全限定范围,使自己处于危险境地。

例如:2015年7月30日,河北平山县驼梁风景区发生滑道破裂事故,已造成至少3人死亡、多人受伤。

三、旅游目的地安全事故的应对

考虑到旅游安全事故的特点,旅游目的地需要制定一个完善的应急处理流程,有利于当局在面对突发旅游安全事故时可以做到临危不惧,有条理、有章法地处理问题。当旅游安全问题发生时,比较恰当的处理流程如下:

旅游安全事故发生后,首先是信息的传递,保证在第一时间让相关部门知情;其次是进行先期处理,尽快争取时间应对,防止事态进一步扩大化;然后是现场处理,了解清楚状况,进行救援工作;最后是做好善后工作及修复重建工作等。具体的流程如图7-1所示。

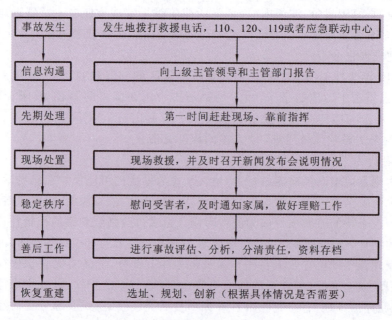

图7-1 旅游安全事故处理流程

旅游安全事故处理流程,要有一定的技巧性。例如,旅游目的地与媒体的沟通、与受害人家属的沟通等。这样可以使旅游安全事故的报道更加真实可靠,让公众了解真实的情况,同时好的沟通技巧可以更好地处理旅游安全事故。

本章小结

本章介绍了旅游目的地安全的概念和特点,并就旅游目的地安全预防、旅游目的地安全应对等结合实践案例做了重点阐述。

第七章
旅游目的地安全管理

核心关键词

旅游安全　　　　　　　　tourism security
旅游目的地安全管理　　　tourism destination security management
旅游安全预警　　　　　　tourism security precaution
旅游安全因素　　　　　　tourism security factors

思考与练习

1. 简述旅游安全的定义和内涵。
2. 简述旅游安全的特征。
3. 简述旅游安全事故的类型。
4. 如何预防旅游目的地安全事故的发生?
5. 结合身边发生的案例,简述如何处理突发的旅游安全事故。

案例分析

2010年10月4日,广东省肇庆市鼎湖区砚洲岛发生一起旅游安全事故。两名随单位组团参加拓展旅游的旅游者在自由活动时,违反旅游合同约定,擅自下西江戏水、游泳,在深水处突然溺水后死亡。

广东省职工国际旅行社(以下简称"旅行社")接受郑州优德伟业科技发展有限公司广州办事处(以下简称"公司")委托,组织该公司101名员工前往肇庆西江边的砚洲岛开展为期两天的拓展旅游活动。双方签订的旅游合同特别约定,旅游者不得擅自到西江游泳。开展活动前,旅行社团体部经理与公司负责人勘察了拓展旅游地,该区域有禁止游泳的警示牌。双方在签订旅游合同的基础上,又增加了旅游行程、活动安排、注意事项、有关要求等合同附件。拓展旅游活动按照合同的约定进展顺利。10月4日上午,在游览鼎湖区砚洲岛用完午餐后,公司负责人与随团导游员协商,给予旅游者1小时的时间整理行李、稍事休息,下午4时集中乘车返回广州。导游员随即宣布自由活动,在告知集合时间的同时,提醒大家不要下西江玩水、游泳。当日下午约2:30,七八名旅游者擅自到沙滩戏水。大约10分钟后,3名游客走到水深处突然溺水,大呼"救命",其中一名游客获救,两名游客失踪。旅游者向110报案。公安部门接到报案后,及时赶赴现场,会同海事部门、当地村镇人员搜救。10月6日上午8时许,在当地公安、海事、旅游及所在镇政府、村委会等有关单位努力下,于事发现场

　　下游2公里处找到两名失踪者遗体。经法医鉴定和公司领导现场确认,死者为该公司委托旅行社组织的赴肇庆旅游的团队成员。

　　事故发生后,肇庆市委、市政府和省旅游局高度重视事件的处理。肇庆市旅游局及时启动旅游突发事件应急预案,主要领导等有关人员,赶赴事发地点,协调相关部门。事发地鼎湖区政府组成了由公安、海事、旅游以及所在镇政府、村委会等单位参加的工作小组,研究部署事故的善后处理工作。在当地政府以及旅游、公安、海事等有关部门和组团社、组团单位的共同努力下,经过与死者家属友好协商,由组团单位代表旅行社、砚洲村委会与死者家属签订协议,每位死者获得经济补偿10万元、旅行社为旅游团购买的旅游意外保险8万元。死者家属随后返回原籍,事故善后处理结束。

　　试结合案例讨论如何加强旅游安全事故的预防及应对工作。

第八章

旅游目的地发展的影响

学习引导

　　凤凰县属亚热带季风性湿润气候、冬暖夏凉、日照充足、四季分明，是理想的旅游胜地。而凤凰县真正意义进行旅游开发，始于2000年年底。近年来，凤凰县依托自然生态和人文生态资源优势，以凤凰古城为中心，以民族文化为主线，以南长城、黄丝桥古城、奇梁洞、南华山国家森林公园等30多处景点为观光旅游圈，加快文化旅游产业的发展。2004年，凤凰县文化旅游持续健康发展，全年共接待国内外游客189万人次，实现旅游收入2.9亿元。2014年，凤凰县全年共接待国内外游客956.18万人次，实现旅游收入80.98亿元。显然，旅游目的地区域的发展会对当地的政治、经济、社会、文化、环境等各方面产生影响，全面科学地对各种影响进行分析，才能真正认识到旅游目的地的发展。那么旅游目的地的发展是如何影响整个所属行政区域的呢？通过本章的学习，让我们去寻找答案。

学习重点

通过本章学习，重点掌握以下知识要点：
1. 旅游目的地发展对经济的正面与负面影响；
2. 旅游目的地发展对环境的正面与负面影响；
3. 旅游目的地发展对社会的正面与负面影响；
4. 旅游目的地发展对文化的正面与负面影响；
5. 旅游目的地的可持续发展。

旅游是在闲暇时间所从事的游憩活动的一部分，是在一定的社会经济条件下产生的一种社会经济现象，是人们物质文化生活的一部分。旅游的一个显著特点是要离开居住地或工作的地方，短暂前往一个目的地从事各种娱乐活动，同时，旅游目的地要提供各种设施以满足其需要。旅游的发展是经济、社会、文化等现象的综合反映，这一特性决定了旅游活动的发展必然给当地的经济、环境、社会、文化等方面带来复杂的影响。

随着旅游活动和旅游业的发展，人们开始深入了解旅游活动在环境、文化等方面产生的复杂的影响，旅游影响研究逐渐成为旅游研究的重要分支。从广义上讲，旅游影响即是旅游活动和旅游业带来的各种变化；从狭义上讲，旅游影响即是旅游活动和旅游业对旅游目的地的经济、环境和社会文化方面带来的各种正面的和负面的影响。我国学者张文在《旅游影响——理论与实践》一书中将旅游影响定义为：因旅游而形成的具有关系的事物间发生的相互作用及结果。

20世纪，随着经济的发展和交通条件的改善，旅游业才真正成为具有产业意义的现象，特别是第二次世界大战后西方经济的飞速发展以及交通领域大型宽体喷气式客机和高速公路的发展，使得旅游业真正进入大众时代。旅游活动在规模上比以前增加了，旅游目的地也得到了空前的发展，其带来的正面和负面影响也使得各国都不得不认真研究和应对。

第一节 旅游目的地发展的正面影响

一、旅游目的地发展对经济的正面影响

在当今社会，旅游业已成为主要的第三产业，在一些国家或地区甚至成为当地的支柱产业。旅游对经济环境的有利影响是最为显著的。旅游业和其他产业相比，是一个投资少、见效快、轻污染的产业。同时，旅游业还能带动其他相关产业的发展，这就使旅游业对于该地区国民经济收入具有重大的意义。旅游消费直接影响餐饮、住宿、交通、游玩、购物、娱乐等方向，间接影响的有金融、保险、通信、医疗、农业、房地产、环保、印刷等58个部门。据有关研究测算：在中国，旅游收入每增加1元，可带动第三产业相应增加10.7元；旅游外汇收入每增加1美元，利用外资额则相应增加5.9美元。具体来说，旅游目的地发展对经济的正面影响主要包括以下几个方面：

（一）增加旅游目的地经济收入

一个地区旅游业的高速发展必然会为当地人民带来更高的收入，因为当地游客的增加可以扩大市场需求，刺激当地经济发展。对于一个国家来说，本国居民国内旅游活动的开展则可以将国内部分财富从旅游客源地区转移到旅游接待地区，从而客观上起着将国内财富在有关地区间进行再分配的作用。旅游的发展可以使旅游目的地经济收入增加，能调节旅游地区购买能力。2014年中国旅游业实现了平稳增长，国内旅游36亿人次，比上年增长10%；入境旅游1.28亿人次，比上年下降1%；出境旅游首次突破1亿人次大关，达到1.09亿人次。全年旅游总收入约3.25万亿元人民币，比上年增长11%。

(二) 提供大量就业机会，吸收农村剩余劳动力

在解决我国的就业压力中，旅游业被认为具有广泛的适应性。一方面，旅游业是劳动密集型行业，同时又是综合性、关联性极强的产业，能直接或间接地创造大量的就业岗位；另一方面，旅游业具备投资少见效快、就业岗位门槛低、就业方式灵活等特点。2014年，我国乡村旅游新增收入400亿元，带动约20万人就业，超过3300万农民受益。

(三) 带动关联产业的发展，调整当地经济结构

旅游业的发展不仅提供了许多直接的就业机会，还刺激着相关产业的发展，提供着许多间接的就业机会。旅游消费支出每增加一个单位，工业产值可扩大2.71倍，国民收入可扩大1.36倍，投资可扩大0.25倍。在发展中国家，旅游业发展在这些方面所起的作用会更大，可以分别扩大到3.7倍、2.7倍、0.9倍。旅游活动本身包括"食、住、行、游、购、娱"六大要素，所以，它一方面给交通运输、饭店宾馆、餐饮服务、商业网点等带来客源，另一方面也带动影响了旅游目的地轻纺工业、建筑业、加工制造、邮电通信、房地产、金融保险业、文体事业等的发展，起到了"一业带百业"的作用。与此同时，各行业的发展又为生产各种旅游消费品提供资料。由此可见，旅游目的地的发展对调整第一、第二、第三产业经济结构产生一定的影响。

(四) 改善收支平衡

旅游业不仅吸引了国内游客，还吸引了大量境外旅游者，成为重要的创汇方式，对于提高外汇储备、弥补贸易逆差、平衡国际收支起了很大的作用。

第一，旅游业提供的是旅游观光和相关服务，是以游客的异国消费来赚取外汇的，因而在贸易条件上具有巨大的优势，一般不受贸易壁垒和出口配额的限制，在国际上普遍被认为是最优秀的出口产业。

第二，旅游产品和服务的价格建立在一定的国家垄断的基础上，国际竞争在一定程度上被弱化，价格的自主权较大，而且旅游创汇是现汇收入，资金可马上投入周转使用。

第三，换汇成本较低，并且换回的外汇数量多。

(五) 增加税收

旅游产业通过本身的经营活动，在增加外汇收入的同时，还能够带来盈利。从目前来看，旅游业向国家缴纳的税种涉及营业税、增值税、车船税、房产税、土地使用税、消费税、所得税、个人所得税及其他一些附加税等。

(六) 带动改革开放，扩大国际交流

旅游吸引了许多外国旅游者，他们通过旅游活动了解各地的历史文化、风俗民情、建设成就、政策法规，因此，旅游在客观上促进了对外开放，为吸引外部资金和对外贸易创造了机会，对环境保护还可起到经济支撑的作用，旅游收入增加了维护和美化环境的资金。

(七) 回笼货币，加速建设资金的周转

旅游目的地的发展在回笼货币、加速建设资金周转、防止通货膨胀、繁荣市场、安定民心等方面起着重大作用。

货币回笼的途径之一是向市场投放相应数量的商品，再则是供应商业性的服务消费品。在商业投放能力有限，难以及时扩大市场所需商品投放量或市场需求不足、消费欲望下降的

情况下,转移人们的购买倾向,鼓励人们多消费服务产品,成为必要的货币回笼手段。

（八）旅游扶贫功能

旅游目的地的发展会带来国内财产的移动和再分配,实现财富从发达地区向不发达地区的转移,即从收入高的地区流入经济水平较低的地区,旅游地区的很多人可以从旅游的直接收入中得到益处。在我国,贫困地区大多在山区、荒漠地区和少数民族聚集地区,其交通不便,产业基础薄弱,但同时这些地区得以保存了比较完整的原始地形、地貌、人文景观和风土人情。我国旅游资源蕴藏丰富的地区与贫困地区有很大的重合性,发展旅游业与扶贫工作客观上存在着有机的联系。许多有旅游资源的旅游目的地,通过发展旅游业,并依托旅游市场发展旅游农业、旅游工业,取得了大面积脱贫致富的效果。

总之,旅游业在增加利税和货币收入、增加外汇收入、大量回笼货币、提供就业机会、带动相关产业、优化产业结构、合理配置资源、改善投资环境、促进贫困地区脱贫、保障社会稳定及推动经济发展等方面的作用和影响比较显著。所以,旅游目的地政府在可能的情况下都应该结合当地的旅游资源现状,大力投资开发旅游市场,用旅游这一朝阳产业来带动当地经济的发展。

二、旅游目的地发展对环境的正面影响

从根本上分析,旅游目的地的发展与旅游环境的关系主要表现在以下几点：

第一,良好的环境是旅游目的地建立和发展的基础。旅游环境既包括自然环境,也包括社会人文环境。旅游目的地的开发取决于当地是否拥有旅游者所需要的优美的自然环境和适宜的人文环境。

第二,旅游环境促进旅游目的地的发展。如果当地的环境不具有吸引力,那么就会抑制旅游目的地的发展,相反,如果旅游当地的环境能够成功地吸引消费者,那么也就直接促进了旅游目的地的进步以及发展。

第三,旅游目的地的发展推动旅游环境的完善。旅游活动是一个具有复杂性、综合性的系统工程,每一个环节都影响着旅游活动的开展。若当地的旅游环境与游客期望不符,就会直接阻碍旅游活动的顺利开展,从而影响到旅游当地经济的进步。

由此可以看出,旅游目的地的发展对于推动旅游环境的完善有着直接的作用。而旅游目的地发展对环境的正面影响主要体现在以下几个方面：

（一）旅游业是一种资源节约型、环境友好型产业

旅游业的发展消耗资源少、环境成本低,一般不会对资源和环境产生直接的硬消耗,有利于自然文化资源和生态环境的永续利用。

（二）保护生态脆弱的旅游目的地

旅游业的发展对属于生态脆弱的贫困山区的环境可产生积极的保护作用。这些地区在全国主体功能区划中属于禁止开发或限制开发区,没有发展工业的有利条件,产业基础比较薄弱,城镇化的道路非常艰难。但这些地方由于独特新奇的旅游资源吸引了大批具有"寻异"心理的旅游者,通过发展旅游业,带动相关产业的发展,吸引周围地区的人口、物力、资金,形成发展的增长极,产生向周围地区的辐射力,从而不仅带动当地经济发展,缩小与发达

地区的差距,也有利于生态环境保护与可持续发展。

（三）生态环境保护意识得到提高

伴随着旅游目的地旅游活动的开展,旅游者可以了解更多的自然知识、生态知识乃至环境知识,可引发旅游者对人与环境的关系的进一步思考,提高其环境保护意识。2014年国庆节期间,天安门广场收集各类垃圾47.45吨,与上年同期垃圾收集量53.85吨相比,减少6.4吨。垃圾主要来自垃圾箱等容器,游客随手扔垃圾的现象大大减少了。

（四）为资源和环境保护工作提供必要的资金支持

旅游目的地经济收入的一部分可用来投资维护风景区的环境质量和保护历史遗迹。黄山是安徽省最著名的国家级风景区,近年来黄山风景区在能源结构改造、垃圾处理、污水处理、净菜上山等一系列环保工程上的投入达4000多万元,使环境污染降到最低程度。黄山风景区近年来还建设了若干个"生态环境"项目,既为附近村民提供了就业机会,增加了农民收入,又较好地调整了风景区与群众的关系,有效地保护了生态环境;同时,还为生态旅游开辟了新的游览区。

三、旅游目的地发展对社会的正面影响

旅游目的地发展对社会的影响指的是,旅游业对旅游目的地社会带来的表现在价值观、个人行为、家庭关系、生活方式、道德观念、宗教、语言、健康等方面的变化,简单地说,是对人的影响,是旅游目的地居民通过与旅客的直接或间接接触所受到的影响。其有利影响主要表现在以下几个方面：

（一）改变着当地社会的结构

旅游目的地的发展改变了当地妇女对自我原有角色的认识。旅游业为妇女走出家庭、提供就业创造了机会,改变了她们原有的经济地位和社会地位,这种角色的转化又引起了家庭婚姻状况及人际关系的变化。另外,旅游目的地的发展使其社会组织基础发生改变,社会分层扩大。许多人的社会地位产生巨大变动,由此产生了一个新兴的社会阶层——中产阶级,他们逐渐成为与传统地方精英相制衡的社会控制力量。移民问题是旅游对接待地社会生活影响的另一个较为明显方面。刘赵平(1998)认为,旅游目的地的发展对接待地社会生活影响的另一个较为明显的方面是移民问题。旅游目的地的发展不但帮助社区留住了将要迁移的人员,而且将那些寻求工作与发展机会的外来人员也吸引进来,这在某种程度上加速了那些处于边远地区的旅游接待地的城市化进程。

（二）示范效应

旅游者以其自身的意识和生活方式介入旅游目的地社会中,引起当地居民的思想变化,产生各种影响,这种作用称为"示范效应"。示范效应对提高老少边穷地区人口素质有积极作用。偏远落后地区的居民通过模仿和学习,其行为举止、卫生习惯、经商意识都得到改善和提高,从而使因交换而生产以及由此而来的生活方式的变革已成为可能。而旅游者的示范效应在引起当地居民心理发生变化之后,通过社会化过程可以转化为社会心理。如果能正确处理好传统和现代化的关系,则能实现社会心理的现代化,社会心理的现代化则有利于实现社会文化的现代化。

(三)推动乡村城市化

旅游业发展推动形成的乡村城市化是一种自下而上的城市化,需要的政府投资非常少,且没有出现土地资源浪费的情况,乡村土地性质较少被改变,农田、耕地流失较少。在城市化表现上,旅游引导的乡村城市化主要有如下特征:

第一,劳动力的结构、生产方式发生转变,农业户口的村民大量从事非农业劳动,旅游服务业成为主导产业,传统农业经营结构也在发生着变化。

第二,受到城市文化的影响,村民思想观念现代化,生活方式向城镇化转变。

第三,发生乡村城市化的村落为其他经济落后的村落提供就业机会,吸引人口聚集,从而具备了一定的城镇功能。

四、旅游目的地发展对文化的正面影响

(一)增强民族自信,实现民族文化的良性变迁

旅游目的地的发展能够改变传统落后的观念,树立现代商品经济意识,在加速民族文化的世界化进程、促进地方文化的再构建、加大当地对外开放的力度、强化接待地的民族认同意识等方面显示了显著的积极影响。使旅游目的地的居民能够更加大方、平静地向旅游者展示本地文化的内涵。旅游目的地的发展能够凸显、增强旅游目的地居民原有的认同感和文化自尊感。

(二)为文化的传播提供平台,促进文化交流

旅游目的地的发展为旅游接待地带来巨大物质利益的同时,也为其提供了文化传播的平台,促进了旅游接待地对外文化交流,使当地文化能够在更高的层次上以更快的速度发展。第一,不同的文化会伴随着旅游者的游览旅程,传播到接待地的每个角落,旅游接待地居民可以通过来自不同地域、不同民族的旅游者的言行、举止、装束,感受到他们带来的"别样文化",然后结合本民族、本地区的特色进行借鉴和吸收,从而促进当地文化的发展和创新;第二,旅游者和旅游接待地的居民不断接触,能更有效地宣传旅游接待地的地区形象,能提升旅游接待地的社会文化的可信度,让更多的人接受旅游接待地的文化。

(三)为文化的保护提供动力,促进民族文化的复兴

旅游是一项文化内涵丰富的产业,它能满足旅游者体验和了解异域文化的心理期望,所以旅游接待地在旅游开发中就会重视本民族和本地区的历史文化遗产保护、开发和利用,传统的民间艺术重新受到重视和传承。

(四)为城市未来发展提供机遇,促进城市社会文化现代化

旅游已经成为世界上许多大城市的重要活动,为城市的未来发展提供机遇。第一,为了适应旅游发展的需要,吸引游客参观游览,当地会不断地改进自己的城市建设,增加文化设施,优化文化环境,形成具有城市独特风貌以及具有创造性的人文景观,为当地增添新的文化风采;第二,旅游业发展过程中不断提出新的科学技术要求,尤其是在与旅游活动有关的交通运输业、餐饮住宿业、通信业以及旅游服务的基础设施等方面,要求更加快速、便捷、舒适和安全。

第二节 旅游目的地发展的负面影响

一、旅游目的地发展对经济的负面影响

（一）引起物价上涨

一般来说，旅游者的收入水平是比较高的。他们有很强的消费能力，能以较高的价格来购买食、住、行中所需要的物品，所以难免会引起旅游目的地的物价上涨，这势必会影响当地居民的经济利益。

（二）影响产业结构发生不利变化

例如，以农业为主的地区，发展旅游业后，个人从事旅游服务收入高于务农收入，因此常使得大量的劳动力弃农从事旅游业。这种产业结构不正常变化的结果是，一方面旅游业的发展扩大了对农副产品的需求；另一方面，却是农副产品产出能力的下降。旅游目的地居民失去了赖以生存的基本生产方式，一旦危机袭来，就会产生社会问题，还可能会影响到社会和经济的安定。

（三）过重依赖旅游业会影响旅游目的地经济的稳定

旅游业是敏感产业，有季节性，其活动受制于市场。一旦影响旅游业的因素发生不利变化，也会使旅游需求大幅度下降，旅游目的地的旅游业乃至整个经济都严重受挫，造成严重的经济问题和社会问题。

二、旅游目的地发展对环境的负面影响

（一）旅游目的地对地表和土壤的冲击

在旅游目的开发建设过程中，公路、游客步行通道、特种旅游交通工具专用路以及停车场等交通设施的建设，游客食宿场所及娱乐设施的建设，都会占用大量的土地、破坏植被，造成景观破碎、生态系统受损等问题。土壤和植被承受着旅游目的地发展带来的主要压力，而旅游者的旅游活动难免会对旅游区内尤其是活动集中区的土壤与植被带来极大的影响，最终影响到整个旅游区生态环境的变化。旅游活动可引起土壤理化性质的改变，特别是一些有机污染导致土壤有机质积累和分解能力下降，使该地的植被生长、发育和演替受到影响。

（二）旅游目的地发展对动、植物的影响

随着旅游目的地的发展，对植物的破坏也十分严重，具体主要体现在以下几点：

第一，游客对植物的践踏。这是最为常见的一种对植物的破坏方式，尽管管理部门已经写明请勿践踏，但是仍有不少游客会穿越植物区或者直接坐在草坪上休息等等，从而影响到植物的正常生长。

第二，游客对植物的采摘。游客在进行旅游活动的过程中，会有些私心或者是不自觉的行为，例如：游客在看到奇花异草的时候，会去采摘，意图带回家做个纪念，却不知这种行为

对植物造成了破坏,特别是一些珍稀的植物。

第三,大面积移除植物。这是人类对植物的最直接伤害,例如:兴建宾馆、停车场或其他旅游设施,大面积地表植被被剔除,甚至还从外地搬来其他土壤进行填土,以符合工程上的要求。

旅游目的地发展对野生动物有直接影响,也有间接影响。在个体、种群和群落三个水平上,最直接的影响是动物个体行为的改变,如取食时间减少、放弃现有生存环境;也有生理指标的变化,如压力反应、过多的能量损耗,这些影响进而导致动物的丰富度、分布以及物种多样性的改变。旅游活动的间接影响包括野生动物的生存环境,如对植被的破坏、外来物种的引入和散布以及环境污染等。

(三)旅游目的地发展对水体环境的影响

旅游目的地发展对水体环境的影响主要体现在以下几点:

第一,随着度假旅游活动的日益兴盛,各式各样的水上运动给水体环境带来了极大的冲击,这种冲击往往是综合性的。

第二,旅游水体污染的重要原因之一是旅游船只所排放的垃圾、油污的污染,还有因船舶事故造成的石油、农药、化肥及其他有毒化学药品的污染。

第三,旅游者留下大量的生活污水未经处理进入水环境,会对当地的水体环境造成极大的污染。

(四)旅游目的地发展对大气环境的影响

旅游目的地所使用的交通工具会对大气环境造成污染。

(1)汽车尾气污染:旅游目的地发展对空气品质的影响中当属汽车尾气污染最为严重。从全球气候变化的角度来看,废气排放可导致酸雨,使地球温度上升,某些物质还可诱发臭氧层空洞,这些问题已不再是区域性的问题,而是全球性的问题。

(2)飞机尾气污染:飞机所带来的空气污染是不争的事实。一架空客 A380,起降一次耗费的燃油量将近 2 吨,相当于数千辆汽车的排放量。

(五)旅游目的地发展对文物古迹的影响

旅游目的地发展会对文物古迹造成破坏:一方面是主观的破坏,如在文物古迹上刻字留念、自行带走文物古迹物品等;另一方面是无意的破坏,游客在没有意识的过程中造成了对文物古迹的破坏,比如说游客的汗水、触摸以及呼吸等,在无意识中已经对文物古迹造成影响;再一方面是超容量接待,近年来游客数量倍增,流向又高度集中,已使旅游目的地负载过重,这样就会严重破坏景区资源,使设施受损,尤其会使文物古迹遭受破坏。

三、旅游目的地发展对社会的负面影响

(一)旅游目的地居民道德水准下降

一些专家认为,旅游目的地的发展致使旅游目的地人民的道德水准下降,甚至将卖淫、犯罪率上升和赌博成风视为旅游业带来的灾难。有研究表明:自然风景的险、幽、野、旷以及旅游者的流动和彼此的陌生,都为罪犯掩盖罪行提供了天然的屏障。自然风景区内的犯罪类型,除了卖淫和赌博外,主要是偷盗、抢劫、贪污、受贿和黑市交易。受旅游者思想文化的

冲击,以及旅游发展带来的经济利益驱使,旅游目的地的价值标准和道德确实发生了变化,引起社会道德标准的下降,带来了一些社会问题。

（二）旅游目的地的发展对语言产生影响

Murphy(1985)研究表明,当地居民很想学习旅游者的语言,以便交流,当地方言因旅游而被腐蚀了。而由于旅游者的大量移民,当地方言被冲淡了,这一潜在因素的影响更大。旅游是游客与游客、游客与当地居民之间交流的过程,而国际旅游者与当地居民的交流必然会引起语言和文字的渐趋改观。旅游虽然对促进语言的统一大有贡献,但却不利于语言文化多样性的保护,而且舶来品过多,会冲淡本土语言的纯洁性和严密性。

（三）宗教活动商业化

宗教一方面会成为旅游吸引物,另一方面它会对异教徒有强烈的排他性,因而宗教地区对旅游本应持否定态度。但受经济利益的驱动,一些宗教地区大兴旅游业,使宗教的排他性降低,严格的宗教意义出现松懈。旅游与宗教胜地是游客观光和信徒朝拜的地方,观光者是非教徒或异教徒,他们去宗教胜地旅游常常有与宗教交往和满足好奇心的动机,他们以自己的生活方式和行为对当地宗教生活产生影响,常会引起虔诚教徒的不满。同时,有些旅游目的地宗教活动的商业化也很严重。

（四）新殖民主义

国内一些研究者认为,不发达国家旅游目的地的发展仅仅是当年殖民形式的变种而已,其实质丝毫没有改变。尽管从法律上说,许多发展中国家政治上已经独立,但与发达国家在经济关系上与以前宗主国与殖民地间的关系没什么两样,而这种关系又是由于旅游发展引起的。认为旅游业是殖民主义或帝国主义的一种新形式,是对旅游发展及其作用的一种极端看法,关于新殖民主义问题,还需要对所有制、投资、利润和外资参与程度进行深入细致的调查才能最终定论。

知识关联

新殖民主义是西方国家充分利用其经济优势,对非西方国家进行政治、经济、文化侵略(必要时也使用军事手段),把已取得政治独立的国家置于它们的控制之下,以使这些国家继续充当其商品市场、原料产地和投资场所,最大限度地榨取财富。

（五）旅游目的地居民态度的变化——从欢迎到憎恨

旅游目的地居民对旅游业的态度与旅游发展的程度及其所处的阶段有关。对此有些学者曾把这种态度划分为不同的程度:

(1) 欣快的程度:旅游发展之始,当地居民十分积极,他们满怀善意地接待旅游者,双方都感到很满意。

(2) 冷漠的程度:旅游发展起来以后,人们变得以营利为目的,人与人之间的接触也形式化起来。

(3) 愤怒的程度:当发生瓶颈效应或饱和现象,或者当本地发生已不能单独解决的旅游问题时,愤怒情绪也就出现了。

(4) 对立的程度:愤怒越来越公开,旅游成了当地发展带来的所有弊端的替罪羊,旅游遭到坚决否定。

(5) 最终的程度:当某些人谈论他们所失去的天堂时,另一些人则试图学会在与过去全然不同的一种生态系统中生活,如果这一旅游目的地大得可以接待大众旅游,那么它就将继续发展下去。

(六) 示范效应

旅游目的地发展使得更多的旅游者进入当地社会并以其自身的意识形态和生活方式介入旅游目的地的社会之中,引起旅游目的地居民的思想变化,产生各种影响,这种作用称为示范效应。当两种文化接触时,东道主往往轻视自身文化,盲目模仿旅游者。示范效应的模仿行为会从微观转向宏观,放大成一种社会意识,而旅游者在旅游目的地的行为也是一种失真的高消费,这是当地居民所未料到的。由此也引起了寻求较高生活质量的旅游目的地居民的国内或国际迁移,这给当地的社会、经济以及家庭结构都带来许多不良影响。

四、旅游目的地发展对文化的负面影响

(一) 对旅游目的地民俗风情的影响

随着旅游业的发展,民俗风情已经成为一种独特的旅游资源。目前学术界就旅游对民俗风情所造成的影响,大多数人倾向于将其定位在消极影响方面,即认为在旅游发展过程中,经过商业包装的民俗风情丧失了原有的文化内涵,真实性的流失将不利于其发展。旅游目的地为了适合旅游者的情趣而生产的所谓民族工艺品,有的已失去了民族风格,改变了这些工艺美术品原来的意义,特别是那些粗制滥造、已不能表现民族风格和制作技巧但仍以民族工艺为表现形式的旅游纪念品充斥旅游市场,严重损害和贬低了当地工艺品的形象、声誉和价值。

(二) 旅游目的地工艺美术风格和形式上的变化

旅游业的发展引起了旅游目的地工艺美术风格和形式上的变化,也改变了这些工艺美术品原来的意义,一些原来富有宗教和礼仪意义的工艺品现在也变成了纯粹的商品。人类学家认为,工艺品与外界交流的过程中经历了3个主要阶段的变化:

(1) 失去其传统的艺术设计形式,特别是那些有深刻宗教含义和神话意义的工艺品。
(2) 代之而起的是能成批生产的退化而简单的工艺品。
(3) 随后而来的是技术水准很高和富有地方特色的工艺品的复兴。

应该注意的是,在受到当今迅速发展的旅游业的冲击以前,旅游目的地的工艺美术形式就已经开始发生变化。

(三) 传统的节日以及风俗习惯失去意义

在许多旅游目的地,传统的节日以及风俗习惯经过预先安排以娱乐的形式被介绍给旅游者,从而失去了其原有的意义。传统习俗的商业化、庸俗化,使得旅游者在当地逗留的时间越短,对当地印象的扭曲越大。而且由旅游目的地居民表演的扭曲的本土文化现象,并非发展中国家的专利,发达国家的旅游胜地不乏类似的文化商品化现象。众多案例表明,文化形式经过修饰再去为旅游服务,就失去了其传统的意义。

第三节　旅游目的地的可持续发展

一、可持续发展理论

可持续发展理论的形成经历了相当长的历史过程。20世纪五六十年代，人们在经济增长、城市化、人口、资源等所形成的环境压力下，对经济增长发展的模式产生怀疑并展开讲座。1962年，美国女生物学家蕾切尔·卡森发表了一部引起很大轰动的环境科普著作《寂静的春天》，作者描绘了一幅由于农药污染所导致的可怕景象，惊呼人们将失去"春光明媚的春天"，在世界范围内引发了人类关于发展观念上的争论。10年后，两位著名的美国学者芭芭拉·沃德和勒内·杜博斯享誉全世界的著作《只有一个地球——对一个小行星的关怀和维护》问世，把人类生存与环境的认识指向一个新境界即可持续发展的境地。同年，一个非正式国际著名学术团体罗马俱乐部发表了有名的研究报告《增长的极限》，明确提出"持续增长"和"合理的持久的均衡发展"的概念。1987年，以挪威首相布伦特兰为主席的联合国世界与环境发展委员会发表了一份报告《我们共同的未来》，正式提出可持续发展概念，并以此为主题对人类共同关心的环境与发展问题进行了全面论述，受到世界各国政府组织和舆论的极大重视，在1992年联合国环境与发展大会上可持续发展要领得到与会者的共识与承认。

知识关联

罗马俱乐部（club of Rome）是关于未来学研究的国际性民间学术团体，也是一个研讨全球问题的全球智囊组织。

可持续发展是指"既满足当代人需要，又不对后代人满足其需要的能力构成危害的发展"。可持续发展是涉及经济、社会、文化、技术及自然环境的综合概念，它不仅涉及当代的或一国的人口、资源、环境与发展的协调与公平，还涉及同后代的和其他国家或地区之间的人口资源、环境与发展之间利益的协调与公平体现。可持续发展的概念包含了三个要素：人类的需要、资源使用的限制、公平。其实质是追求达到两大动态目标：人与自然之间的平衡，寻求人与自然关系的和谐化；人与人之间逐步达到调适与公正。

可持续发展是把发展与环境作为一个有机的整体，它包括5个方面的内涵：

（1）可持续发展不可否定经济增长，尤其是穷国或贫困地区的经济增长，但单纯的经济增长不等于发展，发展不等于可持续，可持续发展不等于供求平衡。

（2）可持续发展要求以自然资产为基础，同环境承载力相协调。

（3）可持续发展要求以提高生活质量为目标，同社会进步相适应。

（4）可持续发展承认并要求产品和服务在价格中体现出自然资源的价值。

（5）可持续发展的实施以适宜的政策和法律体系为条件，强调"综合决策"和"公众参与"。

它的核心思想是健康的经济发展应建立在生态可持续能力、社会公正和人民积极参与

自身发展的决策的基础上。它强调的是环境与经济的协调,追求的是人与自然的和谐。可持续发展用公式可表示为

保持生态稳定+有控制的经济增长=可持续发展+社会平等

二、可持续旅游理念

(一)可持续旅游理念的发展

可持续旅游是20世纪90年代初才形成的全新的思想理念,不同组织机构和研究者以及各种相关国际会议都对可持续旅游给出过定义,这些定义虽然在字面上存在一定差异,但基本思想可持续发展思想一致。为了倡导和推进可持续旅游发展,世界上曾召开了几次具有重大影响的全球性会议。

1989年,由众多国家参与的各国议会大会在荷兰海牙召开。会上,第一次明确而正式地提出了可持续旅游发展的口号。1990年,在加拿大温哥华召开的全球可持续发展大会提出了可持续旅游发展的主要框架和目标,较全面地反映了可持续旅游发展的行动领域和基本内容。会议提出了《旅游持续发展行动战略》草案,构筑了可持续旅游的基本理论框架,并阐述了可持续旅游发展的主要目标。1995年,联合国教科文组织、环境规划署及世界旅游组织等,在西班牙召开了"可持续旅游发展世界会议",制定并通过了《可持续旅游发展宪章》及其行动计划,为可持续旅游的发展规划提供了一整套行为规范和具体操作程序。1996年,世界旅游组织、世界旅游理事会和地球理事会联合制定了《关于旅行与旅游业的21世纪议程:迈向环境可持续发展》将联合国制定的《21世纪议程》具体转化为全球在发展旅游业方面的行动纲领。这些会议的召开及其议事成果为可持续旅游发展在全球的推广奠定了理论基础,制定了实施纲要。由于我国旅游业发展较晚,我国的旅游研究以开发为主,对可持续旅游的研究较少。

我国国家自然科学基金委员会1996年9月将"中国旅游业可持续发展论基础宏观配置体系研究"列入"九五"重点,这是我国国家级自然科学领域第一个重点旅游项目。1997年12月国家旅游局、国家科委和中国科学院联合在北京召开了首届"全国旅游业可持续发展研讨会",并通过了《中国旅游业可持续发展的若干问题与对策》的报告,标志着我国政府对可持续旅游的介入和关注。该报告在结合我国旅游业发展实际情况的基础上提出了近期要实现的4个战略目标:

(1)扭转旅游资源的破坏性开发、旅游目的地的重复建设和旅游生态环境的恶化趋势。

(2)初步形成旅游行业可持续发展的政策体系、法规体系,建立旅游可持续发展的综合决策机制和快速协调管理机制。

(3)建立若干个国家级的旅游可持续发展示范区,并争取在国家重大项目策划和开发上接近国际先进水平。

(4)争取用20年时间建立旅游业可持续发展的运行机制和科学、文明、旅游的社会环境氛围以及保持其相适应的可持续利用的资源和生态环境基础。

(二)可持续旅游的概念

可持续旅游概念可表述为:旅游业的发展与社会经济、资源环境和谐发展,不仅要满足旅游者和当地居民当前的生活、文化、精神、享受性利益和需要,而且要保证和增进人类社会未来发展的机会,从而使全球的生态体系、各国的民族文化、人们的生活质量保持完整性、多样性和有序性。

可持续旅游包括两个方面的含义,在为旅游者提供高质量旅游环境的同时,改善当地居民生活水平在开发过程中保持旅游供给地区生态环境的协调性、文化的完整性和旅游业经济目标的可获得性保持和增强环境、社会和经济未来的发展机会。

1995年,联合国教科文组织、联合国环境规划署、世界旅游组织和岛屿发展国际科学理事会,在西班牙召开的"可持续旅游发展世界大会"通过的《可持续旅游发展宪章》提出并通过了可持续旅游发展的原则。可持续旅游发展的原则主要有以下几点:

(1)旅游发展必须建立在生态环境的承受能力之上,符合当地经济社会发展和社会道德规范。

(2)考虑到旅游对自然资源、生物多样性的影响,以及消除这些影响的能力,旅游发展应当循序渐进。

(3)必须考虑旅游对当地文化遗产,传统习惯和社会活动的影响。

(4)为了使旅游对可持续发展做出积极贡献,所有从事这项事业的人们,必须团结一致,互相尊重和积极参与。

(5)保护自然和文化资源,并评定其价值为我们提供了一个特殊的合作领域。

旅游目的地可持续发展的目标为:增进人们对旅游所产生的环境、经济效应的理解,强化其生态意识;促进旅游的公平发展;改善旅游接待地的生活质量;向旅游者提供高质量的旅游经历;保护上述目标所依赖的环境质量。

(三)旅游目的地可持续发展的途径

实现可持续旅游的基本前提是实现对旅游资源的合理利用、旅游业发展方式、发展规模的合理规划和管理。旅游目的地的可持续发展目标包括社会目标、经济目标和环境目标。

(1)经济目标:增加就业、扩大产品市场、增加经济收入、改善地方基础设施条件,提高地区的生活质量。

(2)社会目标:保护地方文化遗产,增强当地人的文化自豪感,为不同地区和文化的人提供理解和交流机会,向旅游者提供高质量的旅游产品。

(3)环境目标:改进土地利用方式,从消耗性利用转为建设性利用改善生态环境加强公众的环境和文化意识,促进对环境和文化的保护未来旅游产品开发赖以生存的生态和文化环境质量。

旅游目的地的开发与发展,需要遵循一定的原则:保护为主,适度开发;科学论证,统筹兼备;因地制宜,分类指导;注重衔接,突出重点。

首先,旅游目的地的可持续发展需要策略与规划的创新,即在战略、产品、市场、监督、管理和专业水准方面都需要创新。

其次,重视旅游目的地硬件和软件的开发,提高专业水平,制订详细的发展计划指导该地的发展,鼓励创新,鼓励创造富有想象力的产品,增加和提高对于推广活动的投入。

最后,需要加强对统一的整体旅游目的地可持续发展的认识。

旅游目的地可持续发展的具体途径主要包括以下几点:

1. 进行合理的旅游开发规划

做好旅游开发规划,还要坚持可持续发展原则,贯彻资源和环境保护的思想,这不仅是使开发取得成功的保障,也是预防资源和环境遭到破坏的重要措施。旅游开发规划首先要在旅游项目上进行系统的环境影响与评估,从生态角度严格估算利弊关系,提倡以自然景观为主,就地取材,依景就势,体现自然之美;选准项目开发的主题、形式和风格,定准客源市场,突出景区所在地的民族性、地方性的特色,加强游客的满意度,创造持久的市场竞争力,实现"开发一项,成功一项",使景区开发步入良性发展轨道。

2. 采用科学的旅游管理方法

旅游管理是否科学合理决定了一个旅游产业能否长久地存在于市场上。由于我国旅游开发的内容和表现形式的多样性,给管理带了一定的难度,但是从总体上来看,随着社会经济的不断进步,我国旅游的发展无论是在硬件的管理上还是在软件的管理上都取得了很大的进步。国家还针对内容的不同制定了专门的指导方针,对旅游资源提出了"严格保护、统一管理、合理开发、永续利用"的方针,对自然区实行严格控制,来保护其完整性。另外,在人力资源上可以进行科学管理方面的培训,使管理人员具有全面的知识,减少管理难度,提高工作效率。科学技术的进步,大大促进了旅游业的可持续发展,我们在对旅游进行科学管理的同时,先进的科学技术为我们提供了坚强的后盾和支持,因此,我们应该更好地利用科学技术来进行旅游管理。

3. 提高人们对可持续发展的认识

开展全民旅游可持续发展的宣传与教育,强化公众保护旅游资源的意识,提高开发者、管理者和旅游者对旅游景区可持续发展的认识。对旅游业的开发商、管理人员和从业人员进行培训,提高爱护、保护资源的自觉性,使开发利用旅游资源的单位和个人必须履行保护旅游资源的义务和责任,促进旅游开发与环境建设同步规划、同步实施、同步发展,逐步形成文明旅游、科学旅游、健康旅游的绿色目标,确保旅游资源的保值、增值能力。

4. 完善相关的旅游法律法规

由于我国旅游业涉及交通、餐饮、娱乐、文化等方面内容,因此,必须加强相关行业相互衔接,融为一体地为国内旅游业服务,相关部门必须制定有效的法律法规,加强在各个环节的协调与管理,使法律法规来为我国旅游业稳定发展的提供必要的保障,坚决打击非法开发经营活动,维护旅游群体的正当权益,使旅游更健康地发展。完善相关法律法规,提升对国内旅游业的管理强度,改善国内旅游业的经营秩序,使国内旅游业健康绿色持续发展。

5. 开展生态旅游

生态旅游起源于人们对旅游资源可持续利用的思考。发展生态旅游不仅可以发挥目的地自然旅游资源丰富的优势,获取可观的经济效益,而且可以促进基础设施建设,增加就业机会,带动区域经济发展,更重要的是通过生态旅游可以对旅游者进行科普教育与可持续发展教育,提高旅游者的环境保护意识。

6. 弘扬中国传统文化,发掘旅游文化内涵,开展文化旅游

文化是旅游的灵魂,旅游本身就是一项广义的文化活动,是人们一种高雅的文化享受。作为旅游客体的自然景观和人文景观都集中了大自然的精华,渗透着人类历史的结晶。现

在,随着人们对文化需求的提高,以观赏大自然美景,游览珍贵历史文化瑰宝,获得生动的自然知识和人文知识为主的文化旅游成为一种时尚。增添文化含量将成为旅游目的地新的增长点和新的价值取向。因此,对旅游资源的文化内涵与特色的开发与保护必是其可持续发展的重要契机。

7. 实现科教兴旅战略,是旅游业可持续发展的关键

现代科技是科学保护和开发旅游资源、加深旅游产品的科技文化含量、提高旅游经营管理水平和提升旅游社会环境质量的重要手段。现代科技是旅游可持续发展的科学基础,在我国,高科技介入旅游业的程度较低,旅游经营中对资源、能源、物力、财力和人力的消耗量较高,既影响当前的经济效益,又危及旅游的长远发展。提高全行业对"科教兴旅"的认识,加强旅游开发经营中的科技投入是保证旅游业可持续发展的关键。

知识活页 生态文明——贵阳国际论坛 2015 年年会

生态文明——贵阳国际论坛 2015 年年会,可持续旅游与人居环境建设主题论坛专题会议正式举行,本次专题会议的议题为"可持续旅游创新"。会上,斯里兰卡旅游和体育部旅游规划和发展主任阿帕里·怀特尼雅克做了题为《可持续旅游创新——斯里兰卡的案例和经验》的发言:

随着人们的收入提高,旅游方面的需求就会显现出来,这一需求会驱动全国的旅游的发展,我们知道全球每年的旅游业增长是 3.5%～4%,而且我们的老龄化也是一个推动力量。随着我们生活方式发生的变化,我们的价值观也会随时要变化。我们知道有些人为了不断地加强沟通,或者获得新的教育机会,也会增加旅游。我们认为,旅游也是一个获得新的支持的方法,尤其是跟随父母出行的儿童,他们都会成为旅游大军中的一部分,因此,这些都是推动旅游的重要的力量。另外一点就是旅游者有特殊的兴趣,他们出行的频率会越来越高。比如说,他们会去露营或者做其他各种各样的活动。我们知道,2014 年跨境旅游的游客已经达到 11 亿,将来会达到 15 亿,而且收入也会不断增加。2014 年全球旅游收入达到 4.3 万亿美元,到 2020 年将会翻一番,也就是达到 8.6 万亿美元,而且这也会推动全球贸易的增长,还会带来就业机会。

现在,以树顶小屋旅游为例,在斯里兰卡,有这种出行的住宿形式,它是用当地的材料来修建而成的。80%的员工都是来自当地,这为当地创造了就业机会,而且如果来到这个区域的话,很多人都会去观赏大象。所以,如果你在树顶小屋住宿的话,你就会看到很多种类的野生动物。

社会、经济、文化和环境都不是各自独立的,它们总是息息相关的。所以说应该强调创新概念、创造还有管理。最后,旅游的资源要打造起来,旅游业、社会、政府都要成为参与方,以创新性的方式促进可持续性旅游的发展。这样的话,各个利益有关方都能够有价值,这对于旅游的可持续性发展是至关重要的。

本章小结

（1）旅游是在闲暇时间所从事的游憩活动的一部分，是在一定的社会经济条件下产生的一种社会经济现象，是人们物质文化生活的一部分。

（2）旅游的发展是经济、社会、文化等现象的综合反映，这一特性决定了旅游目的地的发展必然给当地的经济、环境、社会、文化等方面带来复杂的影响。

（3）可持续旅游包括两个方面的含义，在为旅游者提供高质量旅游环境的同时，改善当地居民生活水平；在开发过程中保持旅游供给地区生态环境的协调性、文化的完整性和旅游业经济目标的可获得性，保持和增强环境、社会和经济未来的发展机会。

核心关键词

旅游目的地经济影响	impact on economy of tourism destination
旅游目的地环境影响	impact on environment of tourism destination
旅游目的地社会影响	impact on society of tourism destination
可持续发展理论	theory of sustainable development

思考与练习

1. 旅游目的地发展对经济和环境的正面与负面影响是什么？
2. 旅游目的地发展对社会与文化的正面与负面影响是什么？
3. 如何做到旅游目的地的可持续发展？举个例子说明。

第九章

旅游目的地信息化管理与智慧旅游

学习引导

2013年11月,国家旅游局发布了《关于印发2014中国旅游主题年宣传主题及宣传口号的通知》,"美丽中国之旅——2014智慧旅游年"成为2014年旅游宣传主题。智慧旅游由此成为旅游产业内最热门的讨论话题。什么是智慧旅游?智慧旅游如何应用于旅游目的地管理中呢?世界上有哪些智慧旅游的成功案例?通过本章的学习,我们一起来了解一下。

学习重点

通过本章的学习,重点掌握以下知识点:
1. 旅游目的地信息化的概念和内涵;
2. 智慧旅游的概念和内涵;
3. 旅游目的地信息化与智慧旅游的区别和联系;
4. 智慧旅游的用途;
5. 智慧旅游在旅游目的地建设与管理中的应用。

据中新社报道,"2014 美丽中国之旅——智慧旅游年"暨中国旅游海外推广网站启动仪式于 2014 年 1 月 21 日在北京举行。国家旅游局把 2014 年确定为"智慧旅游年",中国将加快推动旅游在线服务、网络营销、网上预订、网上支付等智慧旅游服务。

第一节　旅游目的地信息化与智慧旅游概念

近年来,随着科学技术的进步与发展,信息化越来越体现在人们生活的方方面面。旅游业作为人们现代生活的一部分,在信息化的浪潮下,也展现出了新的生机,旅游目的地信息化正是旅游信息化的一个显著表现。在此大环境中,智慧旅游发展成为新的旅游方式,并以它人性化、智能化的服务,受到越来越多的旅游者的喜爱。

一、旅游目的地信息化

1. 从信息化到旅游目的地信息化

从国际上来看,自 20 世纪 60 年代开始,信息技术经历了三次大的创新和发展:第一次是 20 世纪 60 年代至 80 年代初,个人计算机是主要的代表技术,在此基础上旅游业出现了以 GDS(Global Distribution System,GDS)系统为基础的,以提高行业运行效率为目的的信息化起步;第二次是 20 世纪 80 年代至 21 世纪初,互联网及相关技术是主要的代表技术,与旅游业结合产生了以在线旅游为首的一系列旅游服务创新,加速推动了传统旅游业向现代服务业转型升级的进程;近几年兴起的物联网技术可以认为是信息技术的第三次浪潮,物联网、云计算、下一代通信网络、高性能信息处理、智能数据挖掘等现代信息技术,融合应用于旅游体验、产业发展、行政管理等方面,形成可服务于公众、企业、政府的一种全新的智慧型旅游业态。

在此战略背景下,旅游信息化成为国家信息化发展的一个重要组成部分。旅游信息化,是指通过对信息技术的应用,改变传统的旅游服务和消费机制,用信息化的发展来促进旅游经济的运作,改变旅游经济的增长方式。旅游信息化是数字旅游的准备阶段和基础阶段。旅游信息化的表现形式主要有旅游网站、信息化管理、旅游呼叫系统以及其他基础建设,这些基础设施包括电力电信设施、光缆铺设、网络建设、硬件设备等等。

随着我国旅游业信息化的发展,旅游目的地信息服务方面的探索也日渐活跃。中国优秀旅游城市的评选中,已经在规定中明确将城市及企业的信息化建设水平列为评选标准。中国最佳旅游城市评选也将城市信息化建设水平列入其评选标准。

2. 旅游目的地信息化发展的历程

从信息技术发展的情况来看,旅游目的地信息化发展大体要经历三个阶段:

第一个阶段是信息化。信息化是一个基础,主要起到沟通的作用,解决信息不对称的问题。

第二个阶段是数字化。数字化是一个手段,主要功能是整合,解决的是效能问题。

第三个阶段是智能化。智能化通过解决有效配置和运行的问题进而为旅游目的地提供了全面的解决方案。

作为国家"金旅工程"的主体内容之一，我国自2002年开始推广旅游目的地营销系统（Destination Marketing System，DMS）。以互联网为基础平台，结合了数据库技术、多媒体技术和网络营销技术，把基于互联网的高效的旅游宣传营销和目的地的旅游咨询服务有机地结合在一起，为游客提供全程的周到服务。大连、三亚、粤港澳地区作为推广试点区市率先完成了建设工作。

2008年是各旅游目的地信息化发展迅速，成果显著的时期。北京围绕奥运服务，完善了软硬件设施，机房从20平方米扩大到108平方米；旅游信息网推出专题十余个，为今后的发展奠定了基础；上海以旅游咨询中心带动信息采集渠道和公共服务平台建设，成效显著；湖北旅游信息中心正式挂牌，同时制定了湖北旅游信息化建设五年规划；四川以建立信息采集长效机制为突破口，实现信息良性循环；贵州完成了主要旅游信息数据采集，并以自建加外包模式推进12301服务平台建设。同时，张家界、黄山等知名旅游景区也加强了以"数字化、智能化"为中心的旅游目的地信息化建设进程。

目前，国际上的绝大多数发达国家和地区都已建成了集"食、住、行、游、购、娱"六要素于一体的旅游目的地综合信息应用系统。相比之下，我国仍存在较大的差距。旅游目的地信息服务不能满足消费者的需要主要表现在以下两个方面：

第一，基础设施应用差，网上信息更新较慢。很多旅游景点没有自己独立的域名，只是在各类网站上链接了几个网页，旅游者无法及时获悉景点的新节目、新动向，无法与景区在网上进行交流。

第二，个性化定制服务能力弱。旅游信息内容一般都只涉及旅游目的地、景点、酒店、交通旅游线路和旅游常识等，普通旅游网站一般都有，但在根据旅游者的特点和需求组合定制旅游产品，提供个性化旅游线路建议等方面做得好的旅游网站非常少。

此外，在消费者的旅游途中，很少有为其提供购、食、住、行等信息服务的好中介。旅游网站与传统旅游企业之间的整合与战略联盟仍然是制约旅游目的地信息化发展的瓶颈。

3. 旅游目的地信息化发展展望

1）提升研发能力，健全规范标准

部分旅游地区进行的旅游目的地信息化建设取得了一些经验，但这些经验还没有上升为能够指导我国旅游目的地信息化建设方面的标准与规范。一是应做到规范化，即尽快建立健全旅游目的地信息化建设标准与规范。二是实现标准化。在国外，通常由专门的组织制定出一套统一的数据格式和接口标准，旅游电子商务网站、管理信息系统在开发时都遵照这套标准，这样在一开始就保证了各行业、各单位的信息系统间做无缝链接的可能性。我国旅游目的地的数据交换也应尽快实行标准化，并与国际接轨。

2）改变服务观念，企业全员参与

世界旅游理事会（WTTC）在其报告《未来旅游业发展——营造客户中心体系》中指出，"未来的旅游应向增强与客户的双向交流、改善信息服务、通过个性化服务增加附加值的方向发展。旅游电子商务技术将在这个过程中发挥作用"。目前，我国旅游目的地网上旅游服务项目少，旅游网站多为面向散客提供订票、订房，而旅游者路线自助设计等"个性化旅游"

需求尚难以得到满足。未来的旅游目的地信息化建设中，不仅仅是在某个单项信息技术上的改进，而是旅游目的地信息技术应用模块的系统整合。将形成提供覆盖范围广、成本低廉的旅游目的地信息平台，使当地旅游企业之间增进交流与合作，为游客创造一体化的旅游服务感受。同时，我们也发现，我国各旅游目的地的旅游企业中，90%以上为中小企业，信息技术的应用程度普遍较低，这大大限制信息质量、旅游者效用及整个旅游目的地信息化体系的成长。推动旅游目的地广大中小旅游企业参与信息化建设的热情，应充分发挥政府主导的作用，实施企业上网工程，并增进专业电子商务服务商与旅游业的协作。

3）发展智能技术，搭建综合平台

在智能化信息技术支撑下，景区可以掌握消费结构和消费水平，不仅可以直接面对消费者，还可以通过整合周边的餐饮、住宿等产品供应商获取利润。这种新的资源整合供应结构使景区可以摆脱渠道控制，还使其从供应链的最终端上升一个层次，成为其他非核心产品供应商的渠道控制者。同时，智能化可以充分满足在线旅游营销的多元化特征，主要体现在智能搜索引擎、电子服务、客户关系管理和客户管理系统、电子地图、电子公告栏（BBS）和网上娱乐等方面。

4）加强技术更新，推动服务升级

旅游目的地信息化是在新一代信息技术，即信息网格、云计算、3G 技术的基础上发展起来的。通过面向游客提供"吃、住、行、游、购、娱"旅游六要素和"预订、成行、返程、结算、投诉"旅游全流程服务，面向中小旅游企业提供 ASP 服务、电子商务交易平台和整体营销平台，从而形成立足区域、面向全国的旅游资源和信息集约、开发和利用中心，吸引旅游企业和游客自主参与的平台是旅游目的地信息化的发展目标。资讯富集的优势，品牌的优势，最终落实到"以人为本"的社会型互动旅游网络平台核心优势上来，以建设满足强大个人需求的标准化、综合性、智能化的旅游目的地信息服务平台。

二、智慧旅游的发展历程

1. 智慧旅游提出的背景

随着科学技术的不断创新和发展，智能技术在全球迅速兴起，人类社会正从信息时代步入智能时代。以云计算、物联网、4G 通信技术、人工智能等应用技术为代表的新一轮技术革命的到来，客观上催生了客源市场对旅游信息化的更高层次的需求，也为旅游业与信息技术产业的融合发展提供了契机和基础。智慧旅游正是在这样的时代背景下应运而生，并将在未来成为旅游信息化发展的必然趋势。

2010 年，江苏省镇江市在全国首次提出"智慧旅游"的概念，开展"智慧旅游"项目建设。同年第六届海峡旅游博览会上，福建省也提出了"智能旅游"概念，并在网上建立"海峡智能旅游参建单位管理系统"，从此拉开了全国建设智慧旅游的序幕。2012 年 5 月，国家旅游局为积极推动全国智慧旅游大发展，确定了北京市等 18 个城市为首批"国家智慧旅游试点城市"。2013 年 1 月，国家旅游局公布了第二批 15 个"国家智慧旅游试点城市名单"，如表 9-1 所示。2014 年被国家旅游局确定为"智慧旅游年"，围绕"2014 中国智慧旅游年"主题，加快推动旅游在线服务、网络营销、网上预订、网上支付等智慧旅游服务。

表 9-1　国家智慧旅游试点城市名单

	国家智慧旅游试点城市
首批	北京、武汉、成都、南京、福州、大连、厦门、洛阳、苏州、黄山、温州、烟台、无锡、常州、南通、扬州、镇江、武夷山
第二批	天津、广州、杭州、青岛、长春、郑州、太原、昆明、贵阳、宁波、秦皇岛、湘潭、牡丹江、龙岩、铜仁

2. 智慧旅游的概念

到目前为止，专家学者以及从业人员分别从不同角度对智慧旅游进行了阐述，现整理如下：

叶铁伟(2011年)：智慧旅游是利用云计算、物联网等新技术，通过互联网或移动互联网，借助便携式终端上网设备，主要感知旅游资源、经济、活动和旅游者等方面是信息并及时发布，让人们能及时了解这些信息，及时安排和调整工作与旅游计划，从而达到对各类旅游信息的智能感知、方便利用的效果，通过便利的手段实现更加优质的服务。

吴学安(2011年)：智慧旅游是移动云计算、物联网等新技术，借助便携的终端上网设备，主动感知旅游相关信息，并及时安排和调整旅游计划。

陈涛、徐晓林、吴玉龙等(2012年)：智慧旅游是以云计算、物联网、移动通信、智能终端、信息资源共享等新一代信息技术为支撑，主动感知旅游资源、旅游经济、旅游活动、旅游者行为等方面的信息，对信息资源进行最大程度的开发和利用，以更加及时、准确、智能的方式为游客、旅游企业、旅游管理部门通过各种信息化服务和应用，以将旅游业培育成为国民经济战略性支柱产业和人民群众更加满意的现代服务业为根本目标，所形成的一种旅游产业发展新模式和新形态。

姚志国、鹿晓龙等(2013年)：智慧旅游是通过现代信息技术与旅游管理、旅游服务、旅游营销的融合，以游客互动体验为中心，系统化整合和深度开发利用旅游资源和旅游信息，以服务于公众、企业和政府的旅游信息化新阶段。

2014年旅游绿皮书——《2013—2014年中国旅游发展分析与预测》一书中，张凌云教授给智慧旅游下的定义是：智慧旅游是基于新一代信息技术(也称信息通信技术，ICT)，为满足游客个性化需求，提供高质量、高满意度服务，而实现旅游资源及社会资源的共享与有效利用的系统化、集约化的管理变革。

从以上各专家学者以及从业人员对智慧旅游的相关定义中可以看出，他们的共识在于智慧旅游是对物联网、云计算等新一代信息技术的运用，其区别在于定义的角度有所不同。其中，吴学安的定义是从游客的角度，智慧旅游可以方便旅游者进行旅游活动。叶铁伟等从旅游管理角度，智慧旅游可以提供更优质的服务。陈涛等认为智慧旅游是一种旅游产业发展的新模式、新形态。姚志国等认为智慧旅游是服务于公众、企业和政府的旅游信息化新阶段。张凌云教授的定义指出智慧旅游是实现旅游资源及社会资源的共享与有效利用的系统化、集约化管理变革。

综合国内外的研究成果，可以认为智慧旅游是一种将物联网、云计算、下一代通信网络、高性能信息处理、智能数据挖掘等技术应用于游客感知、行业管理、旅游产业发展等方面，使旅游物理资源和信息资源得到高度系统化整合和深度开发，并服务于游客、旅游企业、政府管理部门等面向未来的全新的旅游业态。

3. 智慧旅游的内涵和特征

从智慧旅游的定义可以看出,智慧旅游的实质是通过将先进的信息化技术手段与现有旅游资源(包括有形资源和无形资源)进行有机结合,在游客服务、政府管理和行业发展方面发挥良性促进作用,从而极大提升旅游产业的管理和服务水平。从内涵来看主要包括以下几点:

(1)智慧旅游是物联网、云计算、移动通信、人工智能等信息通信技术在旅游业中的应用。

(2)智慧旅游必须创新旅游服务、营销和管理理念。

(3)智慧旅游还必须充分配置和整理人、旅游物理资源、信息和资金等旅游产业资源,实现资源的有效共享和有效利用。

(4)智慧旅游服务于公众、企业和政府部门。

(5)智慧旅游是一种高效、可持续发展的旅游生态系统,形成旅游的良性、健康的发展。

智慧旅游有以下几个特点:

1)全面物联

智能传感设备将旅游景点、文物古迹、城市公共设施联成网,对旅游产业链上下游运行的核心系统实时感测。

2)充分整合

实现全市景区、景点、酒店、交通等设施的物联网与互联网系统完全连接和融合,将数据整合为旅游资源核心数据库,提供智慧的旅游服务基础设施。

3)协同运作

基于智慧的旅游服务基础设施,实现旅游产业链上下游各个关键系统和谐高效地协作,达成城市旅游系统运行最佳状态。

4)激励创新

鼓励政府、旅游企业和旅游者在智慧的旅游服务基础设施之上进行科技、业务和商业模式的创新应用,为城市提供源源不断的发展动力。

4. 智慧旅游的基本实施框架

智慧旅游首先要构建数据中心,沟通服务端和使用端,因此它包括三大部分:数据中心、服务端、使用端,三大部分通过互联网、物联网相互联结,如图9-1所示。

服务端是直接或间接为旅游者提供服务的企事业单位或个人,如政府管理部门、相关部门、咨询机构、旅游企业等;使用端为广大的旅游者,拥有能够上网的终端设备,尤其是超便携上网终端(如平板电脑和智能手机)。数据中心即是智慧旅游的云端,可以称为旅游云,将服务端和使用端联系起来。海量的旅游信息处理、查询等计算问题由数据中心自动完成,这就是智慧旅游中的云计算。

服务端将自己的各类信息及时放在数据中心,不必再自己购买服务器和维护信息;使用端根据自己的要求,从数据中心提取信息,需要服务时可以与服务端进行交换,使用端可以直接向服务端付费(网上银行、现场付费),也可以通过数据中心付费(类似于淘宝的支付宝)。

通过使用端软件平台,智慧旅游中的旅游信息以主动弹出的方式出现,配以网络地图,能够让旅游者知道这些旅游服务在什么地方可以得到,距离自己多远,甚至知道某个酒店还有多少房间,某个景点需要排队多长时间。这样不会遗失某些旅游信息和服务(如景点、旅游活动、某个人等),也不会由于信息不全而采取了不恰当的行为(如走错路、排错队)。在多点触控的超便携终端(如 iPad、iPhone)上,轻点手指即可展开详细信息。

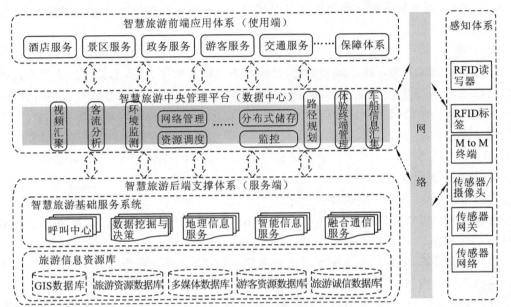

图 9-1 智慧旅游总体构架图

5. 智慧旅游的功能

从使用者的角度出发,智慧旅游主要包括导航、导游、导览和导购(简称"四导")4 个基本功能。

1) 导航

智慧旅游将导航和互联网整合在一个界面上,地图来源于互联网,当 GPS(全球定位系统)确定位置后,最新信息将通过互联网主动地弹出,如交通拥堵状况、交通管制、交通事故、限行、停车场及车位状况等等,并可查找其他相关信息,体现了直接、主动、及时和方便的特征。除此之外,还有基站定位、Wi-Fi 定位、RFID(射频识别)定位、地标定位等等,未来还有图像识别定位。

2) 导游

智慧旅游还支持在非导航状态下查找任意位置的周边信息,拖动地图即可在地图上看到这些信息,包括景点、酒店、餐馆、娱乐、车站、活动、朋友等的位置和大概信息,例如景点的级别、主要描述;酒店的星级、价格范围、剩余房间数;活动(如演唱会、体育运动、电影)的地点、时间、价格范围;餐馆的口味、人均消费水平、优惠等。周边的范围大小可以随地图窗口的大小自动调节,也可以根据自己的兴趣点(如景点、某个朋友的位置)规划行走路线。

3) 导览

智慧旅游像是一个自助导游员,有比导游员更多的信息来源,如文字、图片、视频和 3D

(三维)虚拟现实,戴上耳机就能让手机、平板电脑替代数字导览设备,不必再租用这类设备了。点击(触摸)感兴趣的对象(如景点、酒店、餐馆、娱乐、车站、活动等),可以获得关于兴趣点的位置、文字、图片、视频、使用者的评价等信息,深入了解兴趣点的详细情况,供旅游者决定是否需要它。导览功能还将建设一个虚拟旅行模块,只要提交起点和终点的位置,即可获得最佳路线建议(也可以自己选择路线),推荐景点和酒店,提供沿途主要的景点、酒店、餐馆、娱乐、车站、活动等资料。如果认可某条线路,则可以将资料打印出来,或储存在系统里随时调用。

4) 导购

经过全面而深入的在线了解和分析,已经知道自己需要什么了,那么可以直接在线预订(客房、票务)。只需在网页上自己感兴趣的对象旁点击"预订"按钮,即可进入预订模块,预订不同档次和数量的该对象。由于是利用移动互联网,游客可以随时随地进行预订,加上安全的网上支付平台,就可以随时随地改变和制定下一步的旅游行程,而不过多浪费时间和精力。

6. 智慧旅游的成功案例

1) 韩国"i tour seoul"应用服务系统

韩国首尔基于智能手机平台,开发了"i tour seoul"掌上移动旅游信息服务平台。通过网站 www.visitseoul.net 和移动手机网站 m.visitseoul.net 来进行旅游咨询服务。

(1) 定位服务:游客可通过智能手机下载定位软件,以所处位置为基点,免费下载周边景区的信息应用程序。

(2) 智能信息服务:观光网站、二维码以及手机 API 提供全面的旅游信息;可通过"trip planner"制定行程线路;提供住宿、演出、电影等文化活动的网站预订服务,可用海外银行卡进行预订,并选择心仪座位;提供预约服务;通过 API,可在没有网络情况下,获取信息。

(3) 丰富的附加服务:为时间充裕的游客提供深度游推荐路线,各种优惠券、电子书、电子报等。在机场的漫游中心提供 iPhone 短信服务。

2) 张家界智慧景区

湖南张家界景区信息化建设探索启动较早,目前建成的项目有:

(1) 全国首个指纹 IC 卡身份识别自动门禁系统,实现了游客在张家界景区一人多站、两次多次入园有效。

(2) 景区防火监控系统,设置的 23 个监控摄像头与前线巡逻的驻区派出所民警及协警相互配合,且已接入湖南省防火办。

(3) 信息发布平台。投资约 40 万元建成了全彩 LED 多媒体信息发布屏和黄石寨景区广播信息发布系统。

三、旅游信息化与智慧旅游的区别和联系

旅游信息化与智慧旅游二者在很大程度上具有相似性,但二者又不完全一致。旅游信息化的范畴要远大于智慧旅游,只有面对游客、服务于游客的旅游信息化应用才称得上是智慧旅游。智慧旅游是旅游信息化的具体形式,是旅游信息化背景下的智慧国家建设、智慧城市的必然产物,也是一种看待旅游业发展的新角度。

1. 旅游信息化是智慧旅游发展的基石

1) 基础设施

旅游信息化提供了一切支持智慧旅游发展的基础设施,不仅包括景区、酒店、旅行社等旅游企业的信息化管理所需要的设备,而且还包括通信系统、电力系统等,同时信息网络平台、数据库平台和空间信息技术平台的搭建是智慧旅游得以发展的基础设施和技术保障。

2) 系统构建

旅游信息化在完善各种基础设施建设的同时,也搭建起基本的旅游电子商务、旅游目的地网络平台,资源监测保护系统、旅游服务系统、经营管理系统、安全防范系统和持续发展系统,各个子系统的搭建,为"智慧旅游"的发展提供平台。

3) 数据共享

各系统之间相互联系的纽带是拥有相同数据源的数据,在有了基础设施和技术支持之后,跨越不同的信息管理系统,汇集统一的耦合数据,实现不同信息在不同系统、不同部门的使用。

2. 智慧旅游是旅游信息化的延续

作为旅游信息化的延伸,智慧旅游指以游客为中心,以物联网、云计算、下一代通信网络、高性能信息处理、智能数据挖掘等技术为支撑的智能旅游信息化。智慧旅游的核心是游客为本、网络支撑、感知互动和高效服务。智慧旅游系统主要由数据中心、服务端、使用端三部分构成,并通过互联网、物联网和传感网等技术相互联结。智慧旅游与旅游信息化之间的关系,如图9-2所示。

1) 人性化

旅游信息化更多的是从旅游企业或者旅游目的地的角度来发展信息化,而智慧旅游更注重全程体验,它从游客的角度入手,认为一次旅游就是一次体验的过程。经济发展和信息技术的发展大大改变了人们的出游习惯,人们开始突破常规的旅游方式,借助数字信息平台,尽享自助旅游,实现全程的智慧旅游新体验。

2) 个性化

智慧旅游将要实现为每一位有需求的游客设计符合其要求的旅游行程,在确定了旅游目的地后,游客要做的第一件事就是设计旅游行程。游客只要提交旅行方式、目的地、预算、线路等信息,网站就会自动生成旅游行程,并给出相关的景区、酒店等信息,若满意即可进行一站式订购,若不满意则可针对某环节进行调整,直到游客满意为止。同时可以为游客提供独特的贴身服务,在智慧旅游的全面应用下,游客将可以通过手机支付购买门票,大大节省因排队买票造成的时间浪费;在景区游览时可通过智能导览设备或手机二维验证码获得相关信息;在游览遇到紧急情况时,可以通过GPS定位及时呼救。

3) 智能化

确定行程之后,有关旅游目的地的资讯,比如天气状况、当地小吃、特色酒吧等信息就会对旅游者的行程产生较大影响。智慧旅游可以让旅游者通过综合网站、搜索引擎、手机平台等各种渠道获得相关资讯,完善旅游过程。通过电子地图游客可以直观、便捷地查询旅游目的地综合信息,制定旅游出发地到目的地的最佳旅游路线,并通过GPS系统进行实时导航;

可以查看旅游目的地周边的住宿、酒店、商场等位置。实现智慧旅游就是要在旅游信息化的基础上,通过更全面的数据共享、交换、互联,为旅游者提供更加富有人性、体现个性以及更加智能的服务,使旅游业的发展实现第二次腾飞。

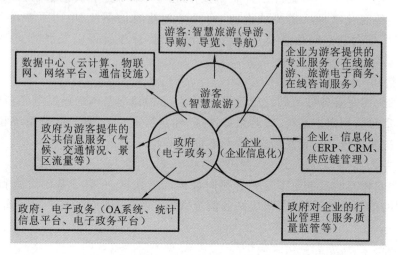

图 9-2　智慧旅游与旅游信息化之间的关系

第二节　智慧旅游在旅游目的地管理中的应用

一、旅游目的地管理的概念和内容

1. 旅游目的地管理的概念、原则

旅游目的地是拥有特定性质旅游资源,具备了一定旅游吸引力,能够吸引一定规模数量的旅游者进行旅游活动的特定区域。一个特定的地区要成为旅游目的地,必须具备三个条件:一是要拥有一定数量的旅游资源,且这种旅游资源可以满足旅游者某些旅游活动的需要;二是要拥有各种与旅游资源性质相适应的地面旅游设施和交通条件,旅游者可以借助这些设施从不同的地区顺利地到达旅游目的地并利用这些设施在该地停留;三是该地区具有一定的旅游需求流量。可见,旅游目的地是一种集旅游资源、旅游活动项目、旅游地面设施、旅游交通和市场需求为一体的空间复合体。

旅游目的地管理是指通过行政方法、经济方法和法律方法,将旅游目的地视为一个开放型的完整系统,开发、利用和保护旅游资源,调控目的地的运行机制,组织各种丰富多彩的旅游项目活动,创造显著的经济效益和社会效益的过程。

旅游目的地管理具有以下原则:

1)特色原则

旅游目的地的特色(包括风景、建筑、项目和管理等),是旅游目的地的吸引力及其生命力所在。古色古香、宏伟壮观、民族风情、惊险曲折等都可形成自己的特色。这些特色应与环境相协调,与旅游目的地的基调一致,并且要有一定的传统基础和群众基础。

2）效益原则

旅游目的地管理的基本目标之一，就是要持续增加接待能力和吸引能力，取得尽可能高的经济效益。应充分发挥现有旅游项目的利用率，通过保护、维修或改造延长其"生命周期"。因此，对稍加修整便可开放的旅游项目要优先利用；新建旅游项目，应在统一规划和合理布局的前提下，选择吸引力强、观赏价值大、经济效益好的优先发展，建设周期要短，并尽快投入使用，创造经济效益。

3）合理布局原则

合理布局有广泛的含义，从旅游目的地的平衡讲，旅游项目应均匀分布，疏导客流；从旅游目的地特色讲，要配置适当，组合巧妙；从游客利益讲，要设施配套，路线合理，不走回头路；从业务管理上讲，要便于维护、管理；从项目组合上讲，应冷热均衡，大中小混合，各层次搭配，不断变换与创新等。

4）持续发展原则

旅游目的地管理应保证目的地的持续发展要做到以下几点：

第一，要利用与保护相结合，保持生态平衡。

第二，要提高旅游目的地的吸引力和服务水平，提高游客的重游率。

第三，要不断地推陈出新，用新的项目、新的编排持续增加旅游目的地的吸引力和知名度。

2. 旅游目的地管理的内容

旅游目的地管理是一项既复杂又务实的工作。其主要内容包括以下几点：

1）战略规划管理

依据旅游目的地所处的地理位置和在区域旅游系统中的位置，综合旅游资源特点、游客的旅游需求等因素，确定目的地的定位、规模、特色、基本格局、设施配套状况和与外界的协调关系等。同时，还要研究旅游目的地发展方向和远景发展战略，并对实施战略的步骤进行确定。

2）组织管理

旅游目的地经营管理战略的实施、计划的落实和一切管理活动的完成都需要有健全的组织机构和完善的组织制度来保障。组织管理的目的在于根据所处的环境的变化，为实现其战略目标而创新组织架构，不断调整和完善组织管理制度，确保组织机构具有较强的凝聚力和较高的效率，并拥有完善的管理制度。

3）开发与抚育管理

科学开发旅游目的地的旅游资源，设置相应的旅游项目、配套服务设施以及文物资源、风景名胜资源的保护，旅游设施的维修更新、可再生资源的抚育等。

4）旅游项目、景区、景点管理

旅游项目、景区及景点的建设、维护和合理布局，通过游客流量的调控，既达到增加旅游吸引力和创造显著经济效益的目的，又达到保护资源、保护旅游业持续发展的目的，并通过旅游项目的特色形成目的地的优势。

5）投资管理

投资是维持旅游目的地生存、促进发展、增强竞争实力的重要保证。旅游目的地从一个旅游项目的创意设计、规划咨询、管理目标设计、建设，到建成后的经营管理都需要从投资管

理的角度进行科学论证。

6）业务管理

旅游目的地业务管理是使管理者的命令得到有效贯彻和全面实施的基本活动单元。业务工作主要包括人力资源开发与管理（如人员招聘、培训、员工考核与激励、人事管理、劳资管理）、财务管理（如财务决算、财务预算、资产管理、收入、费用、税金与利润管理、财务分析与检查）、服务质量管理（如服务质量标准的制定、控制体系、服务流程设计）、安全管理（如游客安全、员工人身安全、财产安全、设施安全）和信息管理（如行业经营与发展信息、信息咨询系统、内部信息沟通与反馈、信息收集与统计分析）等。

7）环境管理

竞争能力在很大程度上取决于环境质量的优劣。旅游目的地所处地区的自然环境和社会经济文化环境（如当地居民的消费水平、消费习惯、习俗、好客程度、文化差异）都深刻地影响着目的地的经营和发展。做好环境管理，是创造高品位的旅游产品、高质量的旅游活动、延长游客逗留时间、增加游客消费和旅游收入的重要手段。

8）旅游者管理

通过对旅游者的宣传教育、适当引导和必要制约，指导游客进行文明健康的旅游活动，维护旅游目的地的良好秩序，制止极少数人的不良行为。

二、智慧旅游在旅游目的地管理中的应用

1. 洛阳老君山："景区＋互联网"运营模式

老君山最高海拔2217米，游览面积58平方千米，海拔高差达1600米，山势险，施工难度大，靠人力运送最终实现了景区内Wi-Fi信号全覆盖，同时最多可满足3万人同时上网。全覆盖、无死角、可分区域控制的监控和广播系统为游客提供人员寻找、失物招领、紧急救助等诸多服务。通过功能强大的分销系统及门禁系统，完美对接旅游五大OTA（在线旅行社）网站及团购网站，真正实现了线上线下一体化，扫码直接入园，不需二次换票。支持银联支付、支付宝支付、微信支付等主流支付模式。无论是官网、微博还是微信，不管是手机端还是电脑端，通过方便、实用、快捷的咨询平台，老君山的活动信息、销售政策能及时地发布给广大游客。老君山景区内共有70余家宾馆已有半数以上与国内OTA网站直接合作，可直接通过互联网预订。老君山还设有智能指挥中心，能够看到景区内所有位置监控，可以直观看到景区内实时入园人数、实时入园车辆、人员分布密集度，对景区游客高峰期的管理起到至关重要的作用。同时，老君山的云端数据中心存储有大量的游客信息，可以实时、精确地为景区营销提供数据支撑，从而达到智慧营销的目的。

在当代社会信息化、智能化、人性化的大背景下，传统的售票、订房方式已经不能满足旅游者的需求，老君山的"景区＋互联网"的运营模式正是构建智慧旅游的一个成功案例。智能票务系统、监控系统及云数据中心的使用，使旅游者享受到更舒适、更便捷的旅游服务，提高了老君山景区的知名度，创造了更好的经济效益、社会效益和生态效益。

2. 美国迪士尼乐园试行MyMagic＋智能系统：跟踪猜测游客喜好

迪士尼公司斥资10亿美元研发的MyMagic＋服务系统已经在位于美国佛罗里达奥兰多市的沃尔特迪士尼世界度假区展开测试。MyMagic＋服务系统整合了网络、手机应用和

MagicBands智能手腕,通过三者协调工作,来实现对游客在迪士尼乐园中的动态监测。其中,MagicBands是智慧服务系统中最为关键的部分,不仅可以让游客提前数月通过网站或手机应用预订门票和制定游园行程,还能够储存门票信息、酒店钥匙、信用卡信息以及在迪士尼乐园中可以接收触碰到的感应器信息。MagicBands 内置的无线射频识别(Radio Frequency IDentification,RFID)芯片具有的追踪能力,使公司更好地了解景区情况,如何时增加更多员工、何种纪念品更受欢迎及餐厅应该提高何种服务等。MyMagic+智能系统能为游客提供更深入式、无缝化的游玩体验,比如可以让员工叫出某个孩子的名字或者祝某位游客生日快乐,这将彻底改变客户与公司之间的交流方式。

迪士尼公司通过嵌有RFID芯片的腕带收集客户信息,并通过这些数据制定个性化的市场营销方案,最终达到提高销售额的目的。MyMagic+智能系统的建成将会给迪士尼带来持续的积极影响,同时也开启了景区智慧管理的新篇章。智能化、人性化、便捷化、个性化的旅游服务已经被越来越多的旅游者所接受,同时也成为现代旅游产业发展的必然趋势。

旅游目的地管理的内容复杂多样,智慧旅游跨越了数字管理、信息管理时代,而直接进入到智能管理时代。旅游目的地对旅游的市场预测、活动咨询、信息发布、客流调控、体验反馈、质量评估、数据统计、形象塑造、口碑传播、人才培训等,都可以通过网络发布。

当然,智慧旅游并不能完全解决旅游发展过程中的所有问题。一方面,在现代旅游行业中能够适应智慧旅游模式的人才比较稀缺,短时间无法熟练运用科技进步服务于旅游业。另一方面,智慧旅游只是工具,无法进行旅游者的旅游动机的研究和旅游产品的开发。同时,智慧旅游的发展和应用还需要合适的政策法规、市场环境、人才培养等多方面因素的共同作用。目前,这种商业模式仍处于探索期,并不成熟。旅游也还处于电子商务时代,智慧旅游还任重道远。

本章小结

智慧旅游的概念起源于旅游目的地信息化概念,但区别于旅游目的地信息化。本章首先阐述了旅游目的地信息化与智慧旅游的概念,重点介绍了二者的区别与联系。围绕着智慧旅游在旅游目的地管理中的应用,结合洛阳老君山和美国迪斯尼乐园公司的案例进行了详细说明。

核心关键词

智慧旅游	smart tourism
旅游信息化	tourism informatization
旅游目的地信息化	tourism destination informatization
旅游目的地信息化管理	tourism destination informatization management

思考与练习

1. 简述由信息化到旅游目的地信息化的发展进程。
2. 什么是智慧旅游？
3. 智慧旅游的基本功能有哪些？
4. 智慧旅游与旅游目的地信息化有什么联系？
5. 旅游目的地管理有哪些基本原则？
6. 举例说明智慧旅游在旅游目的地管理中的应用。

案例分析

　　2015年8月10日，湖南省岳麓山·橘洲景区正式启动了第一季"2015漫跑湖湘——Cool跑"活动。活动一经启动，顿时点燃了整个长沙市民们对智慧旅游新体验向往的全部激情，在短时间里报名参加Cool跑活动的人数就上升到了5000人。与此同时，也获得像网易、搜狐、凤凰网等多家媒体和新媒体联合报道。此外，工作人员表示报名采取线上线下两种渠道，游客可以通过关注岳麓风景名胜区管理局官方微信，同时，你的朋友也可通过你的分享链接直接参与进来，线下则亦可通过在景区内用微信"摇一摇"进行报名。

　　这种活动无疑是互联网旅游时代一个新的探索，无论是对于游客还是对于景区都是不一样的体验的和视角，游客在完成任务的过程中能享受运动带来的乐趣此外还有机会获得iPhone 6等惊喜礼品。

　　岳麓山橘子洲景区不仅首创微信智慧旅游平台，而且研发出真正基于用户需求的智慧旅游系统——岳麓山景区智慧平台。切实地提升了景区对于游客的服务能力，为游客提供更加优质的景区服务。在互联网旅游的大趋势下，漫跑游戏、智慧停车、智慧景区导览、语音讲解等智慧旅游功能的上线，已帮助到岳麓山和橘子洲旅游区走在了旅游智慧化的前列，日后逐步让旅游智慧化成为游客旅行必用的装备。

　　岳麓山橘子洲景区负责人表示：将继续推进旅游景区设施的标准化、信息化、网络化，努力为游客提供更加优质的服务。在今后的智慧景区建设过程中，岳麓山风景名胜管理局将继续不断挖掘游客需求，不断更新平台服务，为游客提供更加优质的智慧旅游体验，带领湖南旅游产业走向产业智慧化、互联网化前列，打造智慧旅游的标杆案例。

　　试结合案例，分析发展智慧旅游的技术依托和推广策略。

第十章

新常态下的旅游目的地发展

学习引导

随着我国民众旅游和国民休闲制度的建立,旅游业的发展在兼顾大众旅游需求的同时,开始向高端化迈进,旅游新业态不断出现,并得以快速发展,我国进入了以业态创新为主的旅游业新常态发展阶段,旅游目的地的建设朝着国际化旅游目的地方向发展。那么,在新常态下如何解决旅游目的地发展的问题呢?在本章你将找到答案。

学习重点

通过本章的学习,重点掌握以下知识点:
1. 新常态下的旅游目的地发展特征;
2. 新常态下的旅游目的地产品开发与营销方法;
3. 新常态下的旅游目的地建设应对措施;
4. 全域化旅游目的地概念、理念、要求;
5. 旅游目的地创意城市塑造方法与案例分析。

第一节 新常态下的旅游目的地

"新常态"从字面上解,"新"就是"有异于旧质";"常态"就是经常发生的状态。"新常态"就是不同以往的、相对稳定的状态。这是一种趋势性、不可逆的发展状态,意味着中国经济已进入一个与过去30多年高速增长期不同的新阶段(田俊荣等,2014)。"新常态"包含着经济增长速度转换、经济发展方式转变、经济增长动力变化、资源配置方式转换、产业结构调整转型、经济福祉包容共享等在内的丰富内涵和重要特征(张占斌,2014)。

新常态下,旅游目的地作为旅游需求的承载者,将要面对的是拥有全球资源的更加挑剔的消费者。2014年,国际旅游度假目的地论坛发布的《国际旅游度假目的地(舟山)宣言》认为,不断适应新市场、新需求,不断挖掘旅游消费新潜力,不断激发旅游发展新活力,将成为旅游目的地发展的新常态。

一、从品牌打造到服务标准化

当前,旅游业正在经历产业的大变革,要素的大整合,格局的大调整,发展的大跨越,但同时也面临着产业竞争日益加剧的形势,机遇与挑战并存,要实现新起点上的新跨越,需要把旅游资源优势转化为旅游产业优势,把旅游业发展的优质资源进行最佳排列组合,通过资源有效整合,形成新的核心竞争力,才能促进旅游业可持续发展。

一个成功的旅游目的地背后必然要有一个成熟的旅游服务体系作支撑,完善的旅游目的地品牌服务体系、让游客满意的人性化服务,成为一个旅游目的地城市必备的核心"品牌"。

打造旅游目的地品牌服务体系主要围绕三点进行:一是发挥旅游业招商引资和重点项目建设指挥部的统筹协调作用;二是发挥旅游满意度提升工程的产业整合作用;三是发挥旅游服务标准化的规范作用。

二、从品牌营销到构建品牌营销体系

新常态下,打造旅游目的地品牌,必须从品牌营销到构建旅游目的地品牌营销体系转变。科学定位客源市场,有效整合营销资源,例如,通过努力打造"五张旅游形象品牌",即区域品牌、城市品牌、产品品牌、节庆品牌和服务品牌来塑造城市旅游知名度。

在开拓旅游目的地市场上,要打破区域屏障,推动旅游营销的跨区域横向合作。如泰安积极构建泰安旅游的"一圈"(济南省会城市群旅游联盟)、"一带"(京杭大运河城市旅游推广联盟)一体化旅游合作发展格局;依托济南省会城市群旅游联盟开展合作;积极建设无障碍旅游区,逐步推进联盟城市市民在旅游领域享受同等市民待遇;在京沪高铁济南西站省会(济南)城市群游客服务中心大厅,建立了泰安旅游咨询平台等。发挥省会城市"圈"旅游联盟作用,与其他联盟城市在资源共享、客源互送、线路互推、政策互惠等方面进行合作,开展跨区域的联合促销活动。充分利用京杭大运河18城市旅游推广联盟的"一带"作用,联合东平全力打造戴村坝——"京杭大运河之心",以及"水浒故里"东平文化旅游品牌,积极架构泰安旅游"一山""一水"良性发展新格局。

把服务作为营销的品牌。服务质量直接影响着游客的心态、决定着游客旅游消费的取舍,旅游服务本身就是营销。打造旅游目的地优质服务品牌,也是旅游市场营销工作的重要组成部分,通过营销旅游品牌,让旅游目的地名片更加深入人心。

三、互联网+旅游

互联网时代来临,旅游市场营销方式也产生了翻天覆地的变化。旅游市场营销要逐步学会使用互联网思维,引入旅游大数据应用,逐步建立完善的旅游大数据库,从动态上掌握旅游市场的细微变化,实施精准化营销,摆脱过去常用的"旅游大篷车"等宣传促销方式。旅游企业也应学会借助互联网平台,推动旅游线上、线下融合发展。基于大数据的旅游目的地市场分析,如图10-1所示。

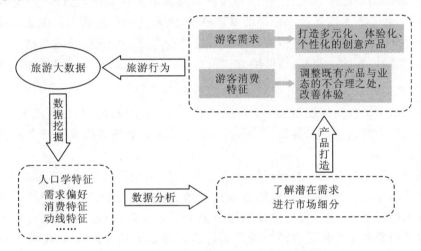

图 10-1 基于大数据的旅游目的地市场分析

第二节 新常态下的旅游产品开发与营销

一、新常态下的旅游产品开发

(一)细分市场——发现创新开发新产品

通过市场细分,发现创新开发新品,是提高竞争力的有效途径。在目标市场营销中,营销者区分出构成旅游市场的各种不同群体间的差别,并从中选择一个或几个细分市场,为每个目标市场开发相应产品和制定营销计划。以有效市场细分为基础的目标市场营销战略,造就了旅游产品种类、旅游方式、旅游交易形式等的极大丰富,顺应了旅游者的多样化需求。

可从地理、人口、心理等方面列出影响产品市场需求和顾客购买行为的各项变数。对不同的潜在顾客进行抽样调查,并对所列出的需求变数进行评价,了解顾客的共同需求,并通过调查、分析、评估各细分市场,最终确定可进入的细分市场,并制定相应的营销策略。

(二)旅游产品开发中的功能创新——制造全新体验

"创新战略"一个很重要的提升点就是价值创新。为游客创造全新体验也是一种价值创新。体验就是"以身体之,以心验之",它注重感觉和自身的参与,从感性的角度认识事物,是主体和客体相互融合,并且能够对个体产生特别影响。

旅游者花费了时间、经历,想要得到的就是体验。有了深度的体验,旅游者才会对这个地方产生深刻的印象,对旅游产品才会有深度的认识,而不是只是拍拍照片、走马观花式的经历,这是"以人为本"、尊重个体的表现。如何实现旅游体验,体验设计是一种价值创新的方法。用设计好的环境、背景、服务、产品,把旅游者布置在其中,让他们在旅游的过程中与场景合为一体,最终使旅游者感受到美好的体验,达到"人景合一"的效果。

为了塑造最优的旅游体验,旅游产品创新与营销首先应该将体验主题化,以正面线索强化主题印象、淘汰消极印象,提供纪念品并重视对游客的感官刺激,这样才能使游客产生与众不同的体验,并不断为游客带来新鲜的旅游感受,满足其个性化需求。主题的确定应该植根于本地的地脉、史脉与文脉,对应主要客源市场的需求,凸显个性、特色与新奇。要整合多种感官刺激,调动顾客的参与性,体验的方式包括感官、情感、思考、行为和氛围等模式。

(三)旅游产品开发中的设计创新——产品创新之道

我们从采用深度营销的视角来剖析产品消费过程,从中找寻产品创新之道,一次产品的销售过程可以分为售前、售中、售后三个环节,也正是这三个环节构成了一个消费者购买到的完整产品。

产品创新设计理念对当下的旅行社企业尤为重要,纵观目前旅行社产品的研发,很少将前期的电话咨询标准应答、宣传广告创意设计及递进投放计划作为一个产品不可缺少的重要组成部分来进行研发,至于售后层面的增值服务更是鲜有涉猎。大多旅行社认为的旅游产品研发以从消费者交费甚至以消费者登上启程的交通工具为起点,以消费者返回客源地下飞机或下火车那一刻为终点,这就是旅行社所认知的产品过程。其实不然,一个极具独特价值的产品,一个投入巨资推广的产品,如果忽略了前台销售人员的咨询流程控制,给企业带来的损失也是无法估量的(据统计,70%的广告收益取决于咨询人员的专业程度)。如果一个备受青睐的产品、一项备受好评的服务,恰逢进行售后服务跟进的最佳时机却戛然而止,这会给企业品牌提升和忠诚客户培养将造成多大的资源浪费呢!

二、新常态下的旅游产品营销

(一)进行市场调研,确定客源市场

市场调研就是以科学的方法,有目的、系统地收集、整理、统计和分析有关信息资料,为旅游产品寻求市场机会和确定产品定位,制定正确的战略战术。信息与资料的收集有利于旅游产品营销策划的控制、实施、修正和调整,以便更好地结合市场环境和产品自身条件,最大限度地发挥优势去满足其服务对象的需求欲望,即目标市场,合理地按照旅游者的需求对目标市场进行细分。

伴随着国民旅游普遍化、多元化的发展,中医药旅游、养生保健游、体育健身游、户外探险游、工业遗产游、会展奖励旅游、研学旅行与修学旅游等新型旅游产品蓬勃发展,自驾游、

房车游、邮轮游艇旅游、低空飞行旅游等更是热闹非凡。

(二)运用整合营销

整合营销又称"整合营销传播",是指综合运用各种市场营销方法和营销工具,全面加强旅游者对旅游产品的营销推广,发挥营销的整体效应和综合作用。从与消费者沟通的本质意义上展开营销活动,将品牌、理念、市场、产品、价值、网络、促销和服务整合成一体,发挥更具实力的效果。整合营销传播的中心思想是:通过企业与消费者的沟通满足消费者需要的价值为取向,确定企业统一的促销策略,协调使用各种不同的传播手段,发挥不同传播工具的优势,从而使企业的促销宣传实现低成本策略化,与高强冲击力的要求,形成促销高潮。

旅游产品应在细分市场的基础上,实施"统分结合""共性与个性结合"的整合营销策略,建立共同承担市场责任机制。联合相关企业策划、包装和联合营销富有竞争力的特色旅游产品,进行专项市场开发,适应、引导和创造重点客源地、重点客源人群的需求,构筑旅游产业持续快速发展的客源基础。进一步通过改变旅游产品结构来改变客源结构,带动旅游消费转型,从而为旅游企业创造更好的市场空间和赢利机会。

(三)突破行政壁垒,促进区域旅游合作

旅游业的相关部门应该努力消除地方保护和行业封锁,限制低水平及重复建设,培育有利于旅游业持续发展的一体化市场和优良的旅游大环境。具体来讲,要加强区域间交通建设、城市文化建设、媒体合作、导游培训与执业管理、旅游投诉处理等的合作;联手开发旅游产品,共同开拓旅游市场,共享旅游信息,引导和促进旅游企业的联合;共同开展市场调研、制定促销宣传方案,并进行相互宣传,等等。

同时,还应打破区域分割,与周边地区联手,共同拓展旅游市场,共创在全国乃至世界都颇具影响的黄金旅游线,以开拓国内外旅游市场,争取更多的客源。突破行政区划界限,打破行政壁垒,冲破地区封锁,突破行政区域限制,实施无障碍旅游,形成若干带动力强、联系紧密的经济圈和经济带,把区域经济合作作为促进区域协调发展的重要举措。

(四)积极建立完备的旅游产品售后服务体系

旅游产品售后服务体系的建立对于一个长期发展的旅游企业来说是非常重要的。它应包括:对游客售后服务满意程度的跟踪调查,获取旅游者对旅游产品的要求和意见,针对不同地区、不同年龄、不同层次的旅游者建立一个完备的资料库,以在进行旅游产品营销及开发新的旅游产品时避免主观性和盲目性。

另外,旅游产品售后服务体系的建立还可以帮助旅游企业树立良好的企业形象,建立口碑效应,为今后旅游服务产品的市场营销工作打下良好的基础。这同时也是旅游业可持续发展的一个重要环节。

(五)实施"互联网+旅游营销"战略

与传统媒体相比,互联网媒体具有即时性、互动性、便捷性等优势,已被旅游营销广泛运用。互联网媒体在旅游营销上的运用,大致有以下几个方面:一是制作网站,目前中国的各级旅游主管部门、旅游目的地基本都有自己的旅游网站,旅游企业也大多有自己的网站;二是在专门网站、旅游专业网站、旅游电子商务平台上投放广告,包括近几年兴起的定向投放;三是制作开发手机App、智慧导游等进行宣传;四是利用社交网站设立官方账户、策划话题进行事件营销。

"互联网+"时代下旅游营销平台,如图 10-2 所示。

图 10-2 "互联网+"时代下旅游营销平台

第三节 新常态下的旅游目的地建设

一、摆脱观光型旅游发展的路径依赖

充分利用好中国在休闲度假领域的后发优势,加强对国际上各种休闲度假类型的学术研究,充分吸引国际上旅游发达国家在休闲度假发展上的经验和教训,在休闲度假的新轨道上少走弯路、创新发展、超越发展。

二、重视旅游目的地建设理念的国际化

理念的国际化远比客源国际化更重要,也更能产生深远而持久的影响。不用简单复制的方式建设国际旅游度假目的地,而是要消化吸收国际上休闲度假产品开发的前沿理念、休闲度假设施设计规划的科学基准,以及休闲度假利益分享机制的精神。

三、借鉴旅游目的地发展国际优秀案例

深入剖析旅游度假目的地发展的国际成功案例和国内典型样板,充分借助国际顶尖学术团队的外脑力量,加快制定国际旅游度假目的地规划、建设、管理、运营等方面的综合性标准,引导各地科学有序健康地建设旅游度假项目,开发旅游度假产品。

四、重视旅游目的地度假软环境和硬环境的建设

把自然环境、社会环境、技术环境等环境建设,视为休闲度假目的地的生命,完善多元、智能的休闲度假公共服务体系,营造轻松度假、休闲度假、惬意度假的休闲大环境,区别对待旅游开发建设过程中景观性用地与项目性用地,营造放心、舒心、开心的休闲度假小环境。

五、自觉践行全域化发展理念

跳出观光旅游目的地节点型发展的老路子,走出休闲度假旅游目的地板块型发展的新路子,用生态群落的理念,大力推进休闲度假产业项目的发展和休闲度假产品的开发。致力于构建休闲度假生态圈,最终建成无处不风景、无处不休闲、无处不度假的全域化、国际化的度假旅游目的地。

第四节 全域化旅游目的地发展

一、全域旅游

2016年全国旅游工作会议上,国家旅游局局长做了《从景点旅游走向全域旅游,努力开创我国"十三五"旅游发展新局面》的工作报告,提出将全域旅游作为新时期的旅游发展战略。报告指出,全域旅游是指一定区域内,以旅游业为优势产业,以旅游业带动促进经济社会发展的一种新的区域发展理念和模式。全域旅游是把一个区域整体当作旅游景区,是空间全景化的系统旅游,是跳出传统旅游谋划现代旅游、跳出小旅游谋划大旅游,是旅游发展理念、发展模式上的根本性变革。

全域旅游的特点是各行业积极融入其中,各部门齐抓共管,全城居民共同参与,充分利用目的地全部的吸引物要素,为前来旅游的游客提供全过程、全时空的体验产品,从而全面地满足游客的全方位体验需求。

二、全域旅游目的地

全域旅游目的地是指一定区域内一切可资利用的旅游吸引物都被开发形成吸引旅游者的吸引节点、旅游整体形象突出、旅游设施服务完备、旅游业态丰富多样、能吸引相当规模的旅游者的综合性区域空间,是以全域旅游理念打造的全新旅游目的地。一个旅游相关要素配置完备、能够全面满足游客体验需求的综合性旅游目的地、开放式旅游目的地,是一个能够全面动员(资源)、立足全面创新(产品)、可以全面满足(需求)的旅游目的地。

全域旅游可以作为旅游目的地一种发展战略来实施，利用全域旅游相关发展前沿理论来指导实践工作。全域旅游目的地最显著的特征包括全要素、全行业、全过程、全方位、全时空、全社会、全部门地为旅游业发展服务。

三、全域旅游目的地形成

旅游业属于综合性服务产业，就决定了旅游业在整个发展进程中，较为依赖整个社会、整个行业体系的共建共享，旅游业的发展水平受旅游目的地整体社会经济文化环境的影响。同时，旅游者体验的构成不仅包括旅游景区、旅游产品、所带来的体验，还包括旅游景区周边城市、旅游服务、环境氛围等多种因素，因此构建全域旅游目的地，需要把吸引物周边及所在城市作为一个大景区来打造，统一旅游景区规划、优化旅游产品开发、整体旅游市场营销，通过全社会共同参与，为游客提供全方位、全时空的旅游体验，满足多样化需求，促进区域经济的发展。

四、全域化旅游目的地建设总体要求

全域旅游是一种旅游目的地新形态新品牌。发展全域旅游是用新的思维方式谋划新的发展方式，贡献新的生活方式，培育一种优秀旅游目的地品牌。对于游客而言，全域旅游是一种新的旅游目的地形态，是一种新的旅游生活方式。

全域旅游形成新型的旅游目的地，形成一个旅游相关要素配置完备、能够全面满足游客体验需求的综合性旅游目的地、开放式旅游目的地，能够全面动员、全面创新、全面满足需求的旅游目的地。

全域旅游注重公共服务系统配套，注重生态环境和社会文化环境整体优化，旅游要素配置全域化，统筹建设旅游目的地。

以游客体验为中心，以提高游客满意度为目标，整体优化旅游服务全过程，提供全过程体验产品，全面满足游客体验需求，围绕市场构建主打旅游产品，形成全域化旅游产品业态，是公共服务便捷、旅游产品丰富、处处是风景、环境优美、便于自助旅游的优秀旅游目的地。

第五节 旅游目的地创意城市塑造

著名营销学家菲利普·科特勒认为营销就是打造品牌。21世纪是品牌经济的时代，旅游目的地的竞争将会聚焦于旅游目的地品牌的竞争。随着旅游市场竞争的加剧和旅游消费者的成熟，品牌对于旅游业的重要性日渐凸显出来，人们越来越关注城市形象和城市品牌的问题，"像经营品牌一样经营一座城市"已经引起人们的共识，作为城市旅游规划的重要前提，城市形象和城市品牌问题已经成为旅游目的地研究中一个难以回避的内容。

一、城市形象与城市品牌

城市形象是人们对城市的一种感知，是城市本性的某种表现，并区别于其他城市。城市品牌是城市比较优势的具体表现，城市品牌可以产生生产力。

(一)塑造城市形象

1. 城市的发展需要一个或多个良好形象

世界上城市形象良好、城市文化活力强的城市,无不具有特定的文化构成关系和良好的城市形象概念。如巴黎是"世界服装之都"和"世界浪漫之都";维也纳是"世界音乐之乡";罗马是古典文化集萃的城市。

2. 城市主导形象来源于这个城市的强势文化

城市文化的特质、类型和模式,成为一种或多种特有的文化符号而存留在人们的心中,便构成了这个城市的形象。不管是人工化的城市,还是自然风景型城市都要打出文化牌。如哈尔滨的俄罗斯风情、杭州的江南风韵、上海的海派时尚、北京的古朴之风、南京的民国建筑、包头的草原文化都会给人留下深刻的印象。

3. 城市形象的多元性

城市是一个万花筒,文化要素复杂,因此,一个城市可以有多种形象。任何人所感受的城市形象都不可能是这个城市的全部,人们对一个城市局部的认识程度和内容的不一致,必然导致这个城市的形象的多元化。人们对于一个城市的印象与自我融入这个城市的程度有关。多元的城市形象代表:巴黎,它既有"世界浪漫之都""世界服装之都"之称,又有"世界艺术之都""世界会议之都"之称。

4. 城市形象的塑造是一个动态的过程,必须不断更新

城市的形象必须不断开发更新,以迎接无可估量的挑战。形象策略应该服从推广策略,现在人们热衷于城市的形象建设,其实,城市形象建设也要服从一个理念,在这个理念指导之下,将城市作为客体,在城市形象塑造中,从多方面不断地对城市进行调整、整合、定位、重塑、创新,使城市在提升自己的品质中完善自身形象。

(二)打造城市品牌

既然品牌适用于产品,为什么还要把品牌用在城市上面?换句话说,一座城市可不可以被品牌化?这个问题,事实上已经不存在理论或实践上的障碍。美国学者凯勒教授在他所著的《战略品牌管理》一书中指出,就像产品和人一样,地理位置或某一空间区域也可以成为品牌。在这种情况下,品牌名就被固化在一处地理名称上。城市品牌化的力量就是让人们了解和知道某一区域并将某种形象和联想与这个城市自然联系在一起,让它的精神融入城市的每一座建筑之中,让竞争与生命和这个城市共存。

1. 经营城市需要品牌

发达国家和国内一些先进城市已经把城市品牌与城市的经济开发、市政建设、招商引资、旅游发展、环境改造联系在了一起。在新技术和全球经济一体化的推动下,商业化社会的进程必然将城市带入一个开放的市场交易平台之中,城市不想被淘汰,就必须像经营品牌一样经营这座城市,继续保持自己在市场经济条件下的城市规模扩张。

2. 工业化和城市化是城市品牌打造的前提和目标

城市化的重要前提是工业化,而工业化衍生的结果必然是城市的核心价值可以被用来定位和包装之后产生出的新附加值——品牌。城市化后,城市要向品牌化方向发展,必须具备一种体制,使得城市不仅是一个行政区域,也是一个巨大的商品。所以,城市的品牌是一

个城市积累无形资产的重要法宝,而城市无形资产的积累和释放,又成为打造城市品牌的最终目的。

（三）城市形象与城市品牌的关系

城市形象是城市外观的物质形象和内在的精神文化形象的有机统一,良好的城市形象不仅可以产生巨大的凝聚力和辐射力,也可以形成良好的资本集聚地。而城市品牌就是城市的风格和与个性,它凝聚和体现着城市的功能、理念、整体价值取向以及由内向外的辐射力和由外向内的吸引力。城市形象离不开城市品牌的支撑,往往通过多个品牌来展示一种形象,但是几个城市品牌的简单叠加也不等于这个城市的形象。

一个城市的主体形象需要几个标志性的建筑或景点来支撑,但是,真正支撑起一个城市品牌形象的是这个城市的整体,城市中每一幢普通的建筑物都要精心设计,城市的整体形象才能得到提升。同样,城市旅游的核心竞争力不仅仅来源于一个景点,更重要的是一个城市的整体既要有知名度高的景区(点),更包括城市的服务设施、城市的面貌、基础设施和人文精神。

需要注意的是,城市形象的设计与选择是进行城市品牌设计的前提,它主要依据的是城市的资源特征(特别是文化的差异性特征)和产业发展要求、理念;城市品牌则是通过可以存在于市场当中的、用于推广产品之需的城市资源,通过品牌塑造把城市形象有形化、具象化。

二、旅游目的地创意城市塑造案例分析

（一）香港旅游城市品牌联动营销

整体营销方式:城市、旅游景区、旅游关联产业实现了品牌联动,共同宣传,相互促进,分层次、立体化地塑造香港旅游品牌形象。

1. 分层次塑造香港旅游品牌

第一层次:全面包装城市,塑造城市品牌。无论是之前的"魅力之都"还是现在的"动感之都""购物天堂",香港旅游局的宣传口号都恰如其分地道出了时尚、动感和繁华的香港品牌形象。

第二层次:加大宣传力度,创建名牌旅游景区。香港旅发局每年的推广费用预算高达数亿元,旅游局 70% 以上是市场推广人员,和内地旅游部门的不到 10% 形成鲜明对比,香港旅游局对品牌推广的重视可见一斑。旅游景区和城市品牌的无缝对接,直接带动了香港旅游的繁荣。

第三层次:突出饮食购物文化,树立旅游关联产业品牌形象。对很多游客来说,香港最大的魅力并不是景点,而由购物、饮食和文化等旅游关联产业构成的大都会旅游才是香港游的真正的精髓所在。

2. 整合推广,品牌营销的利器

通过五大渠道,即消费者推广、同业推广、媒体推广、会议展览及奖励旅游推广、名人推广来进行整合营销,同时结合大型综合推广活动来达到宣传香港旅游形象,吸引潜在旅游者的目的,并取得了极佳的效果。

3. 品牌危机,危机营销渡难关

1998年的金融危机期间,香港旅游发展局通过一系列优惠政策和推介活动开发内地市场等方式来弥补东南亚游客流失的损失。2003年"非典"袭来的时候,香港旅游发展局方面沉着应对,同其他政府部门配合,首先做好游客的安置工作,保证游客安全离港;其次对酒店、餐饮、交通等旅游相关产业给予政策上的支持;最后"非典"疫情减轻,香港旅游发展局马上开展了重塑香港的一系列公关活动,专门针对消费者市场、会展市场和专业旅游机构,打消旅游者的疑虑。

(二)马来西亚体验营销与文化营销的结合

马来西亚以"亚洲魅力所在"给自己的国家一个清晰的定位有着充分的理由。亚洲三大古老文明——马来文明、中华文明和印度文明,在马来西亚汇聚、融合,并与当地原住民文化相互激荡,造就了马来西亚独特的多元文化。马来西亚的旅游营销在很大层面上属于文化营销的范畴,无论是民族文化、宗教文化、语言文化还是饮食文化,乃至殖民地文化,在政府主导下,马来西亚旅游相关部门都做出了很精彩的文章。

1. 节日庆典打造新的旅游格局

对于马六甲来说,宝贵的建筑与历史是这座沧桑城市的灵魂,很多印度人和荷兰人的后裔与当地居民联姻,为了让更多游客体验到这种移植文化的魅力,当地旅游部门与企业联合策划包装出"印度村""荷兰村"等文化体验景点,每年还组织村民举办热闹的"印度屠妖节""荷兰海神节"等传统节日,并邀请游客参与其中。这种融合了历史、宗教与民俗的旅游产品受到了游客的普遍欢迎。

2. 举办各种形式推介会开展海外营销

从2003年开始,一年一度的"全球会聚马来西亚"是马来西亚旅游部主办的一个全球性旅游推广活动。马来西亚旅游部把来自几十个国家的媒体、企业、旅行社等代表请到马来西亚,除了常规性的买家与旅行社之间的商务洽谈外,大部分时间都安排了与会代表游玩马来西亚。因为马来西亚的旅游官员相信,亲身体验胜过任何华丽的广告,口碑传播更是具有无可比拟的宣传效应。此外,马来西亚旅游部还经常到海外重点客源市场举办诸如会展和奖励旅游推介会等一系列海外促销活动。

3. 政府强大的资源整合能力力推国家形象

事实上,马来西亚政府在旅游业中扮演着一个非常重要的角色。旅游业的发展不仅仅是旅游部的事情,几乎所有政府部门都要承担相关的责任。政府部门之间的沟通和合作很紧密,比如,旅游部和交通部、民航部、安全部等部门之间是经常合作,有点像旅游资源整合的联盟。部门之间有问题联合办公,很少有互相推诿的情况,并直接向总理汇报。

为了让政府旅游部门与市场实现无缝连接,1992年,马来西亚旅游部还特别成立了马来西亚旅游促进局(简称"大马旅游局")作为辖下的半官方机构,其基本职责就是促进马来西亚旅游成为国际性旅游、会议、展览及奖励旅游的"首选目的地"和"最佳旅游地"。

政府还通过对全国旅游资源的控制和旅游产品的研发上来影响和促进马来西亚旅游业。尤其对珍贵和天然的旅游资源,很有节奏地进行资源开发和游客导入。

此外,拓展会展与奖励旅游的海外市场。成立会展奖励旅游的直接部门与马来西亚航

空合作,向全世界推广前来马来西亚举办会展与奖励旅游。此举背后的深意是,原来马来西亚旅游业主要集中在休闲度假旅游和观光旅游,现在马来西亚将把促销重点放在会展旅游上,并将会展奖励视为马来西亚旅游业长期发展的重要利润增长点。

(三)韩国推广娱乐营销

旅游业的娱乐营销就是强化娱乐意识和参与程度,借助文化体育娱乐活动,通过轻松活泼的方式来传播和营销旅游品牌。

1. 借助韩剧营销

以往国内旅行社在宣传韩国景区时,并没有多少卖点,游客对韩国文化的了解也仅停留在烧烤和泡菜上,因此造成了韩国旅游线路的冷清局面。但近年来,韩国旅游部门借韩剧的影响力,不断根据韩剧挖掘韩国的传统文化,开发相关旅游产品,使韩国旅游市场场面火爆。

韩剧《蓝色生死恋》使济州岛成为旅游胜地;《冬日恋歌》则让南怡岛挤满了亚洲旅游者;而《大长今》的热播,更让韩国旅游赚了一个大满贯,其卖点除了有《大长今》的拍摄点外,还有品尝韩宫廷膳食、穿韩服照相等各种体验活动,据统计,在《大长今》的"鼓动"下,当年前往韩国的中国游客增加了25%,去韩国游玩的日本游客也达到创纪录的240万人。

韩国旅游依靠影视业开创了一个新的营销模式:依靠上游产业链条中的电影、电视产品在全球形成的吸引力,根据影视情节包装推广韩国各个地区的景点。

2. 形成韩流规模营销

"韩流"包括的内容十分广泛,从最初韩国的歌曲、音乐、戏剧、舞蹈、电影、电视剧、足球,进一步扩展到韩国的游戏、服饰、化妆品、餐饮、电子产品和汽车等各个领域。"韩流"蕴藏着巨大的旅游商机。这些产业以及其中涌现出一批大腕歌星、影星、球星、音乐人、舞蹈家、模特等吸引了大批海外游客的目光。

3. 韩国把文化对旅游的促进作用发挥到极致

韩国通过把其具有比较优势的、旅游者较易感知的关键性因素,如地域饮食、服饰、瓷器、歌剧和节庆等与旅游结合起来,在努力挖掘体现地方特色项目的同时促进了旅游品牌的塑造,使有限的旅游资源得到最大限度的利用,靠着其文化特色而获得持久的观光客源。现在,韩国每年新推出的特色旅游项目达800个,其中包括吸引百万游客的庆州文化博览会、光州泡菜盛典、南道饮食文化大宴、麟蹄河川漂流节等,这些富有浓郁韩国地方特色的旅游项目吸引了来自世界各地的众多游客,有力地推动了韩国旅游业的发展。

(四)苏格兰首府爱丁堡举办音乐节

爱丁堡艺术节是世界上最著名的艺术节之一,每年都会吸引来自世界各地的音乐大师以及数百万世界游客。因未受战争破坏素有北方雅典的美名,而每年在这里举办的各种旅游节庆活动,更是为这个城市增加了无限魅力。

成立于1947年的爱丁堡艺术节已成为世界影响最大的艺术节,从国际艺术节、边缘艺术节、军乐队分列式,再到爵士艺术节、国际电影节和图书展,汇成一个雅俗共赏的全球艺术嘉年华,爱丁堡国际艺术节因此成为爱丁堡市的象征和标志。

1. 提高国际知名度

爱丁堡国际艺术节期间,爱丁堡城堡附近的古色古香的旧城区"皇家一英里"就成为其室外活动开展的主要场所。因此,也成为常规形态的历史城区和节事活动之间的一条通道。

2. 新型的网络营销

由于每年都有专业的资金支持,爱丁堡艺术节专业网站的内容丰富实用,更新及时。网站精美生动,内容主要包括演出门票预订、节目预告及视频展示,节庆商品购买,艺术节年鉴和游览地图,博客和广播链接等。

3. 艺术形式多种多样

2009年,来自全球的180个表演组织和超过2200位表演者参与了爱丁堡艺术节。在此期间,爱丁堡国际艺术节、爱丁堡国际图书节、爱丁堡边缘艺术节、爱丁堡军乐节、爱丁堡国际电影节使幽静空灵的海滨古城变得一派生机盎然的狂欢景象。

本章小结

本章的学习重点在于理解和掌握旅游目的地发展的"新常态"概念、特征,理解如何在新常态背景下区进行旅游产品开发和营销。"十三五"时期要重点发展全域旅游,需结合相关旅游时政热点把握旅游目的地建设问题。最后,结合相关案例分析,对旅游目的地创意城市塑造有深入的理解。

核心关键词

旅游新常态	tourism under the new normal
全域旅游目的地	region-based tourism destination
旅游创意	tourism creativity
互联网＋旅游	internet ＋ tourism
旅游＋	tourism ＋
互联网＋	internet ＋

思考与练习

1. 简述新常态下旅游目的地概念、特征。
2. 新常态背景下如何进行旅游产品开发和营销?
3. 新常态背景下旅游目的地建设包含哪些内容?
4. 什么是全域旅游?如何打造全域旅游目的地?
5. 旅游目的地创意城市塑造的核心在哪里?结合相关案例,说说你是怎样理解旅游目的地创意城市塑造的?

案例分析

夏威夷旅游打造国际旅游目的地的经验与启示

作为世界著名的度假旅游目的地,夏威夷不仅表现在"太平洋之心"的优越区位、年均气温26 ℃的气候资源和海洋旅游资源的优势,而且其在度假旅游目的地发展上有着自己一套独有的模式与经验,对于我国沿海旅游目的地,乃至相关旅游目的地的发展具有重要的借鉴价值。

一、城市建设服务于旅游发展

旅游城市建设不仅要考虑面向本地居民的功能化设施建设,而且要更多地考虑服务于旅游发展的功能、元素与布局,这一点夏威夷做得非常好。

首先,城市中有专属的旅游商业区,檀香山市专门划分出一个海滨空间区域发展度假旅游,与居民生活区分离开来,这就是世界著名的威基基海滩及其旅游商业区,在这个区域内度假酒店、旅游街区、休闲公园、游艇码头和购物超市在空间上鳞次栉比、有机布局,并且为了改善度假旅游条件,专门引进了优质海岸沙子,修建了阿拉外运河营造水景;市中心区域另开辟有一片专门的购物区——阿拉莫阿那中心作为外地游客的购物场所。

其次,精心营造支撑旅游发展的城市环境。城市中配置建设了各种各样的植物园和社区公园,嵌入到各个社区之中和旅游景区周边;寸土寸金的威基基商业区旁保留有占地面积达1800余亩的卡皮欧拉尼公园,营造出一种惬意的旅游休闲环境。

最后,城市文化的保护与彰显有利于塑造城市的个性。夏威夷王国的文化古迹保留完整,道路、学校、建筑的名称很多采用夏威夷王国国王与王后的名字,虽然名字拗口但很地方化,间接地传播旅游目的地的特质形象。

二、建立以人为本的旅游公共服务体系

就旅游信息服务来说,夏威夷在机场、商业区、度假区等为游客提供了英语、日语、中文、韩语等各种版本的旅游手册,每周更新一次,不仅有综合性的旅游手册,还有餐饮、旅游活动、购物等专项手册,种类繁多、内容翔实、信息量大,为各个国家的游客提供了极大的便利。

就人性化服务来说,度假区、露营地、社区公园处处都有免费饮水处和洗手间,海滩周边恰到好处地配备冲洗设备、救生人员、换衣间等,即使是在很偏僻的乡村也通水电气,道路、厕所等设施十分完备,方便了自驾游客的环岛旅游。

就解说系统来说,高速公路和其他道路标识牌清晰,道路里程和前方景点指示明晰,公路两侧的观景点、观景台众多,并配备齐全的停车场,但却没有影响视觉感官的商业广告牌和宣传标语。

就服务行业从业者来说,不要说顶级的旅游购物中心,就是普通百货公司、快餐店,店员的服务态度也表现出夏威夷人的热情、友善与诚挚,让游客感觉到了旅游胜地的人文之风。

三、旅游景区开发有独到之处

旅游景区开发有独到之处主要表现在以下几个方面：

一是建立了庞大的旅游景区与休闲景观系统，这一系统由8个国家公园、国家纪念碑、国家历史公园、国家历史遗址、国家古道等组成的国家公园体系，52个州立公园、州立历史遗址公园、州立历史公园、州立纪念碑、州立休闲区、州立历史纪念地、州立娱乐区等组成的州公园体系，加上众多露营地、沙滩公园、冲浪地、徒步线路、高尔夫球场，以及40多处州立野生生物管理区等构成，不仅满足外地游客的旅游需求，而且为当地居民提供了休闲度假场所。

二是夏威夷主要景区点位于6个主要岛屿上，各个岛屿旅游主题不同，各有分工与侧重，避免了同质化竞争。瓦胡岛定位为旅游中心和集散地，旅游功能齐全、对外交通便捷；茂宜岛定位为度假观鲸旅游；可爱岛定位为花园之岛，侧重生态度假旅游；夏威夷岛突出火山旅游，展现自然奇观；拉奈岛则是突出高尔夫探险旅游；摩洛凯岛则是突出社区旅游。

三是注重把酒店与旅游活动融合在一起进行规划建设，把酒店打造成旅游吸引物。如夏威夷岛上的维克拉希尔顿度假村酒店通过小火车、水上游船将三处酒店群连接起来，辅之以开放式休闲廊道式博物馆，并将海豚表演活动融入酒店泳池之中，酒店本身成为一处可游览、可体验、可住宿、可娱乐、可度假的旅游景区。

四是很好地处理有为与无为、人工开发与自然点缀的关系。如夏威夷火山国家公园作为世界自然遗产地，其旅游开发除了修建必要的公路之外，多是通过解说标识牌、博物馆、生态游径的形式来展示火山景观与遗址，突出自然本色之美。

四、从地域文化中捕捉演绎旅游业的闪光点

旅游业体系中的各个要素都渗透着浓郁的地域文化元素。

在旅游形象传播上，将夏威夷文化中的符号、色彩、造型、轮廓等融入服饰、餐饮、礼仪、舞蹈、雕塑等各个方面，阿罗哈精神及其语言符号的创意与传播更是成为全世界旅游目的地学习的典范。

在旅游活动开发上，旅游景点、商业区、酒店、游船等各个空间一年四季演艺活动不断，每天都有夏威夷土著人动态化的草裙舞表演，沿海旅游大道经常有大型旅游演出和节日游行活动。

在酒店建筑个性化塑造上，夏威夷属于火山地貌，众多酒店、度假村、景区建筑都以火山石作为外立面材料，现代气息的度假旅游目的地处处透露出地域自然元素的剪影。

在购物品开发上，不仅利用农业优势开发了咖啡、菠萝、巧克力等多种类型多个系列的旅游购物品，而且将地域文化符号创意为旅游纪念品，如阿罗哈衫已经成为热带地区旅游者的标准装束；彩虹州汽车牌也开发成为游客采购的纪念品等。

五、把环境保护作为旅游发展的一项重要任务

为了防止环境污染，夏威夷杜绝一切现代工业，并借助自然优势成为美国空气质量最好的州；夏威夷海域面积巨大，但200海里范围内禁止商业捕鱼，并放弃了近海养殖业；夏威夷港口不准停靠大型运输船，瓦胡岛和主要岛屿之间不允许通行大型游

船,从而在一定程度上避免了海水污染。

对沙滩采取全民开放的政策,严禁私有占有,保护了一线海景资源;旅游活动中渗透着环境保护意识,如恐龙湾第一个旅游项目是观看一段环境保护的影片,让游客了解景区生物品种的稀缺性与珍贵性。

正因为对自然环境采取非功利性的保护意识,所以,夏威夷溪流中鱼翔浅底,近海乘船可观看游弋的鲸鱼,使得环境成为旅游吸引力的一部分,为度假旅游增添了丰富的生态内涵。

六、重视交通运输对旅游发展的支撑作用

夏威夷特别注重交通运输对旅游业的支撑作用。不仅表现在架构从外部进入夏威夷和夏威夷主要岛屿之间的完备航空运输网络和旅游地内部发达而缜密的环岛公路运输网络,而且将交通运输与旅游发展紧密融合在一起,交通运输工具成为特色鲜明的旅游项目和重要旅游吸引物,如游艇游船、旅游潜水艇、观光巴士、观光直升机、滑翔伞等,其中依托观光巴士的城市观光旅游、依托游艇和游船的观鲸旅游、依托观光直升机的夏威夷活火山观赏、依托旅游潜水艇水下观鱼等成为夏威夷最具吸引力的特色旅游项目之一。

七、旅游教育彰显实践性特征

夏威夷的主要大学夏威夷大学(包括马诺阿分校、茂宜分校和希洛分校)、太平洋大学、杨百翰大学夏威夷分校以及社区学院等都开设了旅游管理专业,选择旅游管理与酒店管理专业的学生较多。各个大学都对师生的行业实践经验有所要求,如夏威夷大学马诺阿分校旅游业管理学院就要求入职教师必须有旅游行业从业经验才能从教,要求本科学生大学期间必须有800个实习小时才能毕业;波利尼西亚文化中心大部分服务人员来自杨百翰大学夏威夷分校的学生,他们在景区工作挣自己的学费和生活费,并获得社会实践经验。正因此,夏威夷的旅游管理高等教育具有显著的实践针对性,产学之间、校企之间建立了良好的互动关系。

当然,夏威夷也存在物价高企、ABC购物店过多的商业化与同质化等问题,但瑕不掩瑜,其旅游目的地与社会经济、文化环境一体化融合发展模式值得我们学习和借鉴。

问题:
从本案例中,你可否总结出旅游目的地建设的相关规律?

第十一章

案例分析

学习引导

在旅游目的地名单中,我们耳熟能详的有丽江、厦门、婺源、西安等。这些旅游目的地有着怎样的资源与特色?它们的发展现状如何?它们是怎样成为旅游目的地发展的领跑者的呢?通过本章的学习,让我们去寻找答案。

学习重点

通过本章学习,重点掌握以下知识要点:
1. 旅游目的地发展的思路、做法和成功经验;
2. 旅游目的地发展的薄弱环节;
3. 旅游目的地发展的措施。

第一节 丽江市案例分析

一、丽江市旅游发展概况

丽江市地处云南省西北部,滇川藏三省区交界处,是古代"南方丝绸之路"和"茶马古道"的重要通道,其多元文化独具特色,自然景观绚丽多彩,民族风情淳朴浓郁。多年来,丽江立足实际,坚持把美丽的自然风光和独特的民族文化结合起来,积极探索具有丽江特色的旅游发展道路,在推动旅游快速发展的同时,促进了经济的持续快速发展。2012—2014年丽江市旅游发展情况,如表11-1所示。

表11-1 2012—2014年丽江市旅游发展情况

年 份	接待人数	旅游总收入	旅游收入增长率
2012年	1599.1万人次	211.73亿元	36.62%
2013年	2079.58万人次	278.66亿元	32.17%
2014年	2263.81万人次	378.79亿元	35.94%
2015年	3055.98万人次	483.48亿元	27.64%

注:数据根据历年丽江市国民经济和社会发展统计公报中的数据整理。

丽江这个名不见经传的边陲小镇,崛起为世界级的旅游文化名城。

二、丽江旅游业发展的思路、做法和成功经验

丽江从强化先导、融入文化、打造品牌、完善设施、强化管理等几个方面,努力推进国际级旅游休闲地区的建设。

(一)政府主导,政策支持

丽江市各级党委、政府历来十分重视旅游产业的发展,制定了"旅游先导"的发展战略和旅游发展总体规划。提出旅游发展要以"巩固、提高、开发、完善、创新"为方针,以发展为主题,以优化结构、提质增效为主线,以开发特色旅游产品、培育国际品牌为核心,以体制创新、机制创新和规范市场为着力点,以完善管理为突破口,有效整合旅游资源要素,充分发挥综合带动效益,把丽江打造成为文化旅游名市、国际精品旅游胜地、中国香格里拉生态旅游中心和示范区。市政府还出台优惠政策,规定把宾馆、饭店、旅行社的营业税和所得税全额返还给旅游管理部门,且五年不变,将其作为旅游产业发展基金,并采取多种措施鼓励个体、集体等各种不同经济形式参与旅游业发展,根据各自的实力,能大则大、能小则小,主动出击,在全市掀起了主打旅游旗、主创旅游牌、主唱旅游戏的浪潮。

(二)注重保护,持续发展

丽江探索出一条保护与开发并进的成功经验,在联合国世界遗产论坛上得到了"丽江模式"的赞誉。在推进生态文明建设中,丽江实施了"七彩云南丽江保护行动"和"森林丽江"

建设,扎实推进环境保护工程,加大天然林保护、退耕还林等重点生态工程和环境建设力度,开展了创建国家园林城市工作。

（三）依托文化,互动发展

丽江始终注重文化在旅游发展中的独特地位和突出作用,大力弘扬传统优秀文化,彰显民族特色文化元素,强调文化产业与旅游产业的互动发展,使支撑丽江经济社会发展的旅游产业与民族文化共生共荣、协调发展、共同促进,创造了令人瞩目的民族文化与经济对接的"丽江现象"。在文化体制改革中,对原属事业单位的古城博物院、丽江市电影公司、东巴博物馆、丽江市民族歌舞团进行改制、重组,推向市场。以现代市场手段运作纳西古乐,把纳西古乐打造成了著名的民族文化品牌,编排上演了大型民俗舞蹈节目《丽水金沙》,取得了巨大的经济效益。在旅游业的带动下,传统优秀民族文化得到了弘扬,构建起了由歌舞演艺、手工艺品、博物展览、风情领略、图书出版、音像制作、影视基地等内容组成的民族文化产业群。

知识关联

丽江模式即丽江市采取的"对遗产保护、维护及发展进行市政财政管理""基于文化遗产持续性发展的基础上,利用旅游业对其进行投资""对社会团体的成员进行教育及技能培训,从而引导人员对遗产进行保护""解决促进旅游业发展,处理资源开发与保护遗产之间的矛盾"等创新举措。

（四）打造品牌,扩大声誉

丽江在旅游发展中始终坚持实施精品名牌战略,充分发挥得天独厚的自然资源、多姿多彩的民族文化等资源优势,突出抓好生态和民族文化特色旅游资源的开发,先后成功申报了丽江古城世界文化遗产、三江并流世界自然遗产、东巴古籍文献世界记忆遗产、老君山-黎明国家地质公园、永胜红石崖国家级典型地震遗址,打造了玉龙雪山、泸沽湖、摩梭风情等世界知名旅游系列品牌。该市还采取各种措施向外推广丽江旅游产品,先后成功地举办了国际七星越野挑战赛、东巴文化艺术节、雪山音乐节、亚太地区世界遗产年会、第三届世界文化旅游论坛等活动,组织古乐会到国内外演出,与日本高山市、加拿大新西敏市等建立了友好关系,玉龙雪山与瑞士马特宏峰结为姐妹峰,不断提升丽江旅游产品在国际市场上的知名度和影响力。

（五）完善配套,夯实基础

丽江近年来加快了交通、电力、通信、城市和景区景点基础设施建设,为旅游业发展打下了良好的基础。在城镇建设上,加大旅游重点城市建设,完善城市的综合配套服务功能和承载能力,基本形成了与旅游市场需求相适应的高效便捷的现代化旅游基础设施体系,同时注重传承古城肌理,延伸城市文脉,突出民族特色建筑风格,形成山、水、田、城交相辉映的独特景观。在交通基础设施上,凡是旅游重点区域的航空、铁路、公路四通八达。在景区功能建设上,景区内部电、水、通信配套完善,绿化、净化、美化到位,游乐项目与服务功能遥相呼应,六大产业要素完备,旅游市场功能完善,现代与古朴、自然和文明的有机结合,使自然景观、古迹风貌平添了许多人性化的风味。

（六）创新机制，规范管理

丽江非常注重旅游行业管理机制的创新，严格按照"政府指导、市场主导、企业为主、行业自律、市场化运作"的原则发展旅游产业，对旅游的六大要素进行全面有力的调控。

首先，在重点景区实行管委会制度，由管委会行使对旅游区规划的编制与实施、项目立项、土地开发及用地管理、规划建设管理、项目建设管理、环境保护、治安消防、劳动用工和旅游行业综合管理等管理职权。

其次，在市、县区一级成立旅游集团或旅游开发公司，对辖区景区景点实行"一卡通"管理制度，实行"统一领导、统一线路、统一营销、统一价格、统一结算"和"分级管理、分级核算"的办法，建立旅游电子商务结算中心，实现旅游企业之间的网络电子交易和财务的适时清算、全市旅游信息资源的共享。

然后，对旅游团队实行封闭式地接管理，所有外地旅行社组织的旅游团队均交丽江当地旅行社安排，负责游客在当地的一切活动。不交当地旅行社安排的异地团队被称为"黑团"，会遭到查处。

最后，实行旅游企业行业自律、旅游淡旺季价格和旅游企业积分量化管理，制定了行业最低自律价格，禁止低价竞争，并以"诚信经营、优质服务"为核心，组建了旅游诚信监理公司，负责维护各行业协会之间的自律公约执行，努力创造一个规范、和谐的旅游环境，切实维护游客的合法权益和丽江旅游的良好形象。

三、丽江旅游发展的薄弱环节

丽江旅游通过"九五"期间的快速崛起、"十五"时期的巩固提高、"十一五"期间的提质增效，目前，已经发展成为丽江经济社会发展的龙头产业、支柱产业。但是，要在国内外日趋激烈的竞争中赢得主动，要适应旅游消费多元化的新形势，丽江旅游还面临着许多亟待改进的薄弱环节，集中体现在"发展方式较为粗放，核心竞争力不强"上。具体表现为以下几点：

（1）旅游经营管理的思想观念跟不上现代旅游发展理念。
（2）旅游管理体制机制不能很好地配合旅游产业发展的要求。
（3）旅游产品的开发满足不了游客多样化个性化的需求。
（4）旅游人才队伍的发展与旅游发展的要求有一定差距。
（5）旅游的投入力度与旅游业的发展需求不适应。

另外，丽江市现如今旅游发展水平与建设国际精品旅游胜地目标还有差距，交通等基础设施及辐射影响力尚不足以完成打造大区域旅游集散地的目标，旅游资源开发的程度与发展综合型旅游还有差距，旅游企业规模实力尚不足以适应激烈的市场竞争。

四、丽江建设国际精品旅游胜地的措施

"十二五"期间，是全面建设小康社会的关键期，是调整结构、转变发展方式的攻坚期，为有效解决丽江旅游发展积淀下来的问题，必须要在深刻把握国内外旅游业发展的新要求、新态势、新格局的基础上，紧密结合丽江市情，提出丽江旅游面向未来的发展目标。在实际工作中，丽江需要采取有效措施，突出特色、扬长避短、抓住机遇，加快推进旅游发展方式的战略性转变，抢占发展的制高点，早日实现建设"国际精品旅游胜地"的奋斗目标。

(一) 以解放思想引领丽江旅游转变发展方式

思想观念的变革影响着旅游业的发展。丽江旅游业之所以能够快速发展,就是自觉把丽江的旅游业发展放在旅游发展的大环境中来思考和推动,不断更新观念,完善工作思路,不断创新工作方法。在新的历史条件下,面对新的发展目标,要敢于解放思想,善于突破陈规,坚持用先进的理念引领旅游转变发展方式,用新的举措推动旅游持续健康快速发展。

(二) 以发展方式转变推动国际精品旅游胜地建设

建设"国际精品旅游胜地"是丽江旅游业的奋斗目标,也是一项新的实践工程。这一奋斗目标,客观上决定了丽江市必须深化认识,不断创新。对多数旅游地区而言,由于区域旅游资源的相对有限性和自身区位、影响力等因素的制约,使其往往只具有打造旅游目的地这一单纯的发展目标。而丽江不同,以丽江古城、玉龙雪山、泸沽湖、老君山、东巴文化、摩梭风情为代表的得天独厚的旅游资源,具有品位高、组合度好、排他性强的突出特点,其基本结构多为金字塔形的复合型结构,具有最理想的资源构成,兼具大尺度国际海外向性、中尺度国内向性和小尺度本地向性的三重向性,适合开展国际和国内等多重的旅游活动,建设国际精品旅游胜地具有得天独厚的有利条件。要实现新的发展目标,丽江就是要充分发挥这些优势,以更加开放的态度、更加科学的方法、更加有力的举措,以科学发展为主题,加快转变旅游发展方式,稳步推进国际精品旅游胜地建设。

(三) 正确处理保护与开发的关系,促进旅游和文化的深度结合

保护不是权宜之计,而是战略之举。只有坚持保护优先,在保护中开发,在开发中保护,促进保护与开发的和谐,才能实现丽江旅游的可持续发展。

首先,正确处理保护与开发的关系,能增强旅游的可持续发展能力。丽江拥有丽江古城世界文化遗产、"三江并流"世界自然遗产、东巴典籍文献世界记忆遗产3项遗产桂冠,遗产与旅游紧密结合,寻求互动共赢的发展道路,是丽江旅游有别于其他国内多数旅游地区的一大特点和突出优势。丽江已初步探索走出了"遗产与旅游互动双赢"("丽江模式")的第一步,得到了联合国相关遗产组织的肯定和赞誉,但也面临着诸多的待解难题。因此,要牢固树立"保护第一、遗产至上"的思想,正确开展旅游活动,不断增进遗产与旅游的和谐互动,在实现遗产有效保护的基础上,不断提高旅游的可持续发展能力。

其次,促进文化与旅游深度结合,着力提升旅游核心竞争力。美丽的自然风光和多姿多彩的民族文化的有机结合是丽江旅游的一大特色,没有文化的旅游注定是没有生命力的,在发展旅游的过程中,需要努力推进并形成旅游与文化深度结合、互融共进的良好关系。从本质上讲,旅游活动就是一种文化活动。没有文化的旅游是苍白无力、枯燥乏味的,没有文化内涵的旅游产品不具备足够的市场竞争力和吸引力,失去旅游推动的文化最终会失去发展繁荣的动力和活力。文化与旅游紧密结合、互动发展,已经成为世界经济发展的大趋势和主潮流。文化是民族凝聚力和创造力的重要源泉,是综合竞争力的重要因素,是经济社会发展的有力支撑。只有树立"文化就是财富"的理念,坚持把文化与旅游相融合,形成赏山水、品文化的旅游发展格局,才能增强旅游吸引力。

最后,文化与旅游紧密结合、互动发展,是科学发展的必然要求。科学发展观的核心是以人为本,基本要求是全面、协调、可持续发展。只有文化产业与旅游产业从深度和广度上

紧密结合、互动发展,形成两个产业相互作用、良性循环的新模式,才会有利于两大产业的协调、可持续发展。丽江在开发旅游产品时,坚持文化与旅游高度融合,使旅游产品既具有深厚的民族文化底蕴,又具有独特的自然风光,让游客在神奇美丽的自然风光中领悟深邃的民族文化,在品味厚重的民族文化中徜徉于如画的仙境之中。

五、丽江旅游业的六个转变目标

创新是事业发展的不竭动力,也是加快转变发展方式的必由之路,具体到丽江的旅游业,就是要以科学发展观为指导,围绕建设国际精品旅游胜地的奋斗目标,进一步解放思想,更新观念,开拓创新,加快推进旅游业实现"六个转变"。

(一)在发展模式上,实现由政府主导为主逐步向政府引导调控、市场主导为主转变

当事物发展到一定程度之后,政府的干预往往要非常小心,切不能眉毛胡子一把抓,要把行政管理这只"有形的手"和市场经济规律这只"无形的手"有机结合起来,逐步让市场真正承担起基础性的资源配置作用。做到与时俱进,因时而异,合理界定政府与市场的不同的角色定位,集中有限资源和力量抓"全局",抓重点,抓行业管理、协调服务、宏观指导引导、总体规划等市场难以发挥作用的环节,形成政府与市场相互配合、各司其职、各展其长的良好合作关系。

(二)在旅游功能上,实现由旅游目的地逐步向旅游集散地转变

随着公路通道的改善、铁路的开通、航空口岸的设立和国外航线的开通,加之丽江旅游资源的精品性、丰富性和打造大香格里拉区域中心旅游集散地这一目标的确立,也决定了丽江必须要走既是旅游目的地,又是旅游集散地的路子,逐步实现由旅游目的地向既是旅游目的地又是旅游集散地的转变。当前,丽江旅游在功能上较之于过去有所改变,但处于旅游目的地的基本实际依然没有根本改变,这就迫切地需要丽江加大工作力度、加强基础设施建设、扩大对外开放、加强宣传促销、注重外向型人才培养,加快推进由旅游目的地向旅游集散地转变的步伐。

(三)在发展质量上,丽江旅游要逐步由过去的数量型向质量效益型转变

丽江旅游数量的扩展必须为更大的发展目标服务,即为打造国际精品旅游胜地这个目标服务。当前,丽江旅游实现了长足发展,但仍然处于靠扩大规模参与竞争的阶段,要加快提质增效的步伐,积极拓展高端市场,努力提高旅游发展的质量和效益。

(四)在旅游产品结构上,实现由观光旅游逐步向休闲度假康体等综合旅游转变

要积极适应发展的需要,努力提高本地旅行社和重点景区的产品创新能力。广借外地旅行商的先进研发实力,敏锐分析市场需求变化趋势,有效引导、规范、培育有深度、有品位的新兴旅游方式。在巩固提升观光旅游的基础上,大力发展休闲度假、徒步探险、科考探秘、民族文化风情、康体娱乐、商务旅游、会展经济、婚庆旅游、节庆旅游等新兴旅游产品,不断提升丽江旅游的文化内涵,推动丽江旅游业从低层次"观光型"向有深度的"休闲度假体验等综合型"转变。

(五)在旅游管理上,实现由行政手段管理为主逐步向依法治旅为主转变

要加快旅游法制建设进程,改革完善现行的旅游监理制度,建立权责明确、运转协调、行

为规范、监督有效、部门联动、保障有力的行政监督执法体系,走依法治旅的规范化道路;要全面推行旅游业标准化等级评定制度;要适应国际化、网络化发展需要,建设高质量的丽江旅游综合信息服务平台;要探索更科学合理的古城维护费征收方式,提升遗产保护管理水平,释放丽江旅游的创造性、开放性和生命力,不断增进中心旅游城市的集聚力和吸引力;要强化安全管理,切实保障维护游客的生命财产安全;要积极推进协会建设,规范和完善中介组织,充分发挥旅游中介机构和协会的自律、监督、服务功能,全力创造一个公正、公开、平等的竞争发展环境,促进丽江旅游业健康有序发展。

(六)在发展方式上,实现由增长型逐步向发展型转变

为实现这一根本性转变,要突出品牌的引领作用,因为品牌是旅游企业和产品等一切无形资产总和的全息浓缩,是旅游转变发展方式的重要标志。在品牌化经营运作的过程中,要坚持国际化、网络化、集团化、特色化的发展方向。国际化是发展高端旅游的重要方向,是旅游地区拥有持久生命力和强大竞争力的重要体现。集团化、特色化是现代旅游企业发展的重要趋势,通过规模化和个性化发展能够有效提升市场竞争力。当前,丽江的旅游企业当中出现了一批高端酒店项目,但绝大多数旅游企业还停留在增长经营阶段,今后要积极通过联营、控股、参股、租赁、承包等多种市场方式整合资源,引进国内外知名旅游管理公司和优秀品牌进入丽江参与经营,提升科技含量和运营水平,努力促进旅游发展向品牌化、国际化、网络化、集团化、特色化方向转变。

第二节 厦门市案例分析

一、厦门市旅游发展概况

厦门市四季如春,气候宜人,凭借"城在海上,海在城中"的天然禀赋而被誉为"海上花园""中国最温馨的城市",这里集山、海、岛、城于一体,高品位旅游资源类型之多、密度之大让人流连忘返。这里有见证社会变迁,同时被誉为"音乐之岛""万国建筑博览"的5A级风景区——鼓浪屿,有全国种类最多的亚热带植物的园林植物园,有因山多奇石如柱而闻名的国家森林公园——天竺山,这里更有因最美马拉松赛道而闻名寰宇的滨海大道——环岛路,以及世界上最大、园林流派最齐全的园林博览苑。2012—2014年厦门市旅游发展情况,如表11-2所示。

表11-2 2012—2014年厦门市旅游发展情况

年 份	接待人数	旅游总收入(人民币)	旅游收入增长率
2012年	4124.40万人次	539.88亿元	19.10%
2013年	4663.85万人次	620.95亿元	15.02%
2014年	5337.86万人次	722.09亿元	16.29%

2014年厦门市旅游接待总人数、旅游总收入均占全省近1/3,入境旅游人数和旅游创汇两项指标占全省4成以上。而厦门市游客人气指数和游客满意度均高居全国前列,旅游人

气指数全国第2位,游客满意度在全国60个重点旅游城市排名第9,并获得"最佳国内旅游城市""最佳自助游目的地"等荣誉称号。

二、厦门市旅游业发展的思路、做法和成功经验

(一)抓产业,旅游产品结构进一步优化调整

以转型升级、提质增效为主线,着力打造旅游产业升级版。

首先是旅游产品结构不断优化。2014年全市共有26个旅游项目列入省旅游业"六大重点工程",大力推进邮轮母港建设,推动建立两岸常态化邮轮航线。大力发展休闲度假、商务会展旅游等新兴业态旅游,大云、豪威莱斯等房车营地投入运营,推动环岛路一线滨海旅游带的项目提升,推动一批重点旅游项目和高端酒店群建设。

其次是旅游会展融合度不断提高。重点推进旅游会展资源整合,开展联合营销,以展会组织和旅游营销相结合,以会展带动旅游、以旅游促进会展,形成合力。

最后是旅游与其他产业融合有效推进。举办"2014休闲旅游季"和"2014中国厦门中秋旅游嘉年华"活动,打造闽南文化特色旅游,推动发展乡村旅游、工业旅游,促进"百姓富、生态美"的有机统一。

(二)抓基础,旅游目的地和集散地建设进一步推进

围绕美丽厦门建设目标,加快推进一流的旅游目的地和集散地建设。

首先是旅游发展环境不断优化。加强旅游统筹发展,全面提升岛内旅游品质和品位,着力推进岛内外旅游一体化。积极参与鼓浪屿整治提升,大力推动闽南古镇、华强动漫和影视产业基地二期、枋湖文化旅游产业园、闽台文化创意产业园等一批重点旅游项目建设。

其次是区域旅游一体化不断推进。深化厦漳泉旅游同城化,扩大同城旅游消费。促进山海协作,加强与龙岩市山海旅游资源共享。加强与闽、粤、赣13市以及闽西南5市的区域旅游合作,全年共接待30余场次旅游推介会,充分发挥区位优势和美丽厦门品牌影响力。

最后是旅游集散功能不断提升。完成全市旅游集散服务中心网络体系编制工作,完成观音山旅游集散中心、火车北站旅游集散中心建设任务,增强厦门市旅游集散功能。

(三)抓特色,厦台旅游交流与合作进一步深化

加强厦台旅游交流合作,打响海峡旅游品牌。

首先是厦台旅游合作不断加强。台湾从2015年元旦起对大陆游客赴金门、马祖、澎湖旅游实行落地签注,对乘坐厦门市"中远之星"赴台的大陆团队游客不受赴台游配额限制,并实行大陆游客经"小三通"赴台本岛游每日开放配额500人等。

其次是厦台旅游产业对接持续深化。支持基隆驻厦代表处在厦门市打造"两岸旅游文化产业交流中心",海沧区政府与基隆驻厦代表处共建的"海沧台湾风情商业街"成功开业,引进台湾夜市美食、伴手礼、闽南风味小吃等,打造海沧旅游新亮点。引进台湾乡村旅游协会来厦门市设立代表处。全力支持基隆市、台南县驻厦代表处做好海峡论坛两岸特色庙会活动,推动和支持台湾立荣航空打造黄金"小三通"旅游黄金线路。

最后是厦台旅游交流更加密切。组织厦门市乡村旅游业者近百人赴台湾交流学习。邀请台湾驻厦代表处参加厦门市休闲旅游季和中秋旅游嘉年华活动,展示两岸休闲旅游产品,受到市民和游客欢迎。联合金门县政府举办跨越海峡厦金骑行冲击大世界吉尼斯活动,吸

引市民、游客1100多人参加。

（四）抓营销，美丽厦门旅游知名度和美誉度进一步提高

大力实施"美丽厦门·游客共享"宣传营销十大行动，助力美丽厦门知名度和美誉度不断提升。

首先是大力拓展国内旅游目标市场。积极参加国内各类展会和福建旅游推介活动，组团参加上海国际旅游交易会、海峡旅游博览会、武汉华中旅博会、中国邮轮产业大会等，拓展国内旅游市场。

其次是大力开拓国际旅游市场。先后组团赴法国、德国、荷兰等国家举办"清新福建·美丽厦门"旅游推介会，拓展欧洲入境旅游市场。在美国密歇根州设立"中国厦门旅游美国咨询中心"，以"宣传＋口碑＋券游"营销模式吸引美国游客，大力开拓北美入境旅游市场。2014年10月底，成功举办了第八届"中美省州旅游局长合作发展对话会议"（又称"中美旅游峰会"），获得参会各方尤其是美国客人的高度赞誉。

其次是持续巩固传统客源地市场。举办香港、澳门"美丽中国之旅"主题宣传推广活动和厦深高铁旅游线路推介会，在台北公交和出租车车身投放厦门旅游宣传广告。加大对传统客源地韩国、新加坡、马来西亚、泰国、印尼、菲律宾等国家的旅游推介活动，厦门入境旅游市场呈现较快增长态势。

最后是大力推进新媒体宣传营销。以智慧旅游为抓手，开展"2014厦门市智慧旅游主题年"活动，厦门智慧旅游公共信息平台获评中国智慧旅游创新项目TOP10。加强与国际在线、Facebook（脸谱）、凤凰网、新浪网、腾讯网、人民网、欣欣旅游网等网络媒体的合作，开展"100秒爱上厦门"微视频征集活动，厦门旅游微信、微博粉丝数快速增长。

（五）抓监管，旅游服务质量水平进一步提升

以提升旅游服务质量为核心，不断优化旅游市场环境。

首先是旅游企业标准化建设有序推进。推进厦门旅游集团国旅、日月谷温泉度假村、胡里山炮台文化旅游公司等开展旅游标准化试点工作。

其次是旅游市场监管全面加强。在全国率先使用旅游质监执法智能管理系统，加强导游执业常态化检查，导游IC卡检查总量名列全国重点旅游城市第一。

最后是行业服务环境不断优化。坚持"365天24小时"全天候受理投诉制度，大力倡导文明旅游、理性消费，打造"厦门旅游服务大使"优质服务品牌。

三、厦门市旅游发展的薄弱环节

总结成绩的同时，也必须承认，当前厦门市旅游工作也存在一些困难和问题：

(1) 旅游发展形成的合力不够到位，旅游产业发展机制还不够健全。
(2) 旅游系统化建设不够到位，精品建设不多，旅游竞争力的优势逐步减弱。
(3) 旅游资源整合、管理体制不够到位，旅游与会展业的产业融合度还不高。
(4) 旅游投资主体、运营主体不够有力，旅游市场运营机制、投资机制不尽合理。

四、厦门市旅游发展措施

要解决上述问题，应从以下几点着手考虑：

（一）深化旅游改革，加快旅游体制机制创新，增强旅游发展动力

首先是加强旅游产业发展综合协调机制，充分发挥市旅游产业发展委员会的作用，定期研究全市旅游重点工作。

其次是积极探索自贸试验区旅游创新发展。实施改革创新举措，支持在自贸试验区内设立若干家外资合资旅行社经营大陆居民出国（境）（不包括赴台湾地区）的团队旅游业务，积极推动在厦门自贸试验区内建设旅游会展活动平台，支持举办两岸展会。

最后是着力培育打造旅游龙头企业。推动骨干旅游企业的资源重组和资本运作，着力在旅游招商引资上下功夫，鼓励和引进台资龙头旅游企业。吸引境内外知名旅游企业来厦设立区域总部、营销中心。

（二）加快转型升级

主动适应游客消费升级和旅游产业结构调整的必然要求，着力打造旅游产业升级版。

一是加快旅游会展深度融合。加强旅游会展的资源、营销整合，围绕优势产业策划更多展会，并将会展申办组织与旅游宣传营销有机结合，将精品旅游产品和大型会展相结合，积极发展会奖旅游，推动形成以会展带动旅游、以旅游促进会展的良性互动模式。落实厦门市会展产业发展相关政策，鼓励发展大型会展综合体、会展旅游龙头企业，鼓励酒店积极承办会议奖励旅游活动，吸引高端国际会展活动长期落户厦门。

二是加强旅游与多种产业的融合。加强旅游与文化、科技、工业、农业、商贸的融合和新型城镇化的结合。培育打造厦门中秋旅游嘉年华、郑成功文化节等具有闽南特色文化的旅游节庆品牌；发展和提升工业旅游，建设一批工业旅游特色项目；大力发展都市观光休闲农业和乡村旅游，学习借鉴南平市和浙江等地乡村旅游的经验做法，开发建设3～5家乡村旅游休闲集镇和乡村旅游特色村（点），鼓励和扶持岛外各区发展家庭旅馆。

（三）坚持规划引领，推进"大旅游"统筹发展

首先是推进全域化旅游。按照厦门城市"多规合一"的总体要求，着眼于岛内外各区的自然禀赋、历史人文优势与特色，适应生态环境承载力要求，编制厦门市旅游业发展"十三五"总体规划和邮轮旅游等专项规划，着力推进岛内外旅游一体化。

其次是加快旅游重点项目建设。着力加强与有关部门的协作配合，推动发展我市游艇、帆船旅游和厦漳海上旅游，鼓励开发环岛游、串岛游、海上夜游、近海游、低空飞行旅游等项目，引导建设一批高端主题文化类特色精品度假饭店，鼓励引进更多国内外知名精品饭店品牌。

最后是着力打造区域旅游中心城市。大力推进区域旅游一体化，重点推进厦漳泉旅游同城化，扩大同城旅游消费。要着力加强与武夷山、福建土楼、莆田妈祖等区域旅游合作，加强交通线路合作和厦台旅游合作。要着力应对高铁旅游，加强与闽西南5市以及闽、粤、赣13市、"长三角""珠三角"城市间区域旅游合作，加强在品牌培育、宣传营销、人才培训、智慧旅游和项目投资等方面的合作，推动形成以厦门为中心城市的海峡西岸旅游经济圈。

（四）加快完善旅游公共服务设施，不断提高城市旅游承载力

加快推进全市旅游集散中心体系规划建设，统筹布局全市旅游集散中心服务网点，推动建立旅游集散服务中心网上运营平台。逐步完善动车站、交通要道与主要旅游景区之间的旅游公共交通,构建便捷、舒适的旅游交通体系。以特色景区或重点乡镇为依托,启动规划建设不同规模和标准的汽车营地,提供生活服务、车辆服务、安全保障服务、休闲娱乐服务等。规划建设若干个集休闲、娱乐、购物、饮食于一体的特色旅游休闲街区,发展购物旅游和餐饮消费,提高游客单人消费水平。

(五)创新旅游营销方式,改变旅游营销策略和模式

运用市场化运作方式,委托专业机构进行联合营销、复合营销等,放大旅游宣传推广效应。着力加强新媒体宣传营销,加强旅游英文网站的建设,充分利用自有网站集群、官方微博、微信,大力宣传营销城市旅游形象和不同类型的旅游产品,提炼推广厦门城市旅游品牌,加大邮轮旅游宣传推介力度。组团参加"清新福建·美丽厦门"旅游推介会,以合福铁路开通为契机,加大对安徽、山东、河北、天津、北京等省市的旅游宣传营销力度。重点瞄准经济发达地区的客源市场,加强对"长三角""珠三角"地区动车沿线城市的旅游推广等。

第三节 婺源县案例分析

一、婺源县旅游发展概况

20年前,婺源还是一个传统的农业大县,交通不便、信息闭塞、山多田少,发展十分缓慢,"三省交界边穷县,山清水秀路难行"成了当时婺源的真实写照。婺源县生态环境优良,文化底蕴深厚,如何将资源优势转化为发展优势,成为破解发展瓶颈、提高人民生活水平的一道"应用题"。

2001年,婺源县委、县政府立足资源优势,抓住机遇,大打"文化与生态"两张牌,提出了"优先发展旅游产业,建设中国最美乡村"的目标,大力发展乡村旅游,并积极拓展推介方式,文化搭台,经济唱戏,不断擦亮"中国最美乡村"品牌,实现年旅游接待人数、年门票收入、年旅游综合收入三项指标"十二连增"。

十多年来(2000—2013年),婺源游客接待人数由12万人次飙升至1007.5万人次,增长了80多倍。经过20年发展,婺源逐渐打开了国际客源市场的大门,其旅游业已从规模小、起步低的起步阶段走入高速增长阶段。

婺源乡村旅游经过自发经营、资源整合两个阶段后,实现了"一个集团、一张门票、一大品牌",全县先后开发出20多个精品景区,其中4A级景区7个,创全国县级之最,形成"古村游、生态游、古风游"的东、西、北三条精品线路,融入"名山、名村、名镇"国际旅游黄金线路,实现资源共享、信息相通、客源互送,乡村旅游整体竞争力大大提高,如图11-1所示。

乡村旅游的发展为当地政府和百姓带来了无限商机与活力,让他们分享到了旅游发展带来的实惠。全县宾馆由2000年仅有的10余家,发展至目前的200余家;主要旅游购物和休闲娱乐场所440余家;农家乐3000多户,平均户经营净收入达到6万多元。全县农民年人均从旅游发展中增收达800元。

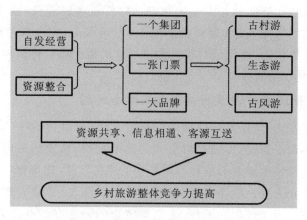

图 11-1 婺源乡村旅游发展过程

二、婺源旅游业发展的思路、做法和成功经验

（一）看得"重"

一是对旅游发展非常重视。婺源县出台了《加快旅游发展的若干意见》，成立了旅游产业领导小组，统一领导、高位推动，研究决定旅游工作发展中的重大事项。

二是对旅游事业非常专注。婺源县从部门到基层，从干部到群众都以不争论、不徘徊、不停滞的观念一心一意、步步为营、持之以恒地主攻旅游产业的发展。

三是对旅游工作非常齐心。婺源提出全县办旅游，各个部门都围绕旅游做工作，形成了"政府主导、部门联动、齐抓共管"的工作局面。

（二）定得"高"

一是目标定位高。把旅游开发目标定位于全国乃至全球，提出建设"中国最美乡村"和"世界最大生态文化公园"的目标，全力打造国内著名、世界知名旅游目的地。

二是规划水平高。舍得花钱，注重高起点、高水准规划，先后投入超过 1000 万元诚聘顶尖团队中国规划设计院编制了四个层次的规划。

三是开发标准高。婺源县已经从民间散乱、小打小闹开发全面转向高水准、综合性大开发。在项目开发建设上，不仅注重引资金，还注重引技术，坚持选择既具经济实力，又具开发水平、专业做旅游的战略投资者来开发。

（三）钻得"深"

一是在开发理念上有深入创新。婺源县在旅游发展初期提出了"先造谣（宣传），后造庙

知识关联

婺源有"红、绿、黑、白"四大特产。绿茶，以"颜色碧而天然，回味香而浓郁，水叶清而润厚"著称的婺源绿茶。集食用与观赏于一体的中华荷包红鱼，是一种独特的鱼种。黑：即龙尾砚，享有"砚国明珠""石冠群山"等盛誉的龙尾砚为中国四大名砚之一。白：即江湾雪梨，因产地江湾，且果白如雪而名。

(项目)"的口号;在当前旅游大发展时期,提出大旅游、支柱产业、休闲度假会展型旅游景区和世界旅游市场的概念。配备了爱旅游、懂旅游的精干高效行政团队,加强旅游工作。

二是在推进阶段上有科学把握。旅游产业从起步到发展都有一个过程。婺源县已经完成旅游资源的整合,推动旅游产业升级换代。

三是在文化底蕴上有深入研究。把文化底蕴研究作为旅游开发的灵魂,建立婺源文化研究会、徽剧团和县乡村"三级"文物保护管理体制,对县内明清建筑、历代贤俊事迹、民俗风水、民间艺术、茶道美食、文物古迹等分别进行整理,作了系统的研究和挖掘,总结出"红、绿、黑、白"四大特产,形成了系统的特色旅游文化。

(四)玩得"活"

婺源在旅游开发中,抓创意、巧策划、善变通、敢担当,以灵活独到的玩法,取得了显著的效果,实现了超常的发展。

一是活在宣传营销。其一,制作名片。婺源县自2001年江泽民视察后,策划出适应自己风格的最靓丽名片,打出了中国旅游强县、最美的六大乡村古镇、十大踏青的好去处、十个赶紧要去的地方、梦里老家等十来个国字号招牌。其二,举办节庆。婺源县连年举办国际文化旅游节,以节庆赢关注,聚人气。其三,投放广告。婺源县投入大量的资金,运用了铺天盖地的大型立体广告牌、进入央视等高档媒体黄金广告时段、宣传画册进入全国"两会"、赴全国15个主要城市进行推介等手段,全方位、高强度开展宣传声势。

二是活在政策运用。敢于灵活运用政策、突破瓶颈制约是婺源旅游产业快速发展的制胜法宝。在土地使用方面,以旅游项目带动土地运作,灵活运用了征收、租赁、以土地入股等方式;在项目审批方面,灵活审批等方式来办;在招商融资方面,敢于破题,以景点开发和房产开发相结合的办法解决景区基础设施建设需要县财政投入的问题。

三是活在景区共建。通过对古民居进行收购、对村民自主开发的景点予以补助、以旅游资源入股、参与农家乐和农特产品经营、提供公益岗位、从门票收入中按一定比例给镇里村里划拨经费、给群众分红等多种途径,让当地群众增加收益,妥善处理好了旅游开发与当地群众的利益关系,调动了村民参与旅游与保护环境的积极性。

(五)做得"精"

一是注重细节的精雕细刻。婺源县提出把全县建设成为一座大花园的口号,要求全县每一幢房子、每一座桥梁、每一条道路、每一片绿化,甚至每一扇门窗、每一处栏杆、每一幅照片都按景观物、艺术品的要求来建设或制作,全面融入地域的特色,注入文化的元素,形成了"处处风光步步景"的氛围。

二是注重风格的统一协调。景区内的景点建筑、村民建筑、单位建设都紧扣旅游主题,彰显地方特色。新建房屋,基本上采用新徽派风格,很有气势、很有特色。县内主要公路沿线、景区景点可视范围,油菜种植覆盖率达90%以上,形成了"油菜花经济";三条精品旅游线路沿线茶园每年套种梨树、桃树等带花苗木15万余株,聚焦成"花开百村景象"。

三是注重管理的精细有序。婺源县制定了景区开发建设、景区管理、导游管理、宾馆管理、餐馆管理、门票管理等管理办法,组织乡镇村旅游经营户赴四川等地考察取经。在单位、学校、社区开展文明礼仪教育,培养了一大批懂旅游、茶道等专业人才,建立了比较规范的产

业运行机制,景区管理步入正轨。

三、婺源旅游发展的薄弱环节

在取得成绩的同时,婺源乡村旅游还存在一些问题:
(1) 基础设施亟待完善。
(2) 旅游产业链不完善。
(3) 景区品质和品位还有待提高。
(4) 旅游产品还不够丰富。
(5) 保护与发展的矛盾。

站在新的起点上,如何破解景区发展中遇到的困难和问题,促进旅游转型升级,实现旅游产业从富民强县到富民富县的跨越发展,成为婺源县旅游工作的重中之重。

四、婺源旅游发展措施

(一) 进行旅游体制机制建设

婺源县全面启动省级旅游综合改革试点工作,进一步理顺了旅游统筹发展、综合协调的管理机制,形成更有利于旅游发展的综合环境。

婺源县旅游委加挂了国家乡村旅游度假实验区管委会牌子,2014年7月,县政府下发文件,明确了管委会的管理体制、内设机构、人员编制等,进一步整合旅游管理职能,理顺管理体制。同时成立了规划股、信息中心两个内设股室,并配备工作人员,开展了旅游规划报批、旅游资源调查、旅游微信平台建设、旅游线上推广等一系列工作。

在旅游目的地安全管理方面,成立了婺源县旅游高峰期接待工作领导小组,统一指挥调度旅游高峰期安全秩序,同时成立了旅游高峰期应急总指挥部,下设江岭、晓起、江湾等13个分指挥部和1个旅游投诉指挥部,层层落实安全工作责任,有效保证了高峰期旅游秩序稳定和交通顺畅。

为了提升服务质量,婺源县政府规范旅游咨询投诉机制,拟定了《婺源县旅游投诉处理暂行办法》,明确相关部门的职责,逐步建立高效、快捷、人性化的游客投诉综合处理机制。全年共接受旅游咨询电话2000人次以上,受理旅游投诉案件206件,信访案件2件。

(二) 全面优化旅游目的地环境,加快推进乡村旅游目的地建设

1. 在旅游目的地硬环境建设方面

首先,扎实推进A级景区创建和宾馆酒店星级创评工作。有力推进五龙源、严田创4A级旅游区,五龙源景区完成了停车场扩建、景区漂流河道监控安装、景区标识系统等建设,已接受省级创建4A级旅游景区检查验收组的验收。篁岭古村精品度假酒店创评四星级旅游酒店,已经推荐到上饶市进行初评。

其次,加快推进县城至旅游景区及景区间的旅游公路建设。截至2014年年底,已完成农村公路建设投资5286万元,路面硬化132公里、新建桥梁5座,1座桥梁已完成主体工程,1桥梁正在进行前期准备工作,为婺源县旅游公路进一步提升打好基础。

最后,加快旅游城乡客运一体化进程,进一步完善旅游标示标牌,已完成城乡客运(公

交)一体化规划及组建城乡客运总公司实施方案的编制,准备签订组建城乡客运总公司的合作意向书。及时完善标志标线和安全防护设施,在段浙线安装旅游标识牌、警示牌约130块。

2. 在旅游目的地软环境建设方面

首先,大力推进农家乐诚信化体系建设和行业自律规范化发展,带动提升整体旅游行业的诚信度。在江湾开展诚信农家乐示范点试点工作,引导成立了江湾农家乐协会,组织相关职能部门多次对江湾农家乐进行规范和提升,推广江湾诚信农家乐示范点。

其次,推进"智慧旅游"平台建设,加快旅游数字信息化发展。婺源县已委托有关公司负责设计婺源智慧旅游项目初步解决方案。截至2014年年底,已完成通往各大景区的公路和景区参观点、古民居、宾馆酒店、农家乐、驴友徒步路线等有关旅游要素的三维实景采集工作。同时,充分借助腾讯、新浪官方微博等媒体宣传推介婺源旅游,婺源旅游的关注度均突破63万人;开通了婺源旅游官方微信,含语音导游、电子画册、景区交通等内容,并加强引导旅游企业开通微信平台,加入旅游官方微信链接,加快实现信息对接,资源共享。在各宾馆、农家乐、景区景点等显著位置标示官方微信二维码,方便游客通过扫描二维码进入婺源旅游信息咨询共享平台。婺源智慧旅游,需要结合人类与社会发展的关系,需要融合与应用信息技术,实现大数据,以精准的数据为基础,去产品化,重服务化,方能实现真正的智慧营销、智慧管理、智慧服务,推动旅游产业整体的发展。

最后,加强全县干部及涉旅从业人员的培训工作,不断提升旅游综合服务水平。婺源县制订了干部教育和人力资源培训计划,并举办了农家乐管理人员培训班,同时对导游从业人员进行培训。

3. 推进旅游目的地品牌建设

首先,加强影视媒体营销力度,增加电视媒体广告的投放。央视分别播出了"美丽中国乡村行——醉美婺源"和"乡村大世界"走进婺源系列节目,"婺源旅游形象宣传片——乡愁篇"在央视的《中国新闻》节目中推出。加强与影视机构合作,继电视剧《原乡》在央视热播后,婺源又成为电影《世外逃园》的主要拍摄地,同时婺源牵手北京电影学院共建影视创作基地。

其次,全面推进客源市场推介。加强与黄山、景德镇、庐山、三清山等周边景区的合作,联合营销共同打造精品旅游线路,实现资源共享、客源互送、市场共赢和优势叠加;加强客源地专场推介,组织县内旅游企业到南京、北京、上海、西安、台湾、澳门等地参加"江西风景独好"婺源旅游专场推介活动;加大海外市场开拓力度,重点开拓了韩国市场,逐步辐射港澳台及东南亚等海内外市场,积极开展宗子宗亲、寻根溯祖等主题营销。

最后,丰富主题营销活动。开展了"最美乡村过大年"和"冬季市场优惠月"活动,做旺淡季旅游客源市场;圆满承办了2014婺源全国自行车联赛思溪站比赛,进一步提升了"中国最美乡村"的知名度和美誉度;协助举办了"大美上饶最美婺源"记者采风行旅游宣传活动,组织开展了"中国寻根之旅——海外华裔青少年畅游婺源""江西风景独好——2014外媒看江西",以及"金驹奖"世界大学生摄影展的获奖大学生来婺源采风活动等一系列特色活动;开展了婺源县十大必购旅游商品评选活动,带动旅游商品营销。

4. 加强旅游产业体系建设

婺源县进一步完善旅游产业发展规划体系,有力地推进了国家乡村旅游度假实验区、国家生态旅游示范区、旅游产业园区三大平台建设,加大项目服务力度,优化项目服务机制,旅游项目业态不断丰富,使旅游产品品质和产业素质得到有效提升。

首先,进一步规范旅游规划体系。《婺源国家乡村旅游度假实验区总体规划》编制完成,并正式获得省政府批复准予实施,完成《婺源旅游产业园区规划》初稿以及洪村、源头古村等景区的总体规划报批工作。逐步建立起规划前置审批机制,要求全县涉旅项目的规划、包装设计、招商、开发需符合婺源县旅游产业发展总体规划布局,组织并指导全县旅游景区规划编制、评审及报批相关工作,并对项目规划实施进行监督。

其次,进一步丰富旅游项目业态。婺源县高端商务、度假项目业态日渐成熟,婺源婺里天禧温泉度假酒店已经正式开业运营,填补了该县温泉度假产业的空白。以大型山水实景演艺项目、特色乡村旅游点、水墨·上河国际文化交流中心项目、婺源华星国际电影城、篁岭民俗文化村、"梦里老家"项目等为支撑的乡村文化休闲度假产业规模不断扩大。以耐克体育运动公园、旅游商品产业基地、中国有机茶都项目等为支撑的产业融合日渐成为新常态。以文化旅游产业服务基地项目、旅游商品城项目项目、茗坦山谷温泉养生度假区项目为重点的国家乡村旅游度假实验区项目整体包装策划、招商工作取得较好效果。

最后,进一步加强旅游产业扶持。做好旅游项目立项审批等前期服务工作,高标准推进旅游项目建设。依托国家乡村旅游度假实验区、国家生态旅游示范区、旅游产业园区三大平台,积极向上争取重点项目入库、土地指标及资金扶持等工作。以"扶优扶特"为原则,通过"旅游贷"试点工作,重点扶持旅游产业特别是符合办理条件的优质涉旅小微企业发展,进一步提高婺源县旅游企业活力和竞争力。

第四节 西安市案例分析

一、西安市旅游发展概况

西安市所在的关中地区被称为"中华民族的摇篮"。近年来,西安市政府始终把旅游业作为扩大消费需求的重要领域,作为惠及广大人民群众的民生产业,作为加快现代服务业发展的引领性产业,成功打造了一批精品景区,使旅游业已深度融入西安发展战略体系,旅游业已经成为西安市的主导产业之一。2012—2014年西安市旅游发展情况,如表11-3所示。

表 11-3 2012—2014 年西安市旅游发展情况

年 份	接待人数	旅游总收入	旅游收入增长比
2012 年	7978 万人次	654.39 亿元	23.43%
2013 年	1.013 亿人次	811 亿元	24%
2014 年	1.2 亿人次	950 亿元	17.1%

二、西安市旅游业发展的思路、做法和成功经验

西安市旅游业发展主要得益于西安市以建设国际一流旅游目的地城市为切入点,以建设丝绸之路经济带新起点为契机,加强政策引导,转变发展方式,规范市场秩序,提升服务质量,推动旅游业又好又快发展的战略。具体情况如下:

(一)坚持加强政策引导,努力完善规划体系

西安市人民政府先后出台了《关于进一步加快发展旅游业的若干意见》和推动2013年西安市旅游业跨越发展的12条措施,有针对性地出台了对旅行社的扶持和激励政策,并将各区县、有关开发区和市级相关部门支持发展旅游业的情况纳入全市目标考核体系,推动旅游产业持续快速发展。逐年加大旅游投入,2014年旅游宣传促销经费增加到5000万元,旅游发展专项资金增加到4000万元,确保旅游业发展投入需求。坚持规划引领,修编《西安市旅游发展总体规划》,编制《西安秦岭旅游发展专项规划》等,初步形成市、区县、景区(点)三级规划体系。

(二)加快产业转型升级,产品体系不断丰富

根据《西安市旅游发展总体规划》,西安旅游业发展按照"板块开发、精品带动"策略,形成六大国内旅游品牌:盛世文化游、宗教文化游、商务会展游、文化休闲游、皇家温泉康体游、山水生态游。同时,积极顺应旅游发展的大趋势,加快旅游产品转型升级,不断推进休闲体系建设。加强秦岭北麓浅山区旅游休闲度假带建设,形成历史文化与山水产品的"两轮驱动"。积极培育文化旅游名镇、乡村旅游示范村,大力促进乡村旅游提档升级,构建多元化旅游产品体系。

(三)不断创新营销方式,西安旅游影响力进一步提升

整合旅游营销力量,突出网络营销,加大在央视等主流媒体的宣传力度,先后通过央视、凤凰卫视、陕西卫视,以及新浪、腾讯等门户网站,持续密集投放西安旅游广告。针对入境市场,在主要客源国城市设立"西安之窗"旅游推广中心。针对自驾游市场,开展"自驾游西安,'油'礼相送"活动。针对省内市场,发放了近2亿元的"惠民大礼包"。针对本地市场,持续开展"幸福生活天天游"和旅游宣传进区县、进高校、进社区活动。大力开展旅游合作,与国旅、中旅、康辉总社三大旅游央企联手进行西安旅游推广,持续提升西安旅游的影响力。

(四)加强民心相通,着力推进丝绸之路经济带旅游合作

从2014年4月开始,西安市联合丝绸之路沿线城市主办了"游丝绸之路·赏西部风情"联合推广活动,推出"精彩西安游"等8条特色旅游线路。2014丝绸之路国际美食旅游季、"丝绸之路万里行"媒体采访团、首届丝绸之路电影节等活动紧随其后,让世界更了解以西安为起点的丝绸之路。随着丝绸之路旅游专列"长安号"从西安首发,在新加坡新增了"西安之窗"旅游推广中心,促进民心相通。除了新推出的丝绸之路旅游品牌,城墙南门历史文化街区经过综合提升改造换新颜,也吸引了不少游客。

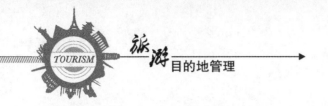

知识活页　"游丝绸之路·赏西部风情"

线路一：发现新丝路之"精彩游西安"

可游览参观的景点有：大雁塔、钟鼓楼、大唐芙蓉园、寒窑、兵马俑、华清池、半坡遗址、西岳华山、乾陵、法门寺。

线路二：新丝路快车之"完美河西"

从西安出发，可游览参观的景点有：兵马俑、陕西省历史博物馆、北院门仿古街、大雁塔北广场、大唐芙蓉园、曲江遗址公园、天水麦积山、兰州黄河、武威雷台汉墓、张掖七彩丹霞、嘉峪关城楼、敦煌莫高窟、玉门小方盘城、雅丹魔鬼城。

线路三：新丝路快车之"大漠风清"

从西安出发，可游览参观的景点有：兵马俑、钟鼓楼、北院门仿古街、大唐芙蓉园、寒窑、武威雷台汉墓、张掖七彩丹霞、嘉峪关城楼、敦煌莫高窟、玉门小方盘城、雅丹魔鬼城。

线路四：新丝路快车之"七彩云天"

从西安出发，可游览参观的景点有：兵马俑、钟鼓楼、北院门仿古街、大唐芙蓉园、曲江遗址公园、敦煌莫高窟、鸣沙山月牙泉、玉门小方盘城、雅丹魔鬼城、张掖七彩丹霞、康乐草原、裕固少数民族风情、大佛寺——黑河湿地公园。

线路五：新丝路快车之"金银不换"

从西安出发，可游览参观的景点有：兵马俑、钟鼓楼、北院门仿古街、大唐芙蓉园、寒窑、张掖七彩丹霞、康乐草原、裕固少数民族风情、黑河湿地公园、兰州黄河、水车园、武威雷台汉墓、天水麦积山、伏羲庙。

线路六：丝绸之路专列

"长安号"丝绸之路旅游专列从古城西安出发，经丝路沿线主要旅游城市直达新疆乌鲁木齐。沿途可游览参观的景点有：西安、敦煌、莫高窟、鸣沙山、月牙泉、吐鲁番、葡萄沟、乌鲁木齐、天山天池、喀纳斯。

线路七：丝绸之路豪华专列游

从北京出发经西安、天水、嘉峪关、敦煌、吐鲁番到达乌鲁木齐。

线路八：丝绸之路精华游

从西安出发，经乌鲁木齐、吐鲁番、哈密、敦煌、嘉峪关、张掖、兰州返回西安。

（五）大力整治市场秩序，优化旅游服务环境

针对旅游市场秩序方面存在的问题，西安市集中开展专项整治，重点打击"黑导游""黑车""黑社"等市场乱象。按照我国《旅游法》规定，进一步明确各区县政府和有关开发区管委会作为旅游市场监管主体的责任，并将相关工作纳入全市目标考核，使困扰旅游市场的各

种乱象得到有效遏制,旅游环境得到明显净化,以"文明是最美的风景"为主题,在全市开展文明旅游行动,努力提升市民和游客的文明素养,引导规范文明旅游行为。大力加强旅游诚信建设,推出"旅游企业信用榜"公示制度,督促旅游企业不断提升服务质量,努力为游客提供安全、舒心的旅游环境。

（六）加强基础设施建设,不断完善服务功能

西安市以建设散客自助游最方便的城市为目标,努力完善城市旅游综合服务功能。加大国际航线开拓力度,并成为西北首家实施72小时过境免签的城市。同时,充分利用高铁、高速公路体系,构建西安及周边地区旅游交通大格局和方便市民出游的旅游公交网络。启动了《西安智慧旅游城市总体规划》编制工作,加快推进西安火车站游客集散中心建设,在游客密集场所设立旅游咨询服务中心。用三年时间,建设提升了百座旅游公厕和城市旅游标识系统,努力为游客提供优质、便捷的服务。

三、西安市旅游发展的薄弱环节

虽然近年来西安市旅游产业保持了高速发展的态势,但也存在着一些必须引起高度重视的问题。

（一）创新不足,产品转型升级压力大

西安市旅游资源丰富,但产品单一,长期以文物观光产品为主,历史文化产品强,自然生态产品、休闲度假产品弱,不能满足当前观光旅游向休闲度假旅游发展的市场需求,也难以增加游客停留天数。

（二）滞涨凸显,市场结构不合理

西安市旅游产品在供给和需求之间的数量规模和比例上不成比例。随着社会经济发展和人们生活水平的不断改善和提高,人们对旅游的需求越来越大,要求越来越高,而供给却跟不上需求的发展。

（三）景强城弱,城旅发展不协调

个别景区以绝对优势压倒城市的本体形象并取代之。在这种发展模式下,特级景区充分享受各种支持,发展越来越好。而其他景区受特级景区的屏蔽,发展会越来越落后,并且,游客会只知兵马俑而不知西安,这种情况在外宾中尤为突出。这就与把西安建设成一流的国际旅游目的地的目标越来越远。

（四）条块分割,旅游体制机制尚待创新

与旅游业发展先进城市相比,西安市大旅游的观念没有牢固树立起来,大旅游的工作格局没有完全形成,难以实现旅游发展的统筹协调,很大程度上制约了西安旅游业的持续快速发展,需要在旅游管理的体制机制上进一步改革创新。

（五）要素失衡,产业结构仍需调整

旅游业六要素中食、住、行、游比例过大,购、娱的比例过小,结构失衡,延伸产业链条较短,产业之间的联系不紧密,相关产业的附加值较低。

四、西安市旅游发展措施

为了解决上述问题,实现建设国际一流旅游目的地的发展目标必须做到以下几点:

第一,坚持科学发展观,依据旅游发展趋势与市场需求,集成整合优势资源,强势推进转型升级、集聚区带动、产业融合、市场瓶颈突破、城市(旅游)大提升五大战略,构建符合现代旅游发展的产业体系与空间格局;坚持走观光与休闲度假并重的道路,进一步转变旅游产业的发展方式,推进旅游与农业、工业、文化等相关产业的融合,加快培育旅游新业态。坚持项目带动,重点抓好秦岭终南山世界地质公园等一批重大旅游项目建设。建设若干旅游综合体,形成西安旅游休闲度假带。针对高端旅游市场,努力扩大会展和商务旅游的规模。引进和推广现代经营管理模式,促进旅游企业转型发展,做大做强市场主体,实现品牌化、网络化、集团化发展格局。通过加大运用现代科技成果的力度,提高旅游行业创新能力。

第二,以13个旅游集聚区建设为突破口,实施项目高端创意、品牌景区建设、精品旅游线路组织,文化与山水产品"两轮驱动",创建享誉国际国内市场的产品品牌。13个旅游集聚区包括了古城、曲江文化、临潼秦唐文化与度假、浐灞国际会议与生态度假、秦岭楼观道文化、秦岭终南山世界地质公园、户南生态文化、周秦汉遗址公园、蓝田国家温泉休闲度假、泾渭汉帝王文化、秦咸阳宫文化体验、西安樊川佛教祖庭和阎良航空旅游产业。这些旅游集聚区涵盖了文化与山水产品,充分发挥西安市遗址资源丰富,古都文化积淀深厚,生态资源跨度大,人文活动独领风骚的特点。

第三,创新营销理念,实施八大营销工程,强力拓展入境与国内两大市场,推广与彰显西安"华夏故都,山水之城"城市形象。

首先,持续拓宽旅游营销渠道,加强建设国际旅游营销渠道,重视建设港澳台旅游营销渠道,巩固与拓展国内旅游营销渠道,建设国际国内航空港销售窗口。

其次,积极实施媒体大营销,推进国际媒体西安旅游造势,持续投放中央电视台广告,强化"东方文化旅游之都"媒体营销。强化网上展示与推广,积极打造旅游电子商务平台。

然后,实施事件连环引爆营销:创意策划并实施文化交流、"世界园艺博览会"后效应、翠微宫·国际文化论坛等事件连环引爆营销活动。借势品牌节会营销:推出"国际唐人节""国际丝绸之路旅游节"等品牌节会营销活动。

最后,大力拓展商务会展客源:通过完善商务会展设施、申办名牌商务会展活动和会议,引进知名专业国际会展公司,持续开发商务会展客源,优化西安旅游客源结构,提升旅游收入水平。

第四,建设与完善旅游基础与服务设施,理顺旅游管理体制,规范市场秩序,提升服务质量,优化西安旅游环境。加快推进以信息和互联网技术为核心的智慧旅游城市建设,优化在线旅游信息服务集群,引导旅游企业利用物联网、互联网、移动通信等现代科技手段,开展旅游在线服务、网络营销。加快旅游集散体系建设,为游客提供集运输、票务等功能为一体的一站式综合服务。加快建立市、区(县)、企业三级旅游咨询体系,进一步完善全市旅游咨询服务网络。加快推进旅游路网体系建设,促进城市公交服务网络向郊(区)县、乡、村旅游景点延伸,不断完善旅游标识系统和自助游、自驾游服务,加大旅游停车场建设力度。加快推进旅游宾馆、饭店建设,形成以星级酒店为主体、经济型酒店和其他社会旅馆为补充的旅游接待服务格局。

争取实现围绕建设国际一流旅游目的地城市的目标定位,以调结构、促转型、惠民生,深化旅游改革为主线,推动旅游产业升级,把旅游业发展成为西安市国民经济中的战略性支柱产业和人民群众更加满意的现代服务业的目标。

本章小结

本章以丽江、厦门、婺源、西安 4 个旅游目的地为例,分别讨论了当地旅游业迅速崛起的原因、发展现状、出现的问题以及解决措施和未来的发展目标。

核心关键词

丽江模式	lijiang mode
温馨厦门	cosy xiamen
婺源乡村旅游	wuyuan rural tourism
自助游目的地城市	independent travel destination city
西安城市旅游	xi'an urban tourism

思考与练习

1. 针对上述旅游资源丰富的旅游目的地,你认为当地政府、旅游企业、第三方力量和当地社区应该怎样去做呢?

2. 对于旅游资源不丰富,而经济发达而且交通方便的地区,若想发展旅游业,应该如何去做呢?请举例说明。

Reading Recommendation — 本课程阅读推荐

1.《旅游目的地的经营与管理》

作者:[英]弗兰克·豪伊著;丁宁,姜婷婷,马瑾译

本书旨在成为人们了解旅游目的地及其规划、管理与开发特点的指南,主要是面向学生,对于其他在旅游目的地工作的人以及旅游目的地居民来说同样有用,以期能够帮助他们积极地参与所在村庄、城镇、城区和受保护地区的可持续发展建设,与此同时形成并保持当地独特的"地方风情",欢迎四方游客前来观光游览,让他们的到来为旅游目的地注入新的活力。本书的完成主要参考了作者以前在地方政府部门和私人咨询机构工作期间以及作为自由咨询人时所积累下来的资料与经验。

2.《服务管理:运作、战略与信息技术(原书第 7 版)》

作者:(美)詹姆斯 A.菲茨西蒙斯,(美)莫娜丁.菲茨西蒙斯著;张金成,杨坤译

本书自始至终以通过服务管理赢得竞争优势为主线,将营销、运营和人的行为作为服务管理的核心,特别突出了服务传递系统的特征,融入了收益管理、数据开发分析和计算机仿真等技术。在不断更新的过程中,及时地吸纳和增加了体验经济、项目管理、供应链管理、电子服务、全球服务等现代服务管理的理念、理论和技术方法;既在体系的科学完整性、内容的丰富涵盖性、描述的清晰严谨性上精益求精,又在最新案例和补充阅读资料的精选与追加、课堂讨论主题和课外练习的精心再设计上与正文的改进相辅相成、相得益彰。本书是奠定服务管理基础与体系的经典之作。

3.《旅游目的地开发与管理》

作者:邹统钎著

本书广泛吸收了国内外旅游目的地开发与管理的理论知识与实践经验。在实践上,吸纳了海南呀诺达、安徽黄山、四川九寨沟、焦作云台山、吉林长白山、宁夏沙湖、宁夏沙坡头、洛阳栾川、北京民俗旅游、成都农家乐与五朵金花、浙江的洋家乐、黔东南的巴拉河、西安曲江、大运河、丝绸之路等地方开发的先进经验。在理论上,也做了一些创新的尝试,包括提出了根植本地另类生活方式的地格理论;国际旅游城市枢纽与目的地功能融合的观点;乡村旅游可持续发展的产业链本土化、本地与外来经营者共生化、公共决策民主化机制;乡村旅游业态的农家乐、新业态、创意农场/大庄园三阶段理论;遗产保护的生态博物馆、文化风情园、遗产嘉年华模式;善行旅游行为准则;旅游城市优质服务的全球公认、地方特有、满足个性三大准则等。

4.《旅游目的地发展实证研究》

作者:魏小安著

本书分为四篇,第一篇旅游开发,第二篇旅游城市,第三篇景区创新,第四篇"三区"建设,共十五章。旅游目的地的发展问题是一个老题目,作为入境旅游接待国,多年以来我们始终致力于目的地的建设。随着国内旅游的兴起和形成热潮,目的地发展问题也成为各地普遍关注的根本问题。但是从研究角度来说,这又是一个新问题。我们在日常工作和研究中,围绕着这个题目做了大量的工作,奇怪的是,很少在这个主题上明确集中,也就难以形成全局性的把握,并把各项具体工作在这面方旗之下统一起来。从中国旅游业的发展要求看,要达到建设世界旅游强国,培育新兴支柱产业的战略目标,就必须加强对旅游目的地发展的研究,全面培育旅游目的地的竞争力,形成友好的旅游目的地,从而进一步提升中国这个旅游目的地在国际上的总体形象。

5.《世界旅游目的地经营管理案例:以旅游地理学视角分析》

作者:(英)鲍尼费斯,(英)库珀编著;孙小珂等译

现代旅游地理学是起源于北美洲的地理学分支之一,是地理学和旅游学之间的边缘科学,旅游地理学在旅游业发展中起着越来越重要的作用。本书涵盖了旅游地理学研究的各个方面:旅游的基本理论和方法问题,旅游活动的时空特征,旅游发展的前沿,旅游与地理环境的关系,旅游与生态环境,旅游与经济、文化和社会的关系,旅游与交通,旅游危机管理,旅游区域与规划,旅游可持续发展等。本书的优势是它通过提炼旅游目的地的要素,主要运用案例进行教学,综合讨论旅游地理相关问题,使教学生动、形象。本书提供了36个典型案例,都是目前学术界和业界人士普遍关注的热点问题,如旅游业在城市复兴中的作用、生态脆弱地区的旅游开发、旅游危机管理、旅游生态税的合理性问题、扶贫与旅游的关系、滞缓旅游目的地的愿景规划、基于社区参与的旅游开发等。

6.《旅游地策划——文化·创意·空间》

作者:张祖群,张宏编著

本书在旅游策划的核心"文化"的基础上,叠加了人类的智能开发"创意",并举了一些案例说明"空间"的深意。本书理论与实例兼具,作者围绕文化、创意、空间,将本书分成基础模块、实战模块与提升模块三部分,其中基础模块是旅游地策划的基础,实战模块是在理论指导下旅游地策划的实践,而提升模块是针对旅游地策划中常见问题进行诊断并提升,以求得永恒发展。

7.《旅游目的地品牌管理》

作者:(英)Nigel Morgan等主编;杨桂华,田世政等译

旅游业作为一种朝阳产业,在世界各国越来越受到重视。中国旅游业虽然起步较晚,但经过二十多年的发展,现已呈现兴旺发达的局面,跻身于世界旅游大国的行列。旅游业的发展,离不开旅游教育和对旅游市场规律的研究与探索。我们要开创有中国特色的旅游发展道路,既要立足于中国的实际,又要借鉴外国的先进经验。目前,研究国际先进旅游管理理念与模式,"拿来"为我所用,是旅游业对旅游教育和旅游学科建设提出的迫切要求。本书关于旅游目的地品牌管理的内容很全面,把旅游目的地按照品牌管理来分析,能够反映国际旅游最新管理理念和模式。

8.《世界著名旅游目的地开发与管理》

作者：张凌云等著

本书收集整理了10个国际上著名旅游目的地在开发与管理方面的案例进行分析研究，希望借他山之石，收可以攻玉之效。这10个案例的选取考虑了样本的典型性和代表性，考虑到了类型的多样性、业态的多元化，以及在旅游行业中的地位，这10个案例分别是美国五大湖区、英国湖区、意大利威尼斯、巴西海滨度假旅游区、墨西哥海滨度假旅游区、印度尼西亚巴厘岛、美国夏威夷群岛、美国主题乐园带、欧洲阿尔卑斯地区、地中海俱乐部。

References 参考文献

[1] 李岚林.旅游目的地品牌营销研究——以湘西地区为例[D].吉首:吉首大学,2012.
[2] 吴必虎.区域旅游规划原理[M].北京:中国旅游出版社,2001.
[3] 赵西萍.旅游市场营销学[M].北京:高等教育出版社,2002.
[4] 赵西萍.旅游市场营销学[M].北京:科学出版社,2006.
[5] 郭英之.旅游目的地品牌营销[J].旅游学刊,2006(7).
[6] 龙江智.旅游目的地营销:思路和策略[J].东北财经大学学报,2005(5).
[7] 张圣.旅游目的地营销策略初探[J].商场现代化,2006(11).
[8] 李燕琴,吴必虎.旅游形象口号的作用机理与创意模式初探[J].旅游学刊,2004,19(1):82-86.
[9] 廖卫华.旅游地形象构成与测量方法[J].江苏商论,2005(1):140-142.
[10] 谢朝武.黄远水论旅游地形象策划的参与型组织模式[J].旅游学刊,2002,17(2):63-67.
[11] 李蕾蕾.城市旅游形象设计初探[J].旅游学刊,1998(1):47-49.
[12] 宋桂元.建立与维护消费者品牌忠诚度的营销对策[J].贵州商业高等专科学校学报,2005,(3):12.
[13] 李宏.旅游目的地营销系统的构建与运作机制研究[J].北京第二外国语学院学报,2004,(5):57.
[14] 中国城市竞相上电视[N].云南日报,2002-05-12.
[15] 谢彦君.基础旅游学[M].北京:中国旅游出版社,1999.
[16] 龙江智.旅游目的地营销:思路与对策[J].东北财经大学学报,2005,4(5):55-57.
[17] 王国新.论旅游目的地营销误区与新策略[J].旅游学刊,2006,21(8):45-49.
[18] 张圣.旅游目的地营销策略初探[J].商场现代化,2006(48):191-192.
[19] 赵西萍.旅游市场营销学:原理、方法、案例[M].北京:科学出版社,2006.
[20] 肖光明.肇庆市旅游形象定位系统研究[J].肇庆学院学报,2004,24(1):51-56.
[21] 刘绍华.旅游目的地营销系统的竞争优势[J].哈尔滨师范大学:自然科学版,2004,20(3):107-112.
[22] 邹统钎,陈芸.旅游目的地营销[M].北京:经济管理出版社,2012.
[23] 王晨光.旅游目的地营销[M].北京:经济科学出版社,2005.

[24] 李宏.旅游目的地营销与发展[M].北京:旅游教育出版社,2010.
[25] 楚义芳.旅游的空间经济分析[M].西安:陕西人民出版社,1992.
[26] 高鸿业.西方经济学[M].北京:中国人民大学出版社,2006.
[27] 林南枝,陶汉军.旅游经济学[M].天津:南开大学出版社,2000.
[28] 董智,张青萍.旅游开发对风景区可持续发展的影响[J].安徽农学通报,2009(21).
[29] 邱晓艳,王沛,等.论旅游发展对环境的影响及其对策[J].金卡工程(经济与法),2010(10).
[30] 刘迎华.中国旅游业综合影响研究综述[J].思想战线,2004(6).
[31] 张建萍.旅游环境保护学[M].北京:旅游教育出版社,2007.
[32] 卢云亭.生态旅游与可持续旅游发展[J].经济地理,1996.
[33] 杨俭波.旅游地社会文化环境变迁机制试研究[J].旅游学刊,2001(6):70-74.
[34] 郑本法.旅游业的社会弊端及其治理[J].甘肃社会科,1999(5):48-50.
[35] 匡林.旅游业与可持续发展[J].南开经济研究,1997(2):56-60.
[36] 谢彦君.永续旅游:新观念、新课题、新挑战[J].旅游学刊,1994,9(1):21-26.
[37] 杨风英,宋伯为,王汝清,等.赏析自然保护区生态旅游可持续发展研究[J].山西农业大学学报,2004(21):56-170.
[38] 徐嵩龄,等.文化遗产的保护与经营[M].北京:社会科学文献出版社,2003.
[39] 丽江市旅游局.突出丽江特色建设国际精品旅游胜地[EB/OL].[2011-3-31]. http://www.ljta.gov.cn/gov/2011-04/02/9520.html.
[40] 马永葵.丽江旅游开发中自然环境问题探讨[J].2009(3):49-51.
[41] 骆静珊.中国香格里拉生态旅游区丽江旅游线路产品研究[J].昆明大学学报,2006(02).
[42] 杨桂芳,丁文婕,葛绍德.世界文化遗产丽江古城旅游环境研究[M].北京:民族出版社,2005.
[43] 李伟.民族旅游地文化变迁与发展研究[M].北京:民族出版社,2005.
[44] 孔曙光.深化改革 锐意进取 厦门着力打造国际性旅游城市[R].厦门市旅游局:厦门市旅游工作会议,2015.
[45] 回顾2015上半年厦门旅游行业发展[N].厦门日报,2015-07-22.
[46] 黄国彬.围绕美丽厦门 加快创新提升 着力把我市打造成国际知名旅游城市[R].厦门市政府:厦门市旅游局,2014.
[47] 新常态 新厦门 新旅游[N].厦门日报,2015-07-29(1).
[48] 武俊丽,缪赤彤.厦门市旅游可持续发展的优势分析[J].石家庄:河北北方学院学报(自然科学版),2013,29(2):26-29.
[49] 婺源旅游业发展现状[EB/OL].[2009-08-17]. http://www.wylyw.cn/html/201309/641.html.
[50] 中国新闻网.加快旅游转型升级婺源旅游迎新的发展春天[EB/OL].[2011-10-05]. http://www.chinanews.com/df/2011/10-05/3369200.shtml.
[51] 中国网.江西省委书记强卫谈旅游业在新常态下要有所作为[EB/OL].[2015-1-7].

http://www.fdi.gov.cn/1800000121_21_73529_0_7.html.

[52] 藏敏,唐传岱.论江西婺源生态县旅游交通建设[J].上饶师范学院学报:自然科学版,2002,22(6):76-79.

[53] 西安市人大常委会.西安市人民政府关于旅游产业发展情况的报告[R].西安市人大办公厅:市人大办公厅秘书处,2014.

[54] 刘欢.陕西努力打造丝绸之路经济带的新起点和桥头堡[N].陕西日报,2013-09-30(1).

教学支持说明

全国普通高等院校旅游管理专业类"十三五"规划教材系华中科技大学出版社"十三五"规划重点教材。

为了改善教学效果，提高教材的使用效率，满足高校授课教师的教学需求，本套教材备有与纸质教材配套的教学课件（PPT电子教案）和拓展资源（案例库、习题库视频等）。

为保证本教学课件及相关教学资料仅为教材使用者所得，我们将向使用本套教材的高校授课教师和学生免费赠送教学课件或者相关教学资料，烦请授课教师和学生通过电话、邮件或加入旅游专家俱乐部QQ群等方式与我们联系，获取"教学课件资源申请表"文档并认真准确填写后发给我们，我们的联系方式如下：

地址：湖北省武汉市东湖新技术开发区华工科技园华工园六路

邮编：430223

电话：027-81321911

传真：81321791

E-mail：lyzjjlb@163.com

旅游专家俱乐部QQ群号：306110199

旅游专家俱乐部QQ群二维码：

群名称：旅游专家俱乐部
群　号：306110199

旅游生态经济学公众号二维码

教学课件资源申请表

填表时间：＿＿＿＿年＿＿月＿＿日

1. 以下内容请教师按实际情况写，★为必填项。
2. 学生根据个人情况如实填写，相关内容可以酌情调整提交。

★姓名		★性别	□男 □女	出生年月		★职务			
						★职称	□教授 □副教授 □讲师 □助教		

★学校		★院/系	
★教研室		★专业	
★办公电话		家庭电话		★移动电话	
★E-mail（请填写清晰）		★QQ 号/微信号	
★联系地址		★邮编	

★现在主授课程情况	学生人数	教材所属出版社	教材满意度
课程一			□满意 □一般 □不满意
课程二			□满意 □一般 □不满意
课程三			□满意 □一般 □不满意
其 他			□满意 □一般 □不满意

教 材 出 版 信 息						
方向一		□准备写	□写作中	□已成稿	□已出版待修订	□有讲义
方向二		□准备写	□写作中	□已成稿	□已出版待修订	□有讲义
方向三		□准备写	□写作中	□已成稿	□已出版待修订	□有讲义

请教师认真填写表格下列内容，提供索取课件配套教材的相关信息，我社根据每位教师/学生填表信息的完整性、授课情况与索取课件的相关性，以及教材使用的情况赠送教材的配套课件及相关教学资源。

ISBN（书号）	书名	作者	索取课件简要说明	学生人数（如选作教材）
			□教学 □参考	
			□教学 □参考	

★您对与课件配套的纸质教材的意见和建议，希望提供哪些配套教学资源：